9788585061036
CB142838

# A PESQUISA-AÇÃO
## na instituição educativa

RENÉ BARBIER

# A PESQUISA-AÇÃO na instituição educativa

*Tradução:*
Estela dos Santos Abreu
com a colaboração de
Maria Wanda Maul de Andrade
*Professoras da UFF*

Jorge Zahar Editor
Rio de Janeiro

Título original:
*La Recherche-Action dans L'Institution Éducative*

Tradução autorizada da primeira edição francesa publicada em 1977 por Bordas, de Paris, França, na coleção Hommes et Organisations, dirigida por J. Ardoino

Copyright © 1977, Bordas

Copyright © da tradução: Estela dos Santos Abreu

Copyright © 1985 da edição em língua portuguesa:
Jorge Zahar Editor Ltda.
rua México, 31 sobreloja - 20031 Rio de Janeiro, RJ

Todos os direitos reservados.
A reprodução não-autorizada desta publicação, no todo ou em parte, constitui violação do copyright. (Lei 5.988)

Ficha técnica
*Revisão:* Margaret Miranda Rosa (texto); Lúcia Mousinho, Renato Carvalho, Robson Ramos (tip.); *Capa:* Ruth Freihof; *Composição e Impressão:* Tavares e Tristão Gráfica e Editora de Livros Ltda.

CIP-Brasil. Catalogação-na-fonte
Sindicato Nacional dos Editores de Livros, RJ.

Barbier, René.
B191p A Pesquisa-ação na instituição educativa / René Barbier; tradução Estela dos Santos Abreu com a colaboração de Maria Wanda Maul de Andrade. — Rio de Janeiro: Jorge Zahar Ed., 1985.

Tradução de: La recherche-action dans l'institution éducative.
Bibliografia.

1. Lewin, Kurt, 1890-1947. Pesquisa-ação (Sociologia) — Metodologia 3. Sociologia I. Abreu, Estela dos Santos II. Andrade, Maria Wanda Maul de III. Título.

85-0356 CDD — 301.01

ISBN: 85-85061-03-0

Dedico este livro, e o pensamento utópico que o inspira, à memória de meu amigo Gérald Schmitt, poeta da expressão corporal e co-fundador da sociedade cooperativa operária de produção Avel Nevez (Bretanha). Na sexta-feira 7 de outubro de 1977, com trinta e três anos, Gérald Schmitt — vítima de um absurdo acidente de carro — morreu juntamente com mais quatro pessoas.

Assim como existe um humanismo marxista (hoje um pouco menos desconhecido do que há alguns anos), existe um verdadeiro existencialismo marxista que não deixa de ser uma forma de personalismo marxista bem próxima do personalismo cristão de E. Mounier e de seu círculo. É um marxismo cujo interesse crítico concentra-se no esmagamento do sujeito humano pelos produtos de sua atividade (o tema da reificação).

Joseph Gabel.

Isso, o amante da Verdade?
Nem calmo, nem rígido, nem liso, nem frio,
Nem Imagem,
Nem Estátua de Deus
Erguida à entrada de um templo
Para guardar a Porta Divina.

F. Nietzsche.

A cada desmoronamento das provas
o poeta responde com uma salva de futuro.

René Char.

# Sumário

À guisa de prefácio:
J. Ardoino, R. Barbier, H. Fischer, R. Lourau 13
Introdução 35

primeira parte
Abordagem Teórica Geral

1. **A noção de ciências humanas clínicas e as análises institucionais** **45**
1.1. A noção de "clínica" em ciências humanas 45
1.2. Posição das diferentes disciplinas relacionadas com as ciências humanas clínicas 48
A psicologia clínica *49*; A sociologia e a antropologia clínicas *50*; A filosofia da práxis *52*; A história e a economia clínicas *54*
1.3. As quatro correntes de análise institucional no campo das ciências humanas clínicas 58
Posição das quatro correntes de análise institucional *58*; Recapitulação esquemática das várias correntes *64*
Referências bibliográficas 66

2. **Fontes teóricas e práticas da sociologia institucional** **68**
2.1. As correntes teóricas 68
Os limites de *Le métier de sociologue* e o interesse por *La reproduction* de P. Bourdieu e J.-Cl. Passeron *69*; Influência do marxismo e do existencialismo contemporâneos *73*

2.2. As formas ativas da sociologia crítica 84
As sociologias clínicas *84*; As sociologias engajadas *91*
Referências bibliográficas 99

## segunda parte
## Abordagem Teórica Específica

**1. O conceito de "implicação" na pesquisa-ação em ciências humanas 105**
1.1. Os níveis de implicação 108
A implicação psicoafetiva *108*; A implicação histórico-existencial *110*; A implicação estrutural-profissional *116*
1.2. Implicação, instituição e campo de intervenção 119
Definição do conceito de implicação em ciências humanas clínicas *119*; Tipologia da implicação do pesquisador na pesquisa *121*; Casos práticos de implicação dialética *124*
Referências bibliográficas 127

**2. Problemática e metodologia da pesquisa-ação institucional 129**
2.1. Reflexões sobre o conceito de instituição 129
Definição, histórico e enraizamento social do conceito *129*; A dialética do conceito de instituição *132*; A instituição como convergência das instâncias do econômico, do político e do ideológico *136*; A instituição como célula simbólica e sua estruturação dialética: a formação do *habitus* instituído e instituinte *142*; Definição do conceito de instituição *156*
2.2. Pesquisa-ação e instituição 156
A estratégia institucional na organização *157*; Princípios gerais da pesquisa-ação institucional *164*
2.3. Análise diacrônica e dialética do campo institucional nos grupos e nas organizações: a socianálise institucional 170
Da serialidade do coletivo à fraternidade duvidosa da instância da universalidade: o momento da unidade positiva *170*; A ação implícita das implicações dos membros do grupo *172*; A confrontação das diferenças: o momento da particularidade ou da unidade negativa *173*; O esclarecimento do "incontornável": a rede de contradições *175*; A articulação dinâmica do "incontornável": o momento da singularidade *178*

2.4. Análise sincrônica do campo dialético da instituição nos grupos e nas organizações: a sociologia institucional 180

Ligações com a pesquisa-ação institucional *180*; A teoria do triângulo em ciências humanas clínicas *182*; Reconhecimento e decodificação do campo institucional mediatizante *185*; A decifração do campo institucional mediatizado *188*

2.5. Conclusão 190

Referências bibliográficas 191

## terceira parte
## Aplicações Práticas: Pedagogia Institucional e Novas Psicoterapias de Grupo

Introdução: O instituído e o instituinte no ensino superior curto: os Institutos Universitários de Tecnologia (IUT) 197

1. **A inovação como tipo pedagógico-institucional dominante nos IUT do setor terciário: Uma tentativa de explicação ou decifração da instituição mediatizada** **208**

1.1. A inovação, o capitalismo organizado e o IUT 208

A inovação e a organização das condições de trabalho no capitalismo contemporâneo *210*; A inovação pedagógico-institucional nos IUT e a inovação no aperfeiçoamento do trabalho industrial: homologia estrutural *214*

1.2. A contestação da inovação como instituição dominante: o instituinte pedagógico-institucional e seus limites na escola capitalista 217

2. **Sociologia institucional das novas pedagogias de autogestão** **219**

2.1. Sobre as experiências pedagógicas instituintes e marginais: as empresas-júnior 219

O que é uma empresa-júnior *219*; O instituinte nas empresas-júnior *221*; Estrutura pedagógica instituinte e projeto docente "inovador" *224*; Conclusão *225*

2.2. Sociologia da pedagogia institucional 226

A pedagogia institucional, como toda ação pedagógica, é uma violência simbólica *226*; A pedagogia institucional é uma violência simbólica libertadora *235*

3. Sociologia institucional dos novos métodos corporais e relacionais de animação de grupos: O Movimento do Potencial Humano 240

3.1. Instância do reconhecimento-decodificação do Movimento do Potencial Humano 241

A estrutura das bases *241*; A práxis no Movimento do Potencial Humano *244*; O projeto do Movimento do Potencial Humano *246*; A decodificação: a instituição do Emocionalismo *249*

3.2. Instância da decifração e campo institucional mediatizado 253

O Emocionalismo e o universo do imaginário social mistificador *254*; O Emocionalismo e o universo do imaginário social motor *259*; Conclusão: em direção à socianálise criadora *271*

CRISE: Centre de Recherche sur L'Imaginaire Social et L' Education 274

Referências bibliográficas 275

# À Guisa de Prefácio [1]

*J. ARDOINO*

A instituição educativa não foge às leis da arquitetura institucional, mesmo quando destaca a obra de contenção destinada a sufocar o *instituinte* a fim de rejeitá-lo ou, pelo menos, esterilizá-lo e mantê-lo nos limites normalizados e normativos do instituído. Ao contrário, pode ser um *monumento* exemplar dessa arquitetura intitucional. Tomemos como exemplo uma amostra recente repleta de significações, apesar de sua evidente irrelevância: o VII Congresso Internacional de Ciências da Educação.[2] É de supor que um congresso mundial de especialistas seja um acontecimento científico. Principalmente quando só se realiza de quatro em quatro anos.[3] A que atribuir, então, o número relativamente reduzido de participantes? Para cerca de 60 nações representadas, houve apenas 180 inscrições[4] e, considerando-se desistências, atrasos nas chegadas e partidas antecipadas, a presença efetiva de congressistas nas sessões plenárias e expositivas oscilou, dependendo do dia, entre 80 e 120 pessoas. Será essa uma demonstração do pouco interesse que a problemática da educação vem suscitando na atualidade? Ou será o resultado da opção elitista manifestamente adotada pelos organizadores[5] que limitaram o congresso praticamente a professores universitários pós-graduados? O tema do congresso, de nítida inspiração "psicopedagogista", para não dizer diferencial — *Realização da personalidade pela educação* — também deve ter restringido o número de eventuais participantes; era fácil perceber que as abordagens e perspectivas econômicas, políticas, sociológicas e antropológicas não seriam devidamente consideradas — o que foi confirmado pela maioria das comunicações apresentadas.

Mas essas primeiras constatações, questões e hipóteses ainda se desdobram em outras mais, quando se considera a organização propriamente dita e o modo como foi vivido o congresso. Durou ao todo cinco dias inteiros. Marcando o começo e o fim, como guardiãs dos limites, duas sessões plenárias solenes — a primeira, na manhã do primeiro dia; a outra, na tarde do quinto dia — sob a presidência de várias pessoas e com a presença efetiva do ministro e do reitor, além dos membros da comissão organizadora. A função da primeira foi de receber, cumprimentar os participantes e dar início aos trabalhos; a outra tinha como finalidade chegar às conclusões oficiais. É evidente que não cabia nenhuma discussão ou troca de idéias nessas duas sessões — de abertura e de encerramento — constituídas de discursos justapostos. Os outros oito períodos correspondentes às sessões de trabalho estavam divididos segundo o critério aparentemente simples de manhãs e tardes. As manhãs, preenchidas por sessões plenárias de tipo expositivo, apresentaram comunicações de medalhões (às vezes dois ou três num espaço de três horas e meia, que incluía ainda o intervalo para descanso); as tardes ficaram reservadas para as comunicações dos participantes comuns, tal como sucedeu no primeiro dia (em certas "comissões", oito a dez comunicações para um tempo teórico de três horas e meia)[6] e, nos outros dias, para reuniões específicas que discutiam assuntos de determinadas regiões mundiais: tarde africana, tarde asiática, tarde sul-americana. Com semelhante programa não havia como sobrar tempo para perguntas e troca de idéias na parte da manhã (o máximo alcançado foi oito a dez perguntas para duas ou três exposições de trinta a sessenta minutos cada). Convém destacar que mais da metade dessas exposições tratava da evolução das formas de ministrar o conhecimento e das recentes modalidades da relação pedagógica, indicando com nitidez as vantagens das situações em que o aluno participa ativamente da sua própria formação. Apesar de inúmeras vezes apontada e explicitada, essa contradição entre os enunciados acadêmicos e o modelo estrutural de relação decorrente da organização do congresso foi, senão ignorada, apenas vista pela maiora dos congressistas como um mal necessário. É fato que a parte da tarde deveria ser destinada à discussão — porém o que predominou foram as numerosas comunicações sobre o respectivo tema regional. Houve fato ainda mais surpreendente: nessas mesmas tardes foi oferecida aos participantes uma completa programação de excursões turísticas, com destino a Antuérpia (cuja atração principal era a magnífica exposição de Rubens), a Bruges e a Bruxelas.[7] Não foi, pois, de estranhar que a tarde africana e a asiática só tenham conseguido reunir umas quinze ou vinte pessoas[8], ao passo que a tarde sul-americana atingiu o recorde absoluto de quase trinta e cinco.[9] Quanto às "estruturas de recepção e apoio", tudo fora previsto para o bem-estar do participante: organização geral satisfatória, secretaria eficiente, grupos de informação solícitos, cafezinho, festas, discursos e coquetéis oferecidos por diversas municipalidades, noitada musical[10] e banquete final com buquês de flores, em sentido literal e figurado, incluindo até cantos tradicionais como o inevitável *"Alouette, gentille alouette, je te plumerai"**!!![11] Durante o congresso, alguns participantes formaram um pequeno grupo latino para conseguir dos organizadores mudanças no programa (mesas-redondas para debater os ângulos sócio-econômicos, políticos, culturais, etc. que foram omitidos nas comunicações). A organização empenhou-se em evitar — e conseguiu (mas, para quê?) — qualquer modificação mais expressiva; além disso, o projeto de uma carta aberta que um participante queria mandar a todos, propondo uma leitura crítica dos princípios de organização do congresso, foi alvo de peripécias confusas e desproporcionadas (ameaça de exclusão do participante, constituída por veementes censuras moralistas, entrecortadas de "gritos e sussurros", etc.). Entretanto, algum proveito resultou desse melodrama organizacional ocorrido entre o terceiro e o quarto dia: a tarde latino-americana pôde expressar e debater com mais liberdade a sua problemática relativa aos sistemas "de educação" e às formas de repressão específicas dos regimes autoritários nos países da América Latina, propondo uma moção[12] que foi, de fato, levada em conta pelos congressistas bem como pela assembléia geral da AISE.[13]

Essa moção "selvagem", no sentido em que não foi programada pelos organizadores e sim proposta à instituição-congresso a partir da iniciativa de um grupo de trabalho, surge, pois, como o único clarão de implicação instituinte e política na monótona trama tecno-pedagógico-organizacional habitualmente sustentada pela perspectiva racional-humanista pródiga de boas intenções.[14] Até aqui não parece haver nada de novo. Todos nós já passamos por congressos e manifestações acadêmicas, vazias e aborrecidas, onde só se constata a consagração ritual da boa consciência implantada através do culto do pensamento herdado. Mas, examinando melhor, pode-se encontrar um sentido nesse modo de agir. É claro que não se trata de

---

* "Cotovia, gentil cotovia, vou te depenar (...)", uma das mais populares canções francesas. (N. da T.)

atribuir aos organizadores um maquiavelismo sutil disfarçando intenções conscientes e escolhas explícitas. Pelo contrário: a dedicação dos organizadores, a honestidade consciente, todo o esforço incalculável empregado na tarefa tão ingrata são inegáveis. Mas, supondo que o inconsciente, um dos "demônios", entre outros, dos educadores, também se aninhe, de preferência, no seio dos *congressos*, parecem um grande "achado" essas "excursões" que dispersam a maioria dos participantes e deixam assim os subdesenvolvidos dos terceiros mundos em plenos guetos sob o pretexto de respeito por seus problemas. E, sobretudo, porque os riscos de conflito, desacordo, tensão, implicação, não meramente intelectuais ficaram extremamente limitados, seja nas sessões plenárias da manhã, nas sessões de abertura e de encerramento, nas assembléias gerais da associação, na noitada musical e nas excursões, sem falar da dispersão dos hotéis. O que poderia sair desse "cimento armado" a não ser o triunfo do prático-inerte em que afundavam os participantes escutando séria e tranqüilamente outros dissertarem sobre o desenvolvimento da personalidade? Assim sendo, o estilo da organização estaria revelando as intenções da instituição. Mas, o mais preocupante é o caráter sintomático que assume esse congresso num mundo em mutação em que os sistemas educacionais, seja onde for, passam por crises. Num período em que a universidade — fortaleza rachada pelos tremores da "sismologia social" — se enfraquece, se esvazia, mas procura reivindicar, a partir de seus privilégios tradicionais, a formação dos professores e a educação de adultos, a fim de realizá-las de modo menos vinculado aos modelos econômicos e ideológicos dominantes, exemplos como o desse congresso revelam ser ela perfeita reprodutora do sistema. A falta de imaginação para fugir aos rituais da repetição, o fechamento a tudo o que possa acontecer e contrariar as diretrizes da organização, o fraco nível de humor, a valorização da seriedade e do tédio como antídoto do espírito de aventura e da conseqüente invenção são sempre sinais desse tipo de compulsão social. O nível zero do humor institucional é a etiqueta dos burocratas a caminho dos *gulags* como instituições totalitárias.

*R. LOURAU*

Quando uma forma social como os "congressos" tem tanta força para reproduzir as contradições mortíferas da instituição inteira (no caso, da universidade), ela provoca angústia ou menosprezo, ou ambos. Quando se trata de uma instituição cuja função não está totalmente ligada à sobrevivência da sociedade, o que predomina é o menosprezo. (Deixemos a angústia para os usuários e empregados sem vínculo, que quase sempre fazem funcionar a engrenagem sem ter oportunidade de sentir o desdém de um congresso universitário.)

Nestas condições, é fácil compreender que a autodissolução das formas que condensam as forças mais contraditórias seja um dos fatores "objetivos" da real mudança social. Fator inseparável do fator subjetivo: a vontade de mudança, com o que ela comporta de voluntarismo e de imaginação voltada para a superação do instituído; de fato, mais uma vez, escolha política, pois somos donos de nossa imaginação, mesmo quando pensamos em mudanças.

Os analisadores não são contradições apenas desveladas mas sim superáveis, que permitem revelar e acelerar a crise das formas sociais e, por isso, "modernizá-las". As contradições superáveis, as transgressões autorizadas, não-dialéticas, que esvaziam toda negatividade, são o bom-bocado dos profissionais das relações humanas, dos especialistas dos negócios alheios. Mas quando formas sociais, sob a ação de forças cada vez mais centrífugas, se rompem e se dissolvem no desdém e nas contradições grotescas, o conceito tranqüilizador de "crise" deve ceder lugar a outro, dinâmico: o de enfraquecimento ou autodissolução das formas.

*R. BARBIER*

As críticas de J. Ardoino e de R. Lourau sobre a rigidez normativa, o enfraquecimento e o descrédito dos congressos científicos, principalmente dos de ciências humanas, parecem-me muito pertinentes. Assisti recentemente a dois encontros desse tipo: um, na Universidade de Rouen, sobre o tema "formação dos professores"; outro, internacional, em Paris, sobre a "participação, o controle operário e a autogestão", dos quais tiro algumas conclusões. Apesar desses dois "congressos" terem sido projetados numa perspectiva "militante" e não "militar", por pesquisadores e profissionais da ação social que se pretendem instituintes, cabem-lhes perfeitamente as críticas apontadas acima. Acho que o maior defeito desses encontros é o da *Reprodução* dos hábitos e dos sistemas de pensamento e de ação do clássico professor universitário. Este permanece dominado pela angústia da *falha possível* e da fragmentação. Em geral, não adianta procurar rasgos de imaginação criadora na preparação das atividades dos congressos. A racionalidade impera, mas é racionalidade "científica" própria da pesquisa universitária que — como bem percebeu Bachelard — exclui o sentido da imaginação poética. Talvez seja necessário doravante prever a poética possível de um congresso, preparando-o com espíritos criativos não especialistas (poetas, artistas, escritores, artistas-artesãos, membros de comunidades marginais, etc.). Tentar não *preencher tudo* (com comunicações, reuniões, debates, personalidades, etc.), mas sim descobrir a estrutura que favoreça *o choque das diferenças no abismo da falta*. Talvez, assim, um "congresso" caminhe para uma verdadeira pesquisa-ação coletiva que não esteja restrita apenas aos organizadores e a alguns líderes institucionais. De fato, isso levanta o problema da aprendizagem para a pesquisa-ação em todo lugar onde se difunde o conhecimento, especialmente na escola. Chega-se aí ao debate sobre a autogestão pedagógica e sobre a reinvenção permanente da cultura, feita por cada membro da sociedade. Em última análise, hoje em dia todos sabem que a função social latente dos congressos não é a transmissão de conhecimento e de trabalhos inéditos, mas sim o *encontro* entre confrades ou entre os que aspiram à "confraria", o que favorece o jogo de estratégias de carreiras e de influência social no campo intelectual. Nesse mercado competitivo de bens simbólicos, o reconhecimento e a legitimação permanentes do *status* de intelectual, de "pesquisador" emérito, de professor titular, constituem sempre o motivo primeiro da participação individual nos congressos. Ora, o "congresso" não tolera ver revelada, de modo irônico, a sua face risível!

*J. ARDOINO*

Ao lado desse forte interesse em não ver e não compreender, há também o extremo despreparo crítico, aqui e agora, que é fruto do paciente trabalho do pensamento herdado. A rigor, essas análises podem ser percebidas como justas por alguns congressistas ou até por alguns organizadores, contanto que sejam feitas posteriormente. Fica assim mantida a tranqüilizadora separação entre reflexão e ação, e garantida a repetição. Qualquer denúncia torna-se queixa ou ladainha. Não há perigo de curto-circuito.

Na medida em que um encontro, efêmero, fora do costumeiro quadro organizacional das instituições universitárias, se mostra tão comprometido, o que pensar do *desejo de mudança,* reiterado periodicamente na maioria dos países industriais desenvolvidos, para alimentar reuniões de reflexão pedagógica do pessoal que trabalha em escolas, universidades e centros de formação? Excetuando pequenos grupos de resistência — por vezes logo digeridos, ignorados ou contornados, se forem persistentes — a instituição educativa permanece profundamente refratária à noção de pesquisa-ação.[15] Ora, seria essa prática a única capaz de levá-la ao questionamento crítico do qual procura fugir e que não quer aplicar em causa própria, mas apenas exportar para outros. É por isso que constitui um objeto privilegiado para a sociologia institucional.

*R. BARBIER*

Convém examinar as relações existentes entre a instituição "congresso" e a instituição educativa em geral. O que denunciamos na primeira se encontra quase sempre na segunda: a construção de um sistema fechado onde predomina um pensamento calcificado e calcificante, programático e combinatório, protegido por um conjunto de regras e de hierarquias diversas, até mesmo por silhuetas fardadas e manejando cassetetes. Há décadas os partidários da pedagogia ativa procuram atribuir a falha a esse fechamento. Atualmente muitos são por uma verdadeira desescolarização da sociedade e batalham por uma antipedagogia desinstitucionalizada. Mas nem por isso se pode esquecer que, no interior do sistema, existem os que se recusam à pura e simples reificação e lutam, dia-a-dia, por uma mudança radical das estruturas escolares. É a esses que, em primeiro lugar, me dirijo neste livro, propondo-lhes uma reflexão sociológica sobre uma estratégia institucional possível e sobre as propostas pedagógicas "prospectivas" que, por serem instituintes, não deixam de conter também o imaginário social.

*H. FISCHER*

A arte sociológica é justamente um exemplo de pesquisa-ação desse tipo. Enquanto teoria e prática criticadas, foi pensada como um voltar-se da sociologia da arte contra a própria arte. Parecia inaceitável elaborar uma análise da função da arte na sociedade, sem comprometer tanto a ideologia dominante quanto as práticas atuais. Desde o primeiro manifesto que a fundou, essa preocupação estava estampada no título: *Por uma prática sociopedagógica da arte*. Convém lembrar que se tratava de utilizar os próprios meios da arte para abrir o debate sobre a função da arte, e isso não apenas com os especialistas, no micromeio, mas com o grande público leigo no assunto. Foi em 1971-72. A "higiene da arte" como pedagogia desmistificadora da arte, de seu valor mercantil, de sua função simbólica de classe, da legitimidade espiritual que nela a classe dominante sempre encontrou.

Depois, para além da ideologia artística, a arte sociológica estendeu sua área de interrogação crítica à sociedade que produz essa arte, institucionaliza seu mercado e seus templos. Já não se tratava mais de criticar apenas o fetichismo do objeto de arte ou o papel político dos museus nova-iorquinos exportadores de exposições; o coletivo de arte sociológica fundado em Paris, em 1974, ampliou sua prática aos meios de comunicação de massa, à vida cotidiana, à noção de indivíduo, às estruturas econômicas, à especulação imobiliária, à medicina como prática social, etc. Abandonando preocupações vanguardistas ou estéticas, o coletivo de arte sociológica viu-se diante das dificuldades de uma metodologia da comunicação, da interrogação, do desvio. Metodologia a ser inventada, analisadores a serem elaborados, prática sociológica crítica a ser implantada, aventura artística e sociológica a ser tentada, elementos esses não mencionados nas teorias dos volumes existentes nas estantes das bibliotecas universitárias.

Essa sociologia interrogativa pareceu subversiva aos que associam o sucesso social pessoal com os poderes ideológicos vigentes. E é fato que os sistemas de pensamento estabelecidos não toleram ser questionados. Numa sociedade em que o único pluralismo autorizado é o de sistemas de respostas fechadas e complementares, é, contudo, função pedagógica e política fundamental — para quem quiser se ver reconhecido como filósofo, sociólogo ou artista — exercer esse pensamento interrogativo crítico, não para os outros, mas com e entre os outros, na mediação coletiva. A única coisa de que se tem certeza é a necessidade de questionar, numa sociedade condicionada pelo fogo cruzado dos *mass media*. E o importante dessa função pedagógica não é "pensar bem" para o consumo coletivo, nem mesmo pôr em ação um didatismo ou uma maiêutica do que seria a "verdade". Sem dúvida, mais vale pensar por si mesmo uma idéia "falsa" do que assumir como sua, sem repensá-la, uma idéia "verdadeira". Quando se exercem mecanismos de condicionamento e impera uma vontade radical de integração social, a função pedagógica da arte sociológica só pode ser crítica e perturbadora.

Entre os mecanismos que garantem integração e reprodução social, o sistema de ensino, desde o pré-escolar até a formação "permanente" dos adultos, é um dos mais importantes a considerar, e a arte sociológica não pode ignorá-los. Não do jeito de Illich que contesta toda forma de instituição pedagógica, mas sim procurando saber como poderia ser um estabelecimento pedagógico. Daí surgiu essa experiência que procura abrir em Paris uma "escola sociológica interrogativa" (desde maio de 1976).

Em outras palavras, a arte sociológica, como interrogação crítica das práticas artísticas e de suas perversões mercantis, só consegue reter da arte o "cálculo" ideológico privilegiado que permitirá interrogar enfim toda a sociedade, conferindo assim uma nova missão àquilo que se torna uma sociologia crítica.

Foi necessário, para permanecer em contato com os diferentes parceiros encontrados, elaborar uma pedagogia negativa adequada (com instrumentação apropriada a ser confrontada com os analisadores preparados para certas situações de trabalho).

Acho que em relação ao nosso debate e ao questionamento mais específico ao qual nos leva René Barbier, esse tipo de pedagogia negativa concreto-situacional é um bom exemplo do que se pode experimentar tanto nos congressos como nas instituições pedagógicas sedentárias. É como se uma vitrine do saber refletisse o ridículo de um congresso estático!

*Existe, de fato, agora na França uma corrente de idéias nas ciências humanas que elabora, a partir de certas práticas sociológicas reais, o que é chamado — segundo os diversos pesquisadores — de contra-sociologia, sociologia institucional ou arte sociológica, implicando um vínculo constitutivo e experimental entre teoria e prática, no campo social aqui-e-agora. Essa nova corrente de idéias questiona profundamente a tradicional instituição científica em ciências sociais. Até agora ela aparecia sob a forma de "tribos", microgrupos ou "coletivos", gravitando em torno de alguns fundadores e se reproduzindo de maneira endogâmica. Achamos que o fenômeno assume outra amplitude com a tomada de consciência, no interior mesmo desses movimentos, de que experiências paralelas, vividas até então sem inter-relações ou com rivalidade, exprimem uma certa convergência, numa nova concepção da vida social e da cientificidade. Apenas como indicação e sem pretender esgotar o assunto, achamos que as seguintes teses podem ser consideradas como características desse movimento de pensamento.*[16]

*— O procedimento científico, entre outros inevitáveis percalços, tem necessidade de questionar a epistemologia tradicionalmente aceita. Este freio mental garante a reprodução das práticas sociais e dos sistemas conceituais herdados que se perpetuam até sob as aparências enganosas da inovação, bem como dos modelos de inteligibilidade que pretendem explicá-la, confirmando que é de natureza necessária e imutável. Ao contrário do procedimento analítico e linear que preconiza decomposição do que é complexo em elementos simples, esta visão baseia-se primeiro na aceitação do caráter hipercomplexo, equívoco e sobredeterminado do seu objeto.*[17]

*— Esta nova corrente de idéias dá prioridade à pesquisa-ação, tanto epistemológica quanto metodologicamente. Mas esta prática no campo social real e atual não procura reger o tempo atual, do modo regulador e cibernético proposto por K. Lewin. Ela busca interrogar e discutir esta sociedade bem como a oficialidade do discurso sociológico dominante. Trata-se, pois, do postulado de uma associação fundamental, íntima — e portanto julgada obscena e* antinatural[18] *pelos partidários da ideologia tradicional e do discurso abstrato — que, a nosso ver, liga forçosamente práxis e teoria.*

*— Essa corrente de idéias afirma que tudo o que pode ser pensado — sem nenhuma exclusão, e independente do assunto, dos modos e métodos de enunciado e de demonstração, de raciocínio e de prova — é da ordem da ideologia (isto é, do imaginário reprodutor), da crença e do fantasma. O que significa que a ciência e sua epistemologia, como a arte e a religião, são sempre e antes de tudo núcleos de significações ideológicas.*

*— Querer mudar a sociedade é formular a questão política não apenas das estruturas sociais instituídas onde se exercem as relações de força, os conflitos de filiação, de interesses — motor principal tanto da dinâmica quanto da dialética social — mas também buscar a via das alternativas, dos desvios e microacontecimentos capazes de questionar o sistema instituído, interrogando-o fundamentalmente pela prática e pela análise teórica. É rejeitar, por ser ilusória, a ten-*

*tação da exclusiva mudança individual, pessoal, não inserida nas práticas e no campo social mais amplo. É freqüente opor-se mudança microssocial a mudança macrossocial. Qualquer mudança nos níveis microssocial ou pessoal pode também receber uma interpretação política. Mas, para isso, é preciso que tal interpretação seja de fato convocada (e não apenas invocada ou evocada) nas instâncias correspondentes a esses níveis. Distinguir zonas da vida social que seriam políticas e outras que não o seriam é uma herança idealista que convém a quem quer manipular as massas. Mas isso não significa que a linguagem política, com suas racionalizações e a inflexão que imprime em nossas representações, expresse todo o real. Quando ela tem essa pretensão, errônea, chega-se ao totalitarismo. A problemática principal continua, pois, sendo a da articulação entre as múltiplas percepções do vivido* (vécu) *e as determinações desse vivido.*

— *A mudança social mesmo situada convenientemente no âmbito que lhe é próprio, o político, e efetivamente revolucionária, não pode dispensar o investimento educativo — tomado aqui no sentido mais amplo, de função social global, e não limitado como de costume aos perímetros estreitos da infância, da família, da escola e da formação profissional. Como explica J. Gabel: "O homem não nasce dialético; torna-se dialético."* [19] *Trata-se de saber como ele pode tornar-se dialético. Por isso, não pode haver uma verdadeira mudança na escola e nos sistemas de formação, sem que um projeto de sociedade nova venha dar-lhe sentido, assim como é impossível conceber mudança social profunda sem encontrar os meios de uma educação adequada para promover essa mudança.*

— *O social, ou seja, as práticas, as instituições, como também tudo o que constitui o científico, isto é, o arranjo dos conhecimentos, os métodos e as teorias, são produções imaginárias. Mas não se deve confundir as manifestações do imaginário voltadas para a reprodução e para a perpetuação do instituído — que levam ao que Enriquez chama de* imaginário mistificador — *com o imaginário que, além de capacidade de representação, é também capacidade de* invenção, de criação *enquanto* instituinte, *enquanto capacidade de qüiproquó, no sentido de Castoriadis: tomar (voluntariamente, deliberadamente, intencionalmente e não mais por erro ou por engano), uma coisa por aquilo que ela não é (por aquilo que até então se pensava que ela fosse. . .). Logo, trata-se de, num mundo hiperapolíneo, postular a necessária reabilitação dionisíaca do* imaginário *e da* poíesis, *naquilo que representam como chave e possibilidade básica — o que não exclui em seguida as necessidades da ordem, da organização, e do método — de criação e de mudança. Paradoxalmente, para algumas áreas desprezadas ou ignoradas pela ciência tradicional, são esse imaginário e* poíesis *as únicas vias possíveis de uma inteligibilidade prática. A arte sociológica serve como ilustração exemplar dessa afirmação.*[20]

*— Na leitura dos fenômenos sociais proposta pela sociologia institucional, a articulação dialética entre infra-estrutura e superestrutura é tida como necessária. Se for aceito o enunciado marxista que considera a infra-estrutura como base, a teoria do "reflexo" deve então ser rejeitada como insuficiente. De fato, mesmo que as superestruturas se elaborem, numa segunda etapa, ao se constituírem, desempenham um papel recorrente, reorganizador das infra-estruturas, logo, eventualmente instituinte. A análise institucional das situações sociais, como toda análise que além de interpretar tende a transformar o mundo, parte forçosamente da hipótese de um possível remanejamento da economia profunda.*[21] *O que equivale a destacar o papel primordial do* simbólico *na inteligência prática ou teórica dos fenômenos sociais.*

*— O fato dessa abordagem privilegiar o macrossocial, o jogo das infra e superestruturas, a ideologia, o político — a fim de não descambar na mistificação impressionista do aqui-e-agora, do espontaneísmo, da ideologia grupista — não significa em absoluto o desprezo pelo* existencial, *mas se articula justamente com o reconhecer do vivido e da ação como fontes autênticas do conhecimento e da invenção sociais. Significa ressaltar, tanto no plano da metodologia científica, como no da ação concreta, a importância das* implicações, *do reconhecimento das transversalidades, e liquidar definitivamente as epistemologias ou práticas "neutras", "objetivas" e "positivas". Nesse sentido — e apenas nesse sentido — procedimentos e práticas que, por falta de visão mais ampla, se atêm à ilusão psicossociologista (correntes que se voltam para o corpo, potencial humano, etc.), também podem contribuir para esse movimento. É freqüente que a* Lógica da dominação[22] *tenha como corolário — ou fundamento — a aceitação da* dominação de uma lógica *hipertrofiada.*

*— A compreensão, sempre provisória, e a transformação, sempre arriscada e incerta, da realidade social — verdadeiro laboratório ao ar livre da prática sociológica (contra-sociologia, arte sociológica, sociologia institucional) — supõem como instrumentação privilegiada a elaboração e implantação de capacidades de análises* multidimen-

sionais e multirreferenciais. *É nessa efetivação que se fundem, se confrontam e se desenvolvem teoria e prática, usando* analisadores *no intuito de que todos os membros dos "coletivos" interessados retomem ampla e atualizadamente a faculdade de interrogação e de transformação sociais. De modo ainda mais geral a dialética, enquanto* lógica do movimento, *parece-nos indispensável à compreensão global de tais processos na nossa proposta.*

*H. FISCHER*

Partindo do exemplo da ideologia artística, considero a imaginação como a deusa-mãe de todas as mistificações e, portanto, como a confecção idealista de um além, de um mistério onde as sucessivas classes dominantes — aristocrática e burguesa — situaram a legitimação espiritual do poder político que exercem. O exemplo do Centro Pompidou, transformado em templo do prestígio cultural do regime, confirma que o presidente de mesmo nome era certamente não só o responsável pela gestão dos negócios da burguesia, mas também o representante dos mais altos valores espirituais — o que deveria justificar que se considerasse essa gestão como universalista, encobrindo o fato de ser ele o representante de uma única classe social.

Depois de denunciar essa função política mistificadora do imaginário, convém dizer também que uma teoria materialista só pode considerar essa faculdade como uma capacidade de combinação inédita ou "dialética" de elementos existentes no real social. E isso ao contrário de qualquer idéia pseudo-religiosa de "criação" ou de "imaginação radical" a partir de uma "origem" ou do "nada". Esse também é o fundamento indispensável para uma teoria sociológica materialista da arte.

*R. LOURAU*

Para mim, não há dicotomia do imaginário: instituído ou instituinte, mistificador ou criativo. Para procurar saber até que ponto somos alienados não se pode, a meu ver, estabelecer esse dualismo, o bem e o mal se enfrentando em nós, etc. Para mim o inconsciente é político. Sem entrar nos estratos arqueológicos que, bem no fundo, talvez conservem a memória de nossa antiga natureza aquática ou dos terrores do triádico, suponho que a forma hegemônica, ao mesmo tempo receptáculo e núcleo de toda legitimidade — em nossa época, o Estado — é quem finalmente produz e censura nossos sonhos. O Estado é o inconsciente. É a partir dele que "convoco" o imaginário que desempenha, de fato, papel primordial na vida social, precisamente porque é revelador do político, da política instituída sob o signo sagrado do Estado. Nesse sentido concordo com a fórmula pré-surrealista de Paul Lafargue, genro de Marx, que proclamou ao fim de uma polêmica com Jaurès, em 1895 (anos dos Estudos sobre a Histeria): com o triunfo do comunismo — logo, com o desaparecimento do Estado — "o reino do inconsciente estará terminado".

*J. ARDOINO*

Hesito muito quanto a essa definição do inconsciente que parece englobar *todo* inconsciente. Concordo com a hipótese analógica de um inconsciente político, porque ela me parece necessária, mas não aceito que aí fique diluído o inconsciente pessoal. Com efeito, a compreensão dos fenômenos sociais e dos comportamentos humanos exige a hipótese dos dois inconscientes sem redução abusiva de um ao outro. É verdade que com freqüência o psicológico encobre de modo idealista e mistificante o político. Mas a recíproca também pode ser verdadeira. Não se trata de dicotomia, de maniqueísmo, mas sim de *pontos de referência,* de uma distinção decorrente dos meios de análise apropriados a cada objeto. Em especial haveria aqui uma linha divisória interessante entre *temporalidade e historicidade,* entre imaginação e imaginário social, sem os quais a criação se renegaria, outra vez, no novo culto das combinatórias.

*R. BARBIER*

Continuo defendendo vigorosamente, contra a opinião de H. Fischer, a noção de *criação* e de *imaginação radical.* Não se trata de uma visão idealista do homem, mas de um olhar e de uma reflexão sobre a existência concreta de amigos, poetas, pintores ou artistas amadores, cujo poder imaginativo muitas vezes me surpreendeu e serviu para confirmar minha crença de que em cada ser humano existe um potencial de capacidades criadoras que estão bloqueadas pelo estado de reificação das relações sociais, seja nas sociedades capitalistas, seja nas burocracias ditas socialistas. Neste ponto volto-me para o pensamento marxista: K. Marx dizia no *Fundamentos da crítica da economia política* que, quando a dominação burguesa for derrubada, o homem universalmente desenvolvido verá "a completa eclosão de suas capacidades criadoras, bastando para tal o curso histórico anterior que faz desta totalidade do desenvolvimento um fim em si; em outros termos, desenvolvimento de todas as forças humanas como tais, sem que sejam medidas segundo um *padrão* preestabelecido. O homem não se reproduzirá mais como unilateralidade, mas como totalidade. Não procurará permanecer aquilo que já foi, mas vai inserir-se no movimento absoluto do devir". É por isso que, com C. Castoriadis, acho que a psique é imaginação radical, "emergência de representações ou fluxo representativo não submetido à determinidade", "imaginação radical que já faz surgir uma 'primeira' representação a partir de um mínimo de representação, isto é, *a partir de nada*". Este aporte de formas de tipo eidético da imaginação radical, "diferentes das que já existem e valem para a sociedade, aporte essencial que não se elimina mas que sempre pressupõe o campo social instituído e os meios que ele fornece, e que só se torna aporte (diferente de sonho, veleidade, delírio) se for socialmente retomado sob forma de modificação da instituição ou de posição de uma outra instituição".[23]

Setembro 1977.
J. ARDOINO, R. BARBIER,
H. FISCHER, R. LOURAU.

NOTAS

1. Por ocasião da publicação do livro de R. Barbier, *La recherche-action dans l'institution éducative*, achamos que seria estimulante, tanto para nós como para o leitor, fazer um prefácio multívoco que mostrasse os indiscutíveis pontos de convergência através de múltiplos trabalhos (além daqueles dos prefaciadores, os de J. Guigou, G. Lapassade, R. Hess, A. Savoye, Y. Stourdzé, P. Ville, etc.) sem excluir, é claro, as diferenças de implicação, de percepção e de teorização específicas de cada um. Além disso, como dois desses autores tinham sido membros da banca de doutoramento de René Barbier, o debate surgiu como o modo de reviver, prolongando-o, o ritual da tese que de tão formal chega, habitualmente, a ser uma paródia.
2. Realizado em Gand, de 25 a 29 de julho de 1977.

3. O anterior foi realizado em Paris, de 3 a 7 de setembro de 1973. O seguinte realizou-se em Sherbrooke, Québec, em 1981.
4. O congresso anterior reuniu cerca de 900 participantes provenientes de 65 países.
5. Comissão composta de professores universitários do país que faz o convite e de membros do secretariado e do conselho da Associação Internacional de Ciências da Educação, aberta unicamente a docentes universitários pós-graduados. Na última assembléia geral, a associação mudou seu nome para: Association Mondiale des Sciences de l'Education.
6. *Curiosamente,* não era permitida aos participantes a permanência nos locais do congresso após as dezessete horas e trinta minutos ou dezoito horas, dependendo do horário dos funcionários. Como os participantes estavam hospedados em hotéis e alojamentos universitários afastados, até mesmo em bairros periféricos, os encontros e contatos foram muito aleatórios, a não ser, como veremos, nas excursões.
7. Dois grandes ônibus encarregaram-se do transporte diariamente.
8. Entre as quais não se notou nenhum membro da comissão organizadora.
9. Dois membros da comissão organizadora estiveram presentes, mas apenas um de modo permanente.
10. Nessa noitada, talvez por influência da suavidade musical, os locais do congresso ficaram abertos aos participantes até as vinte e três horas.
11. Cujo significado simbólico, no caso, não pode ser ignorado.
12. Resolução votada por unanimidade pela assembléia geral da AISE no VII Congresso Mundial das Ciências da Educação em Gand, Bélgica, em 29 de julho de 1977: "Após haver ouvido as comunicações de especialistas da Argentina, Chile e Uruguai, destacando que:

    I. A educação, a cultura e a ciência passam por uma grave regressão nesses países.

    II. Que essa regressão está estreitamente ligada a governos totalitários, com a violação sistemática dos direitos humanos e das liberdades democráticas, o que atinge o conjunto da população.

    III. Que, no âmbito específico da educação, cultura e ciência, essas violações dos direitos humanos se expressam pelo ensino repressivo em todos os níveis; pela repressão a todas as manifestações culturais e atividades científicas e pelos inúmeros professores, pesquisadores científicos e artistas que foram assassinados, seqüestrados, presos, demitidos, que desapareceram ou foram obrigados a deixar o país.

    IV. Que essa infração aos direitos humanos se expressa também no conteúdo do ensino que valoriza as ideologias totalitárias de tipo fascista.

    V. Que há um aumento alarmante do analfabetismo e da evasão escolar.

    Os participantes desta mesa-redonda tomam *as seguintes resoluções*:

    Exigem:

    1) A liberação de todos os professores e alunos presos por motivos ideológicos ou pelo exercício de sua atividade.

2) A cessação imediata da atividade repressiva nos estabelecimentos de educação.
3) A derrogação de todas as leis que reprimem a liberdade acadêmica e a atividade profissional dos educadores.
4) Informações da parte dos governos desses países, a respeito dos professores seqüestrados ou desaparecidos.
5) A possibilidade de exílio para os professores presos.
6) A tomada de medidas necessárias à redução do analfabetismo e da evasão escolar.

Denunciam:

7) Os conteúdos de ensino que desprezam os princípios elementares de respeito pela pessoa humana e que estimulam o desprezo da pessoa pelo incentivo à delação, substituindo a noção de justiça pela de autoridade.

Comprometem-se a:

8) Enviar cópia desta moção à Comissão dos Direitos Humanos das Nações Unidas, à Comissão dos Direitos Humanos da OEA (Organização dos Estados Americanos), à UNESCO e aos governos responsáveis por esses fatos.
9) Divulgar esta resolução, incentivar toda atividade das organizações governamentais, educacionais, sindicais desses países, a fim de ajudar a consecução destas finalidades.
10) Criar uma comissão que, juntamente com os especialistas que participaram da mesa-redonda, estimule e acompanhe a realização desta resolução.

Recomendam que:

11) A comunidade científica internacional se abstenha de participar de congressos ou reuniões que sejam realizados nesses países."

13. Duas assembléias gerais da associação foram realizadas, uma no primeiro e outra no último dia do congresso.

14. Como se verifica na moção final oficial adotada por proposta da comissão organizadora durante a sessão solene de encerramento do congresso: "Os especialistas em educação das universidades e de outros centros de pesquisa de quase 60 países reunidos na Universidade de Gand (Bélgica) em 1977, no congresso mundial, estudaram o problema essencialmente humano da auto-realização da personalidade pela educação. Durante as discussões, destacaram, dentre os aspectos que determinam os acontecimentos do mundo, os que são dignos da humanidade e outros de ordem econômica, social e sobretudo pedagógica, menos favoráveis ao desenvolvimento da personalidade. Os pontos essenciais apresentados nos diferentes relatórios foram os seguintes:

1) Em todo ser humano há potencialidades que devem ser desenvolvidas ao máximo, tanto para o indivíduo como para o bem da sociedade. O meio de cada indivíduo permite ou não o desenvolvimento dessas potencialidades. A sociedade deve criar condições que ofereçam ao indivíduo possibilidades para a sua auto-realização.

2) Houve total acordo na afirmação de que a realização da personalidade é uma das questões mais importantes para a humanidade.
D congresso serviu para mostrar pontos sobre os quais foi possível chegar a um acordo e outros onde se perceberam divergências de opinião.
3) A realização da personalidade de cada um é problema muito complexo que supõe a convergência de várias condições na qual influem elementos muito diversos.
Concordamos em afirmar que a educação é um dos mais importantes fatores para a realização da personalidade.
4) Como associação mundial das ciências da educação, temos por finalidade dar destaque à pesquisa científica em educação. Insistimos também no fato de serem múltiplos e complexos os problemas encontrados por educadores e professores na questão da realização da personalidade.
5) Já que até agora ainda não conseguimos uma visão global bastante exata desses problemas, é urgente que seja desenvolvida a pesquisa psicopedagógica nessa área. Por isso recomendamos com insistência que os que fazem pesquisa nessa área recebam a ajuda necessária para que esse trabalho e, também, que a cada indivíduo sejam proporcionadas as condições materiais, psicológicas, emocionais para que possa realizar suas potencialidades individuais em relação a si mesmo e em relação à sociedade."

15. Compreendendo essa expressão (que se situa no prolongamento de Kurt Lewin sem porém endossar a ideologia dentro da qual surgiu) como a experiência deliberada, iniciada em escala restrita, num terreno institucional real, com a dupla perspectiva de generalização do que foi adquirido no plano do conhecimento e de transformação efetiva da realidade social: esse procedimento não pode prescindir de uma metodologia que será por sua vez submetida à reflexão crítica no desenrolar do processo encetado. Cf., por exemplo, J. Dubost e O. Lüdermann, "Un nouveau courant de recherche-action en Allemagne", *Connexions*, Epi, 21, 1977.

16. Essas sínteses dos nossos principais pontos de convergência (o que não exclui divergências em alguns pontos específicos que serão precisados em nota ou no texto) são o resultado de um trabalho coletivo de discussão e de redação, feito a partir de elementos propostos por J. Ardoino e R. Barbier, retomados e completados por R. Lourau e H. Fisher e, por fim, rediscutidos pelos quatro para aprovação.

17. Cf. E. Morin, *La méthode, La nature de la nature,* Paris, Seuil, 1977, p. 105. "É compreensível que essa complexidade tenha tido efeito alérgico sobre uma ciência que procurava se basear justamente no redutível, no simples, no elementar."

18. Essa epistemologia intricada, inspirada na angústia da intricação, aparece também de modo engraçado, porque primitivo, no "palco" da política eleitoral. É espantoso, mas elucidativo, ouvir com insistência os representantes da direita e do centro denunciarem os riscos terríveis da *união antinatural* do Programa Comum da esquerda francesa. Qual pode ser o significado da expressão *união antinatural,* tão redundante, nesse contex-

to? O que há de explicitamente biológico, sexual, na União da Esquerda? Qual o ponto de referência (o quê, quem) para a denúncia de tal crime? Quais são os interditos? Qual a necessidade de rejeitar qualquer mudança? Por que tanta ignorância da dialética? Não será a expressão *antinatural* o reaparecimento — nos que a empregam sem lhe compreender bem o sentido — do terror de um acoplamento monstruoso, por ser incestuoso, que forneceria significado em demasia? E dessa forma, manipulado insidiosamente, sem conhecimento, não poderá esse terror chegar a impregnar os que não o aceitam, os próprios participantes da União da Esquerda? (J.A.)

19. Em *Dialectique, théorie de la valeur et critique idéologique*, comunicação no Congresso de Chantilly sobre a dialética, Universidade de Amiens, setembro de 1977.
20. Cf. H. Fischer, *Théorie de l'art sociologique,* Paris, Casterman, 1977.
21. "A meu ver, se a interpretação permite ao *eu* dar vazão a uma representação e a uma afetividade até então reprimidas, é porque ela lhe confere ao mesmo tempo *o poder de transformar-lhes o significado,* ligando-as então a uma causa passível de ser conhecida e assumida por ele." P. Castoriadis-Aulagnier: "Le travail de l'interprétation" in *Comment l'interprétation vient au psychanalyste,* Paris, Aubier-Montaigne, 1977.
22. Cf. M. Maffesoli, *Logique de la domination,* Paris, PUF, 1976.
23. Cf. Cornelius Castoriadis, *L'Institution imaginaire de la société,* Paris, Seuil, 1975. [Ed. bras.: *A instituição imaginária da sociedade*, Rio, Paz e Terra, 1982.]

Tive a oportunidade de encontrar inúmeras personalidades do mundo científico, desde que me dedico ao tema da ação sociológica na instituição. Dentre os professores universitários que conheci pessoalmente, às vezes no convívio de uma autêntica amizade, e que, com as suas obras e críticas construtivas, me permitiram continuar a alargar as sendas da Instituição já por eles seguramente desbravadas, quero agradecer especialmente a Jacques Ardoino, Georges Lapassade, Michel Lobrot, René Lourau, Max Pagès e Jean-Claude Passeron. Com eles, e através de suas diferenças, da sociologia à psicologia social clínica, espero ter entendido o sentido de uma axiologia crítica da vida quotidiana e do fato educativo. Consiste ele em chegar ao questionamento radical da epistemologia das ciências humanas contemporâneas, por meio do reconhecimento da dinâmica do imaginário e do espaço mítico-poético do ser humano.

Numa perspectiva mais ampla, este livro procura ser uma contribuição a esta última interrogação e o primeiro degrau — embora tosco — de uma investigação simultaneamente filosófica, poética e científica, de maior envergadura.

R. B

# Introdução

De uns anos para cá, a sociologia assumiu um lugar de destaque no mercado da cultura contemporânea. O homem de hoje procura conhecer sua época e necessita, para isso, de instrumentos e métodos de análise apropriados. O sociólogo é por excelência um pesquisador enraizado no seu tempo, já que a sociologia é produto da sociedade industrial; por isso os estudos dessa área não podem deixar de interessar aos educadores, aos trabalhadores sociais e a outros agentes da mudança social, que se sentem envolvidos por esse campo de investigação. Espírito curioso e incansável que o conduz muitas vezes para as camadas subterrâneas das coletividades humanas, o sociólogo nunca confunde desejo com realidade e duvida a cada instante das evidências reiteradas e das certezas bem assentadas do senso comum. O sociólogo competente sabe descobrir, com delicadeza, um ninho de víboras na mais terna relação social e sabe pôr em destaque, na mais sólida instituição, a rachadura invisível das contradições. Querer minimizar a violência e a dominação sociais só leva a trancar a porta do conhecimento sociológico; procurar explicar a inadaptação social pelas "disfunções" da sociedade é reforçar a manutenção da ordem reinante em nome de uma neutralidade científica inverossímil.

Não foi assim, no entanto, que começou a junção da sociologia com o trabalho social? Nos Estados Unidos, por exemplo, o desenvolvimento das ciências humanas e a respeitabilidade dos sociólogos, pelo menos até recentemente, resultaram da demanda de um grupo de técnicos sociais (*social workers*) confrontados com o problema da delinqüência adulta e juvenil nas cidades industriais, após a Primeira Guerra Mundial. Desde o fim da guerra, a Escola de Chicago, uma das primeiras a formular uma problemática sociológica fundamentada na ecologia humana e no conceito de desorganização, foi encarregada da análise das microssociedades locais, das suas instituições e das suas práticas desviantes: os *Chicago Area Projects* tentaram deter a delinqüência juvenil dos imigrantes estrangeiros ou dos migrantes do sul dos Estados Unidos (negros) confinados em zonas urbanas superpovoadas. Comparáveis aos programas de assistência das municipalidades ou das igrejas, a novidade destes *Urban Area Projects* reside no fato de serem inspirados por uma doutrina com *status* científico (concepções sobre o meio, da Escola de Chicago). O encargo de aplicar o programa foi confiado aos próprios moradores do bairro, enquanto os sociólogos procuravam identificar "os residentes que ocupavam uma posição-chave" capazes de se responsabilizarem pelo programa. Os sociólogos intervieram uma outra vez, no momento de formar o pessoal qualificado para aplicar o programa. Como ressalta Nicolas Herpin "o ideal é recrutar autóctones como trabalhadores sociais voluntários (*social workers*); mas a profissionalização desta ocupação levou a que se preferisse um pessoal tecnicamente competente, com formação universitária completa, em vez de recrutar e de formar moradores do bairro através de sua própria experiência". (*Les sociologues américains et le siècle,* Paris, PUF, 1973). Mais tarde, os sociólogos construíram outros programas do mesmo tipo, para outros enjeitados da sociedade capitalista: os alcoólatras (Alcoholic Anonymous), os drogrados (Synanon). As publicações sociológicas dessa época (por exemplo, a "Gang" de Thrasher) explicam a delinqüência juvenil pela teoria da criminalidade intersticial na cidade. Com o passar dos anos, o problema da delinqüência juvenil será explicado de maneira diversa, de acordo com o surgimento de novas teorias sociológicas: o conceito de subcultura dos culturalistas, a anomia dos funcionalistas, a reação societal dos interacionistas.

A *escola culturalista,* a partir do modelo racional desenvolvido pelos sociólogos de Chicago na década de 1920, formulou o problema da estruturação da personalidade no interior de uma "cultura", isto é, de um conjunto de modelos de comportamento, de atitudes, de instituições, de regras, que apresenta coerência interna suficiente para que a aprendizagem tenha como resultado produtos relativamente similares ("personalidade de base"). A escola culturalista, particularmente os discípulos de Lynd como John Dollard e Allison Davis, introduziu o conceito de *subcultura:* no interior de uma cultura global, encontra-se uma especificidade cultural, resultante de uma socialização que difere segundo as classes e as castas sociais. Dentro dessa perspectiva, Albert Cohen mostra que os jovens oriundos das classes populares estão expostos a duas subculturas: a deles e a das classes médias predominantes no sistema escolar. A subcultura delinqüente é a conseqüência espúria desse dilema cultural (*Delinquent Boys,* N. York, Free Press, 1955).

Os sociólogos *funcionalistas* — que na história da sociologia americana pouco diferem dos anteriores — insistiram na funcionalidade dos *status* e dos papéis sociais em relação ao desenvolvimento do processo de equilibração do sistema social. As rupturas nesse processo harmonioso, resultantes de uma desorganização generalizada dos modelos de comportamento e dos sistemas de valores globais (estado de *anomia,* na acepção de Durkheim), serão compreendidos em termos de disfunções muitas vezes necessárias ao bom funcionamento do sistema (em R. K. Merton).

A tendência *interacionista* é mais recente (por volta dos anos 60), representada particularmente por Erving Goffman que compara a vida social a um espetáculo (*La mise en scène de la vie quotidienne,* 2 tomos, Paris, Ed. de Minuit, 1973). Ao contrário dos funcionalistas, o ato de desvio não é mais o momento no qual o indivíduo transgride a lei, mas o processo complexo e socialmente organizado, durante o qual ele vem a ser chamado de desviante. Entre as condições sociais, há o que os interacionistas denominaram *reação societal.* A infração da norma só dá início a uma carreira de desviante se for socialmente percebida como tal, o que desencadeia uma série de medidas articuladas no processo de autocontrole da sociedade.

Esse breve histórico da sociologia americana quanto ao trabalho social e à delinqüência permite situar melhor o lugar de destaque dado a Kurt Lewin (1890-1947), criador da *Action-Research* (Pesquisa-Ação) e da Dinâmica de Grupo.

Personalidade extraordinária, esse professor de psicologia teve que abandonar em 1933 (escalada do nazismo e do anti-semitismo) a Universidade de Berlim para instalar-se nos Estados Unidos que, a partir daí, passaram a ser a sua pátria de adoção. Foi pedagogo incansável e sempre acolhedor, pesquisador não-conformista e profundamente tolerante de quem se louvava a "imaginação poética"; foi fascinado pelos modelos matemáticos — embora prudente em relação à estatística. Inventor dos conceitos de psicologia dinâmica e topológica, os quais gostava de representar visualmente por meio de gráficos ovóides (curvas de Jordan), foi também fundador de grupos de pesquisa e de Institutos para os quais sempre encontrava financiamento, apesar das dificuldades da época.

Durante a sua permanência na América, Kurt Lewin elaborou a Pesquisa-Ação que continua inspirando boa parte dos psicossociólogos do mundo inteiro, apesar de terem sido determinantes, para os especialistas franceses em ciências humanas, as correntes teóricas e clínicas mais européias (psicanálise, socialismo científico ou libertário).

A Pesquisa-Ação de Lewin pode ser definida como uma pesquisa psicológica de campo, que tem como objetivo uma mudança de ordem psicossocial. Como dizia K. Lewin, "Quando falamos de pesquisa, estamos pensando em *Pesquisa-Ação,* isto é, uma ação em nível realista, sempre acompanhada de uma reflexão autocrítica objetiva e de uma avaliação dos resultados. Como o objetivo é aprender depressa, não devemos ter medo de enfrentar as próprias insuficiências. Não queremos *ação sem pesquisa, nem pesquisa sem ação.* (Citado por A. J. Marrow, *Kurt Lewin,* Paris, ESF, 1972.)

Atualmente os autores anglo-saxões assim definem a Pesquisa-Ação: "A Pesquisa-Ação tem por finalidade contribuir *simultaneamente* para o alívio das preocupações de ordem prática das pessoas que estão em situação problemática, e para o desenvolvimento das ciências sociais, através de colaboração que as reúna de acordo com um esquema ético mutuamente aceitável" (R. N. Rapoport, "Les trois dilemmes de la recherche-action", *Connexions,* Epi/ARIP, n.° 7, 1973). Nesse tipo de pesquisa, a implicação do pesquisador é uma das características do processo de investigação.

Esse tipo de pesquisa demonstra nitidamente que a gênese social precede a gênese teórica e metodológica. Sabe-se que a sociologia americana surgiu, de certa forma, da existência da "questão social" nas zonas urbanas superpovoadas depois da Primeira Guerra Mundial. Nessa mesma perspectiva, a Pesquisa-Ação se desenvolveu a partir do problema judeu e das questões de ordem prática conseqüentes à Segunda Guerra Mundial. A Pesquisa-Ação também se orientou para a solução dos problemas surgidos com a inserção de fábricas em zonas rurais, cuja mão-de-obra era incapaz de atingir os altos padrões de produção das regiões industriais do Norte (estudo de K. Lewin na Harwood Manufacturing Corporation em 1939). Logo foi possível distinguir quatro tipos de Pesquisa-Ação:

— *A Pesquisa-Ação de diagnóstico* que procura elaborar planos de ação solicitados. A equipe de pesquisadores entra numa situação existente (revolta racial, ato de vandalismo), estabelece o diagnóstico e recomenda medidas para sanar o problema.

— *A Pesquisa-Ação participante* que, desde o início, envolve no processo de pesquisa os membros da comunidade ameaçada, como foi feito, por exemplo, no projeto de pesquisa sobre o autoexame das atitudes discriminatórias de uma comunidade (estudo de "Northtown", perto de Nova York, 40.000 habitantes, 1948).

— *A Pesquisa-Ação empírica* que consiste em acumular dados de experiências de um trabalho diário em grupos sociais semelhantes (ex-clubes de rapazes). Este tipo de Pesquisa-Ação pode levar de maneira gradual ao desenvolvimento de princípios mais gerais, como foi demonstrado pela medicina clínica.

— *A Pesquisa-Ação experimental* que exige um estudo controlado da eficácia relativa de técnicas diferentes em situações sociais praticamente idênticas. É a que possui maior potencial para fazer progredir os conhecimentos científicos dentro da perspectiva da cientificidade tradicional.

Os estudos de Pesquisa-Ação se multiplicaram durante e depois da Segunda Guerra Mundial. No setor da indústria vão tratar da "decisão de grupo", da "auto-organização" (Bavelas), da "formação dos quadros dirigentes" (Lewin e French), da "modificação dos estereótipos" (French), de "como vencer a resistência à mudança" (Coch e French). A guerra foi o momento em que K. Lewin passou a trabalhar para o Gabinete dos Serviços Estratégicos (oss); juntamente com sua equipe dedicou-se a questões do tipo: como está o moral (e qual a sua provável evolução) tanto das nações inimigas como dos Estados Unidos? Quais as técnicas de guerra psicológica que enfraquecem com certeza a resistência do inimigo? Que atitude de comando, nas unidades militares, tem mais chance de dar melhores resultados?

No campo do trabalho social, os estudos de Pesquisa-Ação dedicaram-se ao "comportamento de bandos de adolescentes" (Bellow, Blum, Clark), à influência das leis na mudança social (*numerus clausus* quanto aos judeus nas Universidades), à "integração dos vendedores negros", à "consistência do grupo" (Festinger) e à "integração nos conjuntos habitacionais". Enfim e sobretudo, Lewin, no verão de 1946, descobre o *Training-Group,* graças à curiosidade dos alunos de um laboratório de treinamento para a transformação pessoal, que queriam ouvir e comentar o que a equipe de observação e pesquisa achava dos seus comportamentos; segundo as palavras de Bradford a reação dos estagiários aos dados relativos aos seus próprios comportamentos foi comparável a "uma formidável descarga elétrica...".

Com Kurt Lewin, a noção de intervenção na vida social com o intuito de transformá-la começa a ter sentido, a ser reconhecida e a estabelecer a sua metodologia. Não é difícil perceber a importância de uma metodologia para a ação humana que, durante a Segunda Guerra Mundial, levasse as donas-de-casa dos Estados Unidos a consumir coração de boi, rim ou tripas, partes do animal tradicionalmente rejeitadas por todas as camadas da população, até pelas menos favorecidas. É fácil prever todas as conseqüências possíveis na mudança de hábitos alimentares, muitas vezes já arraigados, do Terceiro Mundo. Mas é preciso reconhecer que Kurt Lewin praticamente ignorou um outro tipo de intervenção exercida não por psicólogos, mas por revolucionários: a intervenção cujo objetivo é transformar radicalmente as estruturas sociais e políticas da sociedade de classes. Na verdade, quando K. Marx propõe que se faça sistematicamente uma "pesquisa operária" realizada pelos próprios operários, está propondo também uma "intervenção" bem diferente da Pesquisa-Ação de K. Lewin. Enquanto K. Lewin, em sua Pesquisa-Ação na Harwood Manufacturing Corporation (1939), procura ganhar a simpatia das operárias para, no fundo, usando a sua competência de psicólogo do trabalho, chegar a fazê-las produzir mais, através do mecanismo de estimulação e de competição, K. Marx recusa o sistema que conduz a essa exploração e pede: "Enquanto se aguarda que o governo francês inicie (...) uma grande pesquisa sobre os feitos e danos da exploração capitalista, tentaremos fazer uma por nossa conta. Esperamos que os operários das cidades e do campo nos apóiem, sabedores que são de que somente eles podem descrever, com conhecimento de causa, as dificuldades por que passam, somente eles, e não defensores ocasionais, podem remediar com firmeza as calamidades sociais de que são vítimas" (*O Capital*). Essa é a linha divisória radical entre a psicologia social americana e as pesquisas francesas em ciências humanas aplicadas que, embora possam nela se inspirar (principalmente quanto às técnicas de dinâmica de grupo), dela divergem totalmente — pelo menos as que considero aceitáveis. Se a análise institucional progride cada vez mais em todas as instituições modernas, se ela ganha terreno no espaço exclusivo e fechado dos sociólogos e psicólogos acadêmicos, é porque conserva as características mais interessantes da Pesquisa-Ação de K. Lewin, num espírito de emancipação pessoal e coletiva que questiona os próprios fundamentos das estruturas sociais; isso K. Lewin não pôde fazer, feliz que estava por ter-se tornado "cidadão" americano, orgulhoso da "democracia" capitalista que os seus estudos de psicologia social valorizavam.

Será que a sociologia só pode ser protuberância estatística ou discurso emaranhado que esconde, às vezes até de maneira inteligente, os problemas concretos a serem resolvidos a golpes de tipologia? Que sociologia poderia então ser útil aos trabalhadores sociais, aos educadores, aos animadores sócio-culturais? Terão sempre que contemplar os tons desbotados da sociologia dominante? A sociologia deveria ser o mais forte tempero simbólico das ciências humanas: ao "prová-la", ninguém poderia deixar de ter a consciência lúcida e a afetividade profunda arrebatadas pelo toque deslumbrante do conhecimento! Se o *habitat* natural do pesquisador em ciências sociais, como escreve o sociólogo americano Peter L. Berger (*Comprendre la Sociologie,* Paris, Ed. Resma, 1973), "é qualquer lugar do mundo onde os homens se reúnem, se encontram, vivem juntos", e se o sociólogo, fascinado pelo banal e pelo quotidiano, nada tem a ver com os que "não sentem nada diante de uma porta fechada, não se interessam pela existência humana e se contentam em admirar a paisagem, sem indagar sobre as pessoas que vivem naquelas casas, do outro lado do rio...", como se explica então que cada um de nós não seja sociólogo para compreender o mundo e para *transformá-lo* — apesar do que possa achar Peter L. Berger! Fazer sociologia, para o ser humano, é analisar a produção e a reprodução sociais de sua própria existência unida conflitualmente à dos outros pelo entrelaçamento das relações de força e de direcionamento entre os grupos e as classes sociais que cruzam o seu campo de ação. Nessa acepção, a sociologia possui valor eminentemente ontológico.

Em que ponto está a Pesquisa-Ação atualmente? Este livro tenta responder à pergunta aprofundando a sua teorização no âmbito da pesquisa institucional. Esta teorização vem se processando e se apóia em experiências concretas realizadas por pesquisadores engajados na prática e trabalhadores sociais que optaram por uma *contra-socio-*

*logia* fortemente influenciada pelo socialismo libertário e pelo "marxismo aberto". Nos Estados Unidos os "sociólogos radicais" dos anos 1965-1970 retomam as práticas sociológicas da Escola de Chicago, mas com um sentido de *engajamento* bem mais acentuado e com uma crítica epistemológica das ciências sociais, que os marginalizam em relação à sociedade acadêmica americana. Na Europa, e particularmente na França, a análise social crítica, de origem marxista, toma vida, raízes e amplidão sob a influência da corrente da *Análise Institucional* (Lourau, Lapassade). Nesse sentido, o livro de R. Lourau, *Le gai savoir des sociologues,* publicado em 1977 (Paris, UGE, 10/18), e este meu são complementares.

Ultrapassando a sociologia das organizações e das ideologias numa perspectiva dialética, integrando as últimas concepções da antropologia crítica e do marxismo relacionado com a função imaginante do homem, acentuando a importância da análise existencial na compreensão e na explicação dos fatos sociais, a *Pesquisa-Ação Institucional* apresentada neste livro é uma nova prática concreta de análise sociológica destinada aos grupos que desejam tornar-se sujeitos e não objetos da ação social.

René BARBIER, fevereiro de 1977.

PRIMEIRA PARTE

# Abordagem Teórica Geral

# 1

# A Noção de Ciências Humanas Clínicas e as Análises Institucionais

## 1.1. A Noção de "Clínica" em Ciências Humanas

A sociologia institucional possui uma dimensão "clínica", palavra cujo sentido pretendo esclarecer a partir de sua relação com as ciências humanas.

Consultando-se o dicionário vê-se que a palavra "clínica" vem do grego *kliné:* que se relaciona com o leito do doente, que pertence, que se faz perto do leito do doente, com o próprio indivíduo, e não com livros ou teoria (Larousse do séc. XX). Deixando de lado o uso corrente que em francês e alemão tem o termo clínica — que designa a instituição cuja finalidade é o tratamento dos doentes hospitalizados — verifica-se que a maioria das outras línguas, particularmente a inglesa, dá ao conteúdo dessa palavra um sentido bem mais vasto. O domínio *clínico* engloba todas as instituições onde se fazem consultas e nas quais são atendidos, a título de terapia ou de profilaxia, indivíduos doentes, carentes ou inadaptados. Assim, chamar-se-ão de *Child guidance clinic* as instituições para consultas de aconselhamento educacional. Nesta acepção, o método clínico engloba todo procedimento de observação direta e minuciosa, usado em entrevista ou em situações experimentais definidas (situações de teste). São considerados psicólogos *clínicos* os que trabalham "nas clínicas ou policlínicas psiquiátricas, pediátricas, médicas, psicossomáticas ou ortopédicas, nos institutos psicoterápicos ou psicanalíticos, nos estabelecimentos médico-pedagógicos ou, enfim, nos centros de orientação pedagógica, de aconselhamento familiar, conjugal, de consultas para adolescentes, toxicômanos ou para a prevenção de suicídio".[1] É curioso que o termo não tenha sido registrado por Anne Ancelin-Schützenberger que, no seu vocabulário de técnicas de grupo,[2] só faz constar a definição de Lagache para psicologia clínica: "ciência do comportamento humano, fundamentada principalmente na observação e na análise profunda de casos individuais (...) normais e patológicos, que se pode estender aos grupos (...)".

Trata-se porém de um conceito-chave, na confluência da ciência fundamental com a ciência aplicada no que se refere ao homem. As ciências da educação, por exemplo, não poderiam ignorá-lo, se bem que, como assinala J. Ardoino: "Existe um divórcio curioso, provavelmente influenciado pela aura própria às ciências mais antigas e mais solidamente aceitas, entre profissionais e teóricos do campo das ciências da educação. A clínica nem sempre é valorizada. É considerada mais próxima da arte do que da ciência." [3] Na perspectiva de "um novo espírito científico" nas ciências humanas, que a análise institucional começou a elaborar, "o procedimento clínico e sua teorização devem conquistar o lugar que lhes foi até agora recusado (...) O que é fundamental ao procedimento clínico é o respeito, ou melhor, a sensibilidade ao que é ambíguo, ao duplo sentido e à hipercomplexidade" (Ardoino). De fato, encontramos nas ciências humanas uma nítida oposição entre investigação *experimental* e investigação *clínica*. O método experimental é antes de tudo métrico, sistemático, comparativo e, na medida do possível, praticado em laboratório. Na sociologia essa tendência é representada por Durkheim, com o seu estudo sobre *O Suicídio*, modelo da pesquisa social a partir de estatísticas, cujo referencial epistemológico reteve a imaginação teórico-prática dos pesquisadores franceses que assim deixaram para outros (Kurt Lewin) a invenção da pesquisa-ação.

O método clínico serve-se da abordagem qualitativa, monográfica, e é aplicado de preferência no próprio terreno de investigação. A intenção é de explorar o comportamento e as representações de um sujeito ou de um grupo de sujeitos diante de uma situação concreta, para compreender-lhes o sentido, colocando-se alternadamente na perspectiva de observador e na de sujeitos-atores e de sua vivência.

Como observa Jean Maisonneuve com pertinência, o experimentalista visa a criar uma situação artificial com variáveis controladas e isoláveis do meio ambiente, numa abordagem segmentada e intemporal, ao passo que a abordagem clínica, qualificada de "molar" [um todo unido],* é expressa através da história de um caso significativo. Se o pesquisador clínico procura facilitar o ajustamento à situação de pesquisa no âmbito de um encontro pessoal, o experimentalista quer estabelecer provas ou situações padronizadas das quais será a testemunha objetiva. O pesquisador clínico "refere-se geralmente a tipos qualitativos, registrando as particularidades individuais, enquanto o experimentalista coloca os resultados numa escala de medidas previamente validada através de amostragem; essa diferença conduz freqüentemente a uma troca de acusações: de um lado, a de imprecisão científica; de outro, a de rigidez".[4]

A crescente complexidade das grandes organizações e a demanda social de elucidação dos seus relacionamentos internos levou a sociologia à pesquisa clínica do "fenômeno organizacional". Para os representantes do Centro de Sociologia das Organizações (do CNRS — Centro Nacional de Pesquisa Científica, da França) "a análise organizacional diz respeito a um fenômeno central da vida de quem vive em sociedade. De fato, ela visa a estudar as injunções que cada um de nós encontra quando, para atingir um objetivo do seu próprio interesse, precisa unir seus esforços aos dos outros" (Erhard Friedberg). A mudança social que questiona a distribuição dos trunfos e das apostas, numa estratégia analisada sob o ponto de vista da teoria dos jogos, provoca fatalmente resistências da parte dos atores das organizações. O sociólogo clínico da organização tentará destacar, no terreno, a necessidade de um processo de negociação constante quanto às decisões, modalidades e efeitos de retorno provocados pelas transformações estruturais. A partir de entrevistas com a base, o sociólogo tentará descobrir os jogos que se realizam entre os membros de uma organização, bem como as estratégias utilizadas. "Esses jogos, por sua vez — e as soluções a que geralmente chegam —, remetem à estruturação das relações de poder que unem entre si os vários membros e que se procura fazer surgir para compreender e explicar o conjunto das regulações do sistema social que constitui a organização em questão."[5] Revelando, em seguida, aos diversos agentes da organização o sistema estratégico (analisado em sessões de *feedback*), o sociólogo conta com o desencadear de um processo de tomada de consciência, que talvez leve a profundas transformações nos referidos jogos. De fato, a análise organizacional permanece

* (N. da T.)

estranhamente prudente quanto a este último aspecto da pesquisa clínica; sua persistência em se restringir à análise estratégica, sem referência às relações de força e de direcionamento entre as classes sociais, ou frações de classes, dentro da sociedade global, transforma-a numa variante da análise funcionalista. É a análise institucional em situação de intervenção (socianálise) que vai possibilitar o progresso nessa linha, ao liberar o sistema ativo das transversalidades econômicas, políticas e ideológicas existentes na estratégia dos atores.

## 1.2. Posição das Diferentes Disciplinas Relacionadas com as Ciências Humanas Clínicas

Segundo Julien Freund "entende-se por ciências humanas as disciplinas que têm como objeto de pesquisa as várias atividades humanas, na medida em que supõem as relações dos homens entre si, e dos homens com as coisas, assim como as obras, instituições e relações que daí resultam".[6] Definirei pois as ciências humanas clínicas como *o conjunto das disciplinas das ciências humanas que têm como objetivo intervir no meio humano, a fim de permitir que as pessoas e os grupos que o compõem tomem conhecimento da sua situação individual e coletiva, visando a uma mudança profunda.*

Nessa perspectiva, as disciplinas das ciências humanas consideradas fundamentais podem ser assim especificadas:

— psicologia e psicanálise
— sociologia e antropologia
— filosofia
— história e economia.

Considerada a dimensão clínica, elas podem ser:

— psicologia clínica
— sociologia e antropologia clínicas
— filosofia da práxis
— história e economia clínicas.

Vamos examinar mais especificamente esse campo clínico das ciências humanas.

### *1.2.1. A Psicologia Clínica*

Já vimos quais aspectos da prática terapêutica ou pedagógica a psicologia clínica engloba. Existem atualmente duas correntes essenciais quanto às fontes teóricas e práticas da psicologia clínica:

— a corrente do Movimento do Potencial Humano
— a corrente psicanalítica.

Mas Pagès mostrou a bifurcação teórica que existe hoje em dia na psicologia clínica. De um lado, Freud e seus discípulos contemporâneos; de outro, Reich e as terapêuticas modernas (gestalt-terapia, bioenergia, Moreno, Rogers) que suprimem o tabu freudiano quanto à expressão espontânea das emoções e ao contacto físico. Trata-se de uma outra concepção do desejo e do prazer, visivelmente afastada da de Freud. Para Freud, o desejo é impossível, já que exprime o desejo de fusão com a mãe, de incesto com a mãe e de morte do pai. Ele é fundamentalmente trágico e define-se em termos de falta e de busca contínua do outro que deve vir preencher essa falta insuportável. É possessivo, fechado em si mesmo, sem relação. É destrutivo, na medida em que tenta se apropriar do outro e absorvê-lo. É profundamente anti-social pois é anti-relacional, sempre em oposição ao trabalho. A sociedade se organiza contra ele, reprimindo a sexualidade e sublimando a energia liberada pela frustração do desejo. A visão de Freud é essencialmente pessimista: convém procurar as razões disso na origem social, étnica e cultural do médico vienense que, só depois dos quarenta anos, começou a ser reconhecido pela alta sociedade do seu tempo. Para Reich, ao contrário, existem desejos e prazeres sadios e naturais, com função biológica positiva, e dos quais apenas as perturbações são patológicas. Estes desejos geram a gratidão, a valorização do outro, o reconhecimento do outro em sua especificidade e em sua diferença. Sexualidade e trabalho não se opõem, fazem parte de um mesmo movimento energético. A sublimação é natural e a sociabilidade baseada na repressão é patológica. Para Reich é o bloqueio da descarga afetiva que origina o processo neurótico; trata-se portanto de deixar que se manifeste o sintoma e a descarga que o acompanha para se chegar aos desejos primitivos encobertos pelo sintoma, "pois o aparecimento e a permanência do sintoma estão ligados unicamente à impossibilidade de uma descarga afetiva que só é possível em condições não repressivas do prazer compartilhado. Um sintoma que *provoca uma* *experiência de prazer compartilhado e uma descarga afetiva não tem mais razão de ser, e desaparece por si,* para ser substituído por outros sintomas pertencentes a camadas menos defensivas da personalidade, ou por comportamentos não defensivos" (Max Pagès).[7] O Movimento do Potencial Humano, nascido nos Estados Unidos por volta de 1960,* retoma a terapêutica reichiana e faz uma síntese das novas psicoterapias de grupo, do antiteatro, das filosofias vindas do Oriente com as suas técnicas corporais e de meditação.[8] Os temas fundamentais dessa terapia são o corpo, a nudez, o sexo, a emoção, a implicação do animador. São freqüentes nesses grupos os fenômenos de transe, individual ou coletivo, o que relembra a contemporaneidade dos ritos de possessão e de transe praticados nas sociedades arcaicas (por exemplo, o ndöp dos Lebou e dos Wolof do Senegal; o transe violento de possessão no culto bori dos Hausa e no culto dos Holey, no Songhay (Nigéria); o transe teatral no culto dos Zar no país etíope de Gondar; o candomblé da Bahia, Brasil; o culto vodu do Haiti, etc.).

### *1.2.2 A Sociologia e a Antropologia Clínicas*

Vimos que a sociologia das organizações pode ser considerada como uma sociologia clínica, ou melhor, como uma socianálise. Compreende-se por socianálise a intervenção feita a pedido de uma organização-cliente e conduzida de acordo com os conceitos da análise institucional, na situação criada pela implantação de um dispositivo analisador; esse dispositivo insiste principalmente na análise da encomenda e do pedido, assim como no estabelecimento do contrato e na autogestão da intervenção pelo coletivo-cliente (horários, número de sessões, programa, honorários dos analistas).

Situada entre a psicologia clínica e a sociologia clínica, a pesquisa-ação inspirada em Lewin, de tipo psicossocial, conseguiu um lugar de destaque sobretudo na América do Norte.[9] (Cf. Introdução).

A *antropologia aplicada* de Roger Bastide constitui um aspecto da antropologia clínica que, de nossos dias, se torna mais preventiva do que curativa. Richard N. Adams distingue dois tipos de antro-

* Cf. o estudo mais aprofundado na terceira parte deste livro.

pologia aplicada. A primeira se encontra no início da ação, antes da introdução de inovações numa comunidade local, regional ou nacional: compreende a análise etnográfica dessa comunidade, no intuito de prever o que resultará da introdução de uma mudança e de elaborar uma melhor estratégia de ação reformadora ou revolucionária. A segunda vem depois da ação, porque os fins atingidos quase sempre acarretam efeitos inesperados, conseqüências negativas, destruição de laços familiares, maior incidência de doenças mentais e de delinqüência, maior desigualdade entre as pessoas depois da intervenção; é preciso, pois, examinar a nova situação para reestruturar os elementos anômicos através da proposta de medidas concretas. Hoje em dia a mudança social é tão rápida que a prevenção substitui a correção, em antropologia aplicada. Roger Bastide considera a antropologia aplicada como uma "arte aplicada" que se realiza no âmbito dos microrganismos culturais e sociais. Embora a antropologia aplicada utilize a mesma conceptualização da antropologia geral, ela exige uma atitude conativa e se destina a impulsionar um começo de ações que visam à realização das potencialidades contidas nos recursos revelados pelo estudo empírico da comunidade e à eliminação dos obstáculos que impedem essa utilização. Nesse sentido, "a investigação empírica já é orientada, e não desinteressada ela é seletiva, e não teórica ou científica (. . .) Por isso, desde o início da investigação, estamos situados na 'arte'; já estamos fora da ciência, como a concebemos, desde a pesquisa empírica que é orientada pelo que deve ser produzido no final".[10] No entanto, como observa o próprio Roger Bastide, "muitos dos que se colocam nessa perspectiva não concordariam de bom grado com a nossa conclusão" (p. 79) pois é contestável que se qualifique de "científica" uma investigação social que se limita a uma ética do conhecimento objetivo e, do domínio da "arte", uma investigação regida por finalidade instrumental com intuito de mudança: "investigação e ação são apenas fases de um mesmo processo polar" (G. A. Beltran, citado por R. Bastide, p. 79). No fim do seu estudo, Roger Bastide concebe a antropologia aplicada como uma ciência teórica que se refere a uma prática, da qual a política poderá posteriormente tirar uma arte; é o que acontece com a medicina, que é uma ciência e uma prática terapêutica considerada como arte ou, ainda, com a dinâmica de grupo, que alia pesquisa científica com prática social. É mais ciência da ação planejada do que ciência do pensamento planificador: "É um ramo da antropologia, exatamente como a medicina clínica ou a sociologia aplicada são ramos da medicina científica e da sociologia geral; constitui, a nosso ver, um novo capítulo da antropologia, o do *homo moderator rerum*. Não se orienta, pois, para a ação e para o planejamento; analisa esta ação e este planejamento como a antiga antropologia analisava os sistemas de parentesco, as instituições econômicas e políticas, os processos espontâneos de mudança, exatamente com os mesmos métodos e as mesmas técnicas de abordagem. Mas esta dupla separação, entre a antiga antropologia que estudava 'as coisas sociais' e 'as culturas', e não a sua manipulação — e a que estuda a prática social em si mesma, não impede de maneira alguma que a antropologia aplicada traga uma contribuição de primeira linha tanto à antropologia geral quanto à prática social" (p. 200). Ela permite assim que a antropologia geral distinga vários tipos de resistência, resistências que vêm da existência de leis sociais e culturais.

### *1.2.3. A Filosofia da Práxis*

A filosofia clínica corresponde, a meu ver, à filosofia da práxis, na acepção de Antonio Gramsci. Uma filosofia é uma concepção de mundo, pelo menos em parte, e a ação veicula uma concepção implícita de mundo. A filosofia surge, então, da reflexão sobre a ação, sobre a práxis, num movimento retro-ativo, que consiste numa "sistematização" da concepção de mundo contida na ação. Para Gramsci, existem no homem comum dois tipos de consciência teórica dos quais "um é implícito à sua ação e o une efetivamente a todos os seus colaboradores na transformação prática da realidade, enquanto o outro, superficialmente explícito ou verbal, foi herdado do passado e recebido a-criticamente" (*Il materialismo storico*).[11] Ora, diz ele, estas "duas consciências" podem entrar em contradição e se oporem no sentido de que a ação não reflete a "crença". Nesse caso, a concepção de mundo que tem o homem comum é a que está implícita na sua ação. É essa que deve ser revelada e que forma a base da filosofia da práxis. Por isso, "uma filosofia da práxis só pode se apresentar, inicialmente, sob forma polêmica e crítica, como superação do modo de pensar anterior e do pensamento concreto existente (ou mundo cultural existente). Ou seja, antes de mais nada, como crítica do senso comum" (*Il materialismo storico*). A ação revela uma filosofia implícita; a reflexão desenvolve e sistematiza essa filosofia, isto é, confere-lhe *status* filosófico, na medida em que a organiza e explicita. Uma tal concepção remete a uma contestação da objetividade em si. Para Gramsci a objetividade é um termo final, o ponto assintótico para o qual convergem os resultados das múltiplas pesquisas teórico-práticas dos homens: o "dado" somente se torna objetivo à proporção que é "trabalhado" ou resulta da práxis científica e política dos homens no seu processo de apropriação e de dominação da natureza. A prática científica vai isolando, pouco a pouco, através da atividade gnosiológico-prática não individual mas "humana", os elementos "duráveis e permanentes" da realidade. O filósofo da práxis não se confunde com o *senso comum*, considerado como "a filosofia dos não filósofos, isto é, a concepção de mundo absorvida a-criticamente pelos diferentes meios sociais e culturais nos quais se desenvolve a individualidade moral do homem comum (*Il materialismo storico*)".[11] O homem do senso comum caracteriza-se por uma adesão total e irrestrita a uma concepção de mundo elaborada fora dele, a um conformismo cego e a preceitos indemonstráveis e "não-científicos". Mas o homem do senso comum trabalha e age sobre o mundo. Ora, toda transformação da realidade traz em si um verdadeiro conhecimento do mundo exterior que se enraíza na relação ativa da consciência com o real. Assim, o senso comum possui um conhecimento parcial da realidade, é filosofia mas filosofia sem metodologia, sem união dialética entre teoria e prática, uma espécie de "mosaico fragmentado, incoerente, inconseqüente, resultante da situação social e cultural das massas cuja filosofia representa". Ao mesmo tempo, o senso comum, que se fundamenta e elabora num terreno ideológico estranho ao conjunto das consciências do qual emana, não é "inocente" e possui uma função precisa: retoma uma filosofia elaborada pela camada de intelectuais ligada à classe dominante, procurando reinterpretá-la segundo a sua própria "ordem do mundo". Desempenha pois o papel de verdade absoluta, porque parece emanar diretamente da grande massa dos indivíduos, do chamado "bom senso" popular. É preciso cuidado para não jogar fora o bebê junto com a água do banho pois o "bom senso" é uma atitude da consciência positiva, uma "superação das paixões bestiais e elementares, através de uma concepção da necessidade que dá à ação individual uma direção consciente (*Il materialismo storico*)".[11] O "bom senso" constitui o "núcleo sadio" do senso comum, aquele que convém desenvolver, tornar unitário e coerente; isso principalmente porque o senso comum evolui com a estrutura social que o modela, não sendo portanto imutável, nem permanente, nem monolítico. Considero a filosofia clínica como a atividade do filósofo da práxis nos diferentes grupos humanos que formam o seu campo de ação.

### *1.2.4. A História e a Economia Clínicas*

É no método da *história imediata* que se deve procurar uma abordagem real da história clínica. O termo *imediato* aqui não significa atual, instantâneo, mas qualifica as mediações entre o sujeito e o objeto do conhecimento. Seu principal representante, o historiador belga Benoît Verhaegen, afirma: "Dois traços caracterizam esta disciplina, ponto de convergência da história, da antropologia e da sociologia: de um lado, ela pretende derrubar a tradicional relação unívoca entre estudioso e objeto do conhecimento, relação baseada na passividade do objeto e na distância máxima entre este e o estudioso; procura substituí-la por uma relação de trocas implicando a participação real do objeto — enquanto ator histórico — no seu próprio conhecimento e, até mesmo, o desaparecimento do cientista enquanto indivíduo; por outro lado, e correlativamente, o método de história imediata considera-se como decididamente voltado para uma prática social e política, comprometido com a transformação revolucionária do mundo."[12] A história imediata se aplica somente às sociedades contemporâneas e se apóia na mediação da práxis coletiva e totalizante do sujeito histórico. Ou, mais precisamente, seu objeto é representado pelas sociedades em crise, sujeitas a rápidas transformações estruturais, das quais só o sujeito histórico, engajado na mudança das relações sociais existentes, será o detentor do conhecimento autêntico. A base epistemológica da história imediata é composta pelo materialismo dialético de Marx e pelo existencialismo de Jean-Paul Sartre, numa perspectiva de complementaridade: "Como o materialismo dialético, o método de história imediata postula que o conhecimento científico dos fatos humanos e sociais é possível porque o movimento dialético do real (transformação do mundo pelo homem e criação simultânea do homem pelo homem) é concomitante ao desenvolvimento histórico do pensamento e que, por conseguinte, este movimento é perceptível e inteligível ao homem que dele faz parte enquanto sujeito e objeto, enquanto ator e testemunha, enquanto determinante e determinado (...) Do existencialismo de Sartre, a história imediata retira a valorização do sujeito histórico em sua dupla função de ator da história, de criador-destruidor das estruturas e do prático-inerte, e de consciência da história" (B. Verhaegen).

No nível metodológico, a história imediata não exclui o apelo às técnicas quantitativas e às formulações numéricas, nem a utilização das regras habituais da crítica histórica, apesar de privilegiar nitidamente a pesquisa de material qualitativo. Os seus três princípios metodológicos indispensáveis são:

— o pesquisador deve estar pessoalmente engajado na prática política da sociedade em crise que ele estuda, e sem comprometimentos com relação à confraria acadêmica e aos chamados princípios científicos;
— a pesquisa deve tornar-se obra coletiva, com a participação dos membros da sociedade e com a real inserção do pesquisador;
— tudo isso supõe um ensino renovado que permita à massa atingir um nível de expressão que lhe conceda o domínio dos instrumentos essenciais à comunicação científica e, em segundo lugar, a devolução dos resultados obtidos pelo pesquisador à coletividade estudada, e não exclusivamente à confraria acadêmica e aos detentores da cultura legitimada.

*Economia clínica*

A economia clínica, tal como a concebo, só pode ser uma contra-economia, no sentido de não continuar repetindo infindavelmente a ideologia da economia política neoclássica, pomposamente chamada hoje de ciência econômica. Muitos cientistas, pelo menos até há pouco tempo, pensavam que a "ciência econômica" estava mais garantida — do que a sociologia, por exemplo — contra a falta de objetividade científica. Mas, como escreve Henri Bartoli, "a economia clássica teoriza o comportamento humano formulando a hipótese de um fim único: o enriquecimento pela satisfação máxima das necessidades. A ciência econômica moderna adota como ponto de partida a constatação do fato da raridade dos bens diante da multiplicidade e da variedade das necessidades. Pretende não se preocupar com as finalidades, ou melhor, aceitar todas elas e adotar o princípio 'racional' dos meios mínimos como critério unificador de suas teorias. Isolar a ciência econômica das finalidades significa subtrair toda base racional às explicações que ela propõe".[13] O estudo dessa questão excede o âmbito deste parágrafo mas convém lembrar que o debate está aberto e que, em 1973, foi instituída a "Association pour la

Critique des Sciences Économiques et Sociales" (Associação para a Crítica das Ciências Econômicas e Sociais) com o objetivo de "questionar a neutralidade política e a objetividade da 'ciência econômica' " (cf. "La 'crise' de la science économique" in *Le Monde de l'économie* de 22 de maio de 1973, p. 24). Na década de 60, qualquer estudante de economia sabia que a faculdade não lhe permitiria descobrir, com o seu ensino oficial, uma "ciência econômica" com significação para todos os homens, para a grande massa de trabalhadores.* Dez anos antes, nos Estados Unidos, o economista radical André Gunder Frank, na época aluno do professor conservador Arnold Harberger, foi obrigado a deixar a Universidade de Chicago por causa da intransigência ideológica desse professor ligado, ainda hoje, à burguesia reacionária do Chile.[14] Atualmente as coisas continuam na mesma para os estudantes, como afirmam J. Attali e M. Guillaume: "Principalmente os manuais tradicionais continuam descrevendo, sem alterações, as mesmas teorias acadêmicas onde, para se mostrarem atualizados, enxertam alguns tópicos que tratam leviana e superficialmente das questões em moda. Ao formar as futuras gerações de economistas, de executivos e de professores, colaboram para a reprodução de representações econômicas ultrapassadas." [15] Num exame mais detido do que poderia ser a economia "clínica", percebe-se que tanto no nível microeconômico como no macroeconômico, trata-se de uma economia *política* que no seu sistema interpretativo operacional torna coerente o contrato econômico leonino que a classe superior impõe às classes subalternas na repartição da riqueza nacional. No nível microeconômico fala-se, então, de *economia da empresa,* com o seu novo mito, o *Management* (gerenciamento). No nível macroeconômico, os tecnocratas do Ministério das Finanças e dos Negócios econômicos brincam com o modelo físico-financeiro (FiFi) do VI Plano, que permite simular os mecanismos da economia nacional graças a 1.000 equações, 3.500 dados e 5.000 instruções de programas, cuja função social é caucionar "cientificamente" medidas discriminatórias tomadas pelos poderes públicos. Alguns, como J. Delors, tentam chegar a uma metodologia clínica da macroeconomia social[16] quando propõem indicadores sociais para "fornecer indicações razoáveis, mesmo se aproximativas, da amplidão dos pro-

* Entre os professores de ciências econômicas da época, em Paris (Panthéon), apenas Henri Bartoli e Henri Denis eram exceção a essa afirmação.

blemas sócio-econômicos e da extensão dos progressos realizados no tratamento desses problemas" (definição de William Gorham). Infelizmente a própria estrutura dos indicadores sociais escolhidos, assim como as fontes estatísticas do INSEE [o Instituto Nacional de Estatística, da França]*, sempre por fora do problema, são discutíveis, sobretudo no que se refere à marginalidade social. Finalmente a intervenção "clínica" dos poderes públicos aparece — se a depurarmos de suas racionalizações pseudocientíficas — como operações de derradeira chance e de pouco fôlego, com o intuito de manter o *status quo* das classes abastadas e de limitar a inflação galopante cuja periculosidade social é conhecida. Apoiando-se na abusiva formalização matemática da "ciência econômica", que permite ocultar ao não-iniciado a sua real inutilidade quanto aos problemas concretos criados pelo capitalismo organizado, os "decisores" (detentores do poder de decisão) garantem o desconhecimento instituído do seu poder. "Desenvolvendo-se assim, a ciência econômica não investiga nem descobre, mas sim *esconde.* Ela defende um território para representá-lo da sua maneira conservadora, imperialista, reducionista. O homem aparece aí como um sistema fechado, dotado de uma 'natureza' universal, sem relação com o seu ambiente social e natural. Ela considera apenas um homem parcial, útil a seus modelos mas que não corresponde à essência da realidade. Abandonando os problemas urgentes que os homens enfrentam, ela se volta para os problemas propostos pelos economistas. Torna-se a ciência dos *economistas,* reproduzindo um processo de profissionalização freqüentemente denunciado" (J. Attali, M. Guillaume, p. 18).[15] Assim como aconteceu com a sociologia radical de predominância crítica da instituição universitária,[17] foi nos Estados Unidos que surgiu uma economia clínica político-radical, depois de precursores como Veblen e, mais tarde, Baran e Sweezy, a qual deixou para trás o célebre *Economics* [em port., *Introdução à análise econômica*], de Samuelson, ainda usado em nossas universidades. Essa economia política tornou-se clínica, porque os professores mais jovens que a difundiam levaram os estudantes até as fábricas e os guetos, instaurando a pedagogia da contestação. Na França, apesar de contarmos com importantes obras de economia política marxista (*Traité d'économie mar-*

---

* (N. da T.)

*xiste,* de Ernest Mandel; *Traité marxiste d'économie politique, Le capitalisme monopoliste d'Etat,* de pesquisadores ligados ao Partido Comunista Francês), a economia política *clínica,* dentro de uma perspectiva revolucionária, ainda continua um campo inexplorado.

## 1.3. As Quatro Correntes de Análise Institucional no Campo das Ciências Humanas Clínicas

### *1.3.1. Posição das Quatro Correntes de Análise Institucional*

Do conjunto de publicações e de práticas sociais que tratam da *instituição,* creio que se podem destacar quatro tipos de análise institucional.

#### 1.3.1.1. A ANÁLISE INSTITUCIONAL SOCIANALÍTICA

Trata-se da prática no campo da análise institucional desenvolvida por G. Lapassade e R. Lourau, que foi realizada ativamente por jovens pesquisadores por eles formados (Patrice Ville, Antoine Savoye, Rémi Hess, etc.). Sem discutir a paternidade da noção de socianálise (caberá essa paternidade a André Amar, Roger Bastide, Germaine Tillion, J. e M. Van Bockstaele, Eliott Jacques, A. Moreno?), o termo foi estabelecido por Lourau e Lapassade com o sentido de designar uma intervenção feita a pedido de uma organização-cliente, orientada de acordo com os conceitos da análise institucional, numa situação criada pela instalação de um dispositivo analisador, de uma "encenação" geradora de uma outra "cena", na acepção psicanalítica. A intervenção analítica diz respeito às estruturas sociais visíveis e sobretudo invisíveis, às relações sociais antagônicas e veladas, de que se compõe uma "instituição" (no sentido habitual do termo) como, por exemplo, um centro religioso, um departamento de universidade, uma associação de trabalhadores sociais.

O dispositivo analisador é essencial na intervenção socianalítica. Compreende:

— A análise da encomenda e da demanda, como também a do estabelecimento do contrato, o que inclui vários dados (duração da intervenção, horários, pagamento, etc.);

— A autogestão da intervenção pelo coletivo-cliente: horários, número de sessões, programa, etc., e sobretudo dinheiro. Trata-se de uma negociação contínua com os participantes (grupo-cliente) quanto ao montante dos honorários dos socianalistas que devem ser pagos pelo *staff*-cliente (os responsáveis oficiais da organização);
— Análise do "material" assim produzido, à luz do campo conceitual da análise institucional teórica, que está em elaboração permanente.[18]

### 1.3.1.2. A SOCIOPSICANÁLISE INSTITUCIONAL

Entende-se por esse termo, segundo Georges Mendel, "o método científico de análise coletiva que considera as manifestações do Inconsciente, a problemática do poder institucional, o fato de cada trabalhador, dentro da instituição, pertencer a uma classe social definida pelo lugar que ocupa no processo de produção".[19] Os sociopsicanalistas institucionais (SI) devem contribuir, por meio de sua prática profissional, para detectar o "fenômeno-autoridade"[20] que aparece nos grupos institucionalizados tanto nas suas dimensões fantasmáticas de raízes pré-edipianas quanto nas suas incidências políticas. Psicanalista de tendência marxista, G. Mendel não desconhece a dimensão do poder político na sua pesquisa prática de desvelamento: "O fato de pertencer a uma classe social, a detenção ou não do poder num determinado campo, o desejo, latente ou reconhecido, de defender a posse ou o poder, ou de adquiri-lo, os antagonismos de classe, determinam de maneira decisiva a visão de mundo do sujeito, a sua cultura, o seu tipo de relações humanas, a sua ideologia. Essa determinação, tão importante quanto a anterior, de ordem psicoafetiva, elaborada através da vivência pessoal, permite outras tantas ocultações, alienações, negações, projeções e atos pulsionais ou sexuais, resistências à tomada de consciência, como existem no domínio psíquico, de acordo com o que a psicanálise nos faz perceber."[21] O método sociopsicanalítico visa a fazer a análise dos grupos sociais homogêneos nas instituições, para permitir o desvendamento das alienações específicas do político, e a elaboração das posições e da consciência de classe social. Trata-se principalmente de impedir, nos membros de uma organização, a regressão do político ao psíquico, bem como as suas hábeis racionalizações. A dimensão do político (diferente *da* política) refere-se "ao antagonismo das classes sociais no interior de cada instituição, à equalização dos direitos e do poder no interior de cada classe, e de uma classe para outra, e à autogestão pelos próprios produtores da instituição".[22] A transformação global da sociedade continua sendo do domínio da política. A regressão do político ao psíquico "intervém quando o pertencimento a uma classe e a consciência de classe não podem ser reconhecidos, quando a classe social não consegue se organizar, quando os conflitos de classe não podem se tornar conscientes, se organizar e se expressar num conflito de classe. Quando o que constitui a especificidade social de cada indivíduo não consegue tomar forma, o nível subjacente, psíquico, é utilizado para exprimir as tensões sociais".[22] Uma das regras do método consiste em escolher apenas um interventor por "classe social institucional" (uma das noções mais ambíguas da problemática de Mendel); o ideal seria que cada classe tivesse o seu próprio interventor a fim de ajudá-la a se encaminhar para a dimensão do político. O pagamento do sociopsicanalista incumbe à classe social pela qual ele intervém (o que não deixa de causar problemas para todos os que se encontram em estado de subordinação econômica).

O método de sociopsicanálise institucional procura facilitar "o desvelamento pela própria classe, durante um certo número de sessões, de todos os elementos — psicoafetivos, inconscientes, institucionais, políticos — referentes à luta de classes institucional. A intenção do método é de permitir a essa classe a retomada do seu poder institucional de classe".[23] O que, aliás, supõe uma pulsão de exigência de poder de classe em relação à classe imediatamente superior. A técnica de intervenção tem muitos pontos comuns com a dinâmica de grupo. Existe, por exemplo:

— a livre-associação referente a um material eletivo: a vida da instituição;

— a não-omissão das informações;

— a regra de abstinência: evitar, na medida do possível, o estabelecimento de relações com o sociopsicanalista, conivência e cumplicidade que poderiam afetar a coerência e a unidade da classe social;

— a regra de restituição ao grupo daquilo que tiver sido falado entre um participante e o sociopsicanalista ou com membros de outros grupos, na medida em que isso se refira à vida do grupo;

— a discrição: na medida do possível, não espalhar o que se diz durante a fase de análise;

— num primeiro momento, desconfiar de "ações institucionais" mal elucidadas.[23]

A sociopsicanálise institucional constitui, pois, um destaque dos conflitos manifestos ou latentes da organização, e uma reconquista do poder real, atual, social, de cada sujeito, num espaço instituído pelo desvendamento progressivo dos fantasmas pessoais ou coletivos que bloqueiam a emergência desse poder.

### 1.3.1.3. A ESQUIZO-ANÁLISE

Na linha do pensamento de Nietzsche e de Reich, como reação a uma certa psicanálise que estabelece o imperialismo do Édipo, G. Deleuze e F. Guattari propõem uma esquizo-análise cuja fundamentação está no reconhecimento do desejo-máquina que é da ordem da produção e não da representação (o que é o caso da psicanálise). O objetivo da esquizo-análise é a destruição: "Destruir, destruir: a ação da esquizo-análise passa pela destruição, pela limpeza completa, pela raspagem do inconsciente. Destruir Édipo, a ilusão do ego, o fantoche do superego, a culpabilidade, a lei, a castração (. . .) Destruir crenças e representações, cenas de teatro. E, para essa tarefa, nenhuma atividade será malévola demais. Explodir o Édipo e a castração, intervir brutalmente toda vez que um sujeito entoa o canto do mito ou os versos da tragédia, trazê-lo sempre de volta à *usina* (. . .) Não existe material inconsciente, de modo que a esquizo-análise não tem nada a interpretar. Só existem resistências, e depois máquinas, máquinas desejantes."[24] Destruição rápida mas que exige muita prudência, desconstrução das territorialidades e re-territorializações representativas pelas quais o sujeito passa em sua história individual. E ainda "a tarefa negativa ou destrutiva da esquizo-análise é sempre inseparável das suas tarefas positivas (todas precisam ser mantidas ao mesmo tempo). A primeira tarefa positiva consiste em descobrir no sujeito a natureza, a formação ou o funcionamento de *suas* máquinas desejantes, independente de qualquer interpretação".[24] No nível do grupo, o grupo-sujeito é aquele cujos investimentos libidinais são em si revolucionários: "Faz com que o desejo penetre no campo social, e subordine o *socius* ou a forma de poder à produção desejante; produtor de desejo e desejo que produz, o grupo-sujeito inventa formações sempre mortais que dele afastam a efusão do instinto de morte; (. . .) Os grupos-sujeito estão sempre à deriva, por ruptura dos grupos submissos: deixam passar o desejo e o interceptam mais adiante, ultrapassando o limite, ligando as máquinas sociais com as forças elementares do desejo que as formam. Mas, inversamente, os grupos-sujeito estão sempre se fechando, se remodelando à imagem dos grupos submissos: reconstituindo limites interiores, refazendo um grande corte que os fluxos não passarão nem atravessarão, subordinando as máquinas-desejantes ao conjunto repressivo que elas formam em grande escala. Há uma velocidade de sujeição que se opõe aos coeficientes de transversalidade; qual é a revolução que não sente a tentação de se voltar contra os seus grupos-sujeito, qualificados como anarquistas ou irresponsáveis, e de liquidá-los?"[24]

A esquizo-análise é, pois, um trabalho profundo que procura atingir os investimentos do desejo inconsciente no campo social, distintos dos investimentos pré-conscientes de interesse individual. A esse respeito, a sexualidade representa um índice privilegiado. No começo era a libido (. . .) e é ela que precisamos redescobrir em todos os aspectos da produção da sociedade: "a libido continua a fazer delirar a história, os continentes, os reinos, as raças, as culturas. Não se trata de substituir por representações históricas as representações familiares do inconsciente freudiano ou mesmo arquétipos do inconsciente coletivo. Trata-se apenas de constatar que nossas escolhas amorosas resultam do encontro de 'vibrações', isto é, exprimem conexões, disjunções, conjunções de fluxos que atravessam uma sociedade, que nela entram e saem, ligando-a a outras sociedades, passadas ou contemporâneas, longínquas ou desaparecidas, mortas ou por nascerem (. . .) nossos investimentos libidinais do campo social, reacionários ou revolucionários, estão tão escondidos, tão inconscientes, tão encobertos pelos investimentos pré-conscientes, que só aparecem em nossas escolhas sexuais amorosas (. . .) As relações sexuais desejantes do homem e da mulher (ou do homem e do homem, ou da mulher e da mulher) são o índice das relações sociais entre os homens."[24] Depois de analisar as relações do pensamento freudiano com o caráter social da sexualidade, Deleuze e Guattari afirmam com muito acerto que "a luta de classes passa pela prova do desejo" (p. 425)[24] e a vida privada de Karl Marx que dormia com a empregada torna-se um terreno significativo para a análise institucional. A atividade esquizo-analítica consiste, pelo ato de desconstrução, de divisão e de liberação das singularidades cimentadas no ego pessoal ou na aparente unidade do grupo, em revelar o pólo esquizóide revolucionário em detrimento do pólo paranóico reacionário incluso no investimento libidinal e, por conseguinte, na lógica do anti-Édipo, em todos os investimentos do campo social. É o que procura fazer a equipe do Centre d'Etudes, de Recherche et de Formation Institutionnelles (CERFI) (Centro de Estudos, de Pesquisa e de Formação Institucionais) de Paris, em seu trabalho sobre grupos e organizações, bem como nas suas pesquisas teóricas. Explicam, por exemplo, em suas publicações: "Se a intenção é de desencadear as energias do grupo, é preciso afirmar todas as forças do desejo, com o que elas têm de profundamente imoral e antimilitante: jogo estimulante de relação de forças, 'paixão de dominar', sedução sexual e 'paquera' incansável, gosto pela máscara e pela dissimulação. Mas é claro que, nessa efervescência selvagem, nada contribui para a harmonia do grupo e que o contrato constitutivo se desloca sob o efeito das forças centrífugas do desejo; é inconcebível que a afirmação de valores individuais e desintegráveis concorra miraculosamente para manter a coerência do grupo. O que impedirá a desintegração? Claro que a resposta é: nada! Absolutamente nada! O grupo está fadado a explodir, a não ser que se imponha uma regra moral capaz de conter os extravasamentos da libido e as forças explosivas que o percorrem em todos os sentidos; e, se sair vencedor, será ao preço de uma regularização que logo o imobilizará na inércia de um funcionamento mais ou menos tolerado pelo aparelho repressivo."[25] Nesta perspectiva, a análise institucional consiste em ver que "por trás da hierarquia indivíduo/grupo/sociedade e suas várias modalidades sociológicas, movem-se interminavelmente constelações fluidas e instáveis de forças ativas e de forças inertes, que se organizam e se desorganizam ao sabor das crises, dos desejos e dos comprometimentos sempre provisórios — visão vulcânica e movediça do social".[25]

### 1.3.1.4. A ANÁLISE INSTITUCIONAL DE INSPIRAÇÃO SOCIOLÓGICA

Ao contrário das outras três correntes, a análise institucional de inspiração sociológica não visa diretamente à mudança social, embora seja eminentemente crítica quanto à ordem estabelecida. Mesmo que seja engajada, ela não é clínica. No entanto, fornece aos socianalistas clínicos interpretações sociais necessárias à ação sobre o meio. René

Lourau chama-a de "análise institucional no papel". Pelo seu método de investigação, conserva-se dentro da tradição da pesquisa sociológica (estudo de documentos, pesquisa de campo, etc.). Sua área de pesquisa é constituída pelas relações que os homens mantêm com as instituições, podendo confundir-se com a da antropologia cultural e social. Foram os sociólogos da educação e da cultura que mais trabalharam nesse sentido, realizando pesquisas sobre "espaços fechados": escola, hospital psiquiátrico, prisão. J. Donzelot, por exemplo, numa série de artigos publicados na revista freudiana *Topique,*[26] a partir de uma problemática que conjuga as teses de Michel Foucault sobre a história da loucura na Idade Clássica com as de Bourdieu e Passeron sobre a violência simbólica, descreve a gênese e as transformações paralelas da prisão e do hospital psiquiátrico, bem como sua evolução até nossos dias. A obra de P. Bourdieu e J.-Cl. Passeron sobre o sistema de ensino institucionalizado e sua violência simbólica representa um exemplo típico de análise institucional de inspiração sociológica.[27] Mas, a meu ver, a pesquisa mais recente e mais significativa que apareceu sobre o assunto foi a de R. Castel sobre o "psicanalismo".[28] Doravante nenhuma obra de análise institucional pode deixar de se referir a esse trabalho, pela forma exemplar com que desconstrói o pacote de significações ocultas produzidas pela psicanálise enquanto instituição. Esse mesmo tipo de pesquisa pode ser encontrado em trabalhos de análise institucional do serviço social (R. Barbier),[29] do esporte de competição (J.-M. Brohm),[30] do serviço militar (Daniel Pennac),[31] do sistema carcerário (Simone Buffard),[32] do sistema de formação permanente (J. Guigou),[33] da nova ordem sexual (D. Wolton)[34] etc.

### *1.3.2. Recapitulação Esquemática das Várias Correntes*

O gráfico da página seguinte tenta sintetizar a posição dessas quatro correntes de análise institucional nas ciências humanas clínicas. Convém notar que os níveis onde pode ser praticado o desvelamento *in vivo* e *in situ* são: a pessoa, o grupo (restrito), a organização (grupo de estrutura complexa), e apenas através do que "se vê": produtos, práticas e discursos sociais em ordem decrescente de objetivação. A interpretação visa a esfera do campo simbólico, invisível ao senso comum, mas investida pelo e no *habitus* dos atores so-

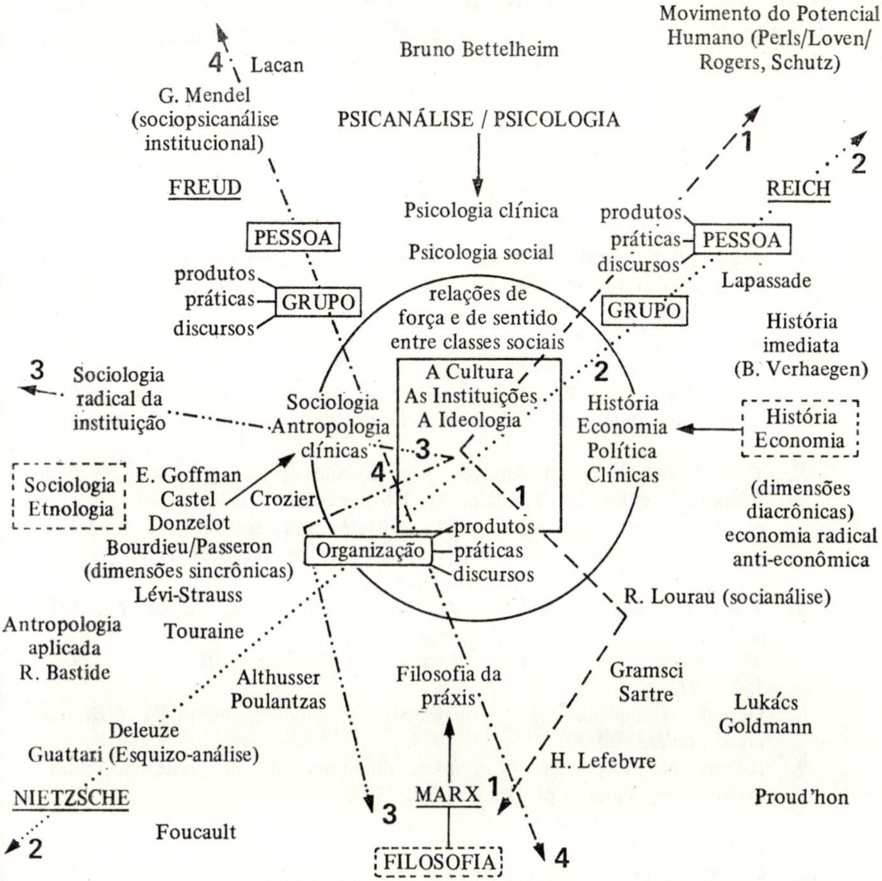


1 – – – – – análise institucional tendência Lapassade/Lourau (socianálise)

2 . . . . . . . . . análise institucional tendência Deleuze/Guattari (esquizo-análise)

3 ··—··—·· análise institucional tendência Donzelot/Castel

4 —·—·—·— análise institucional tendência G. Mendel (sociopsicanálise institucional)

Filosofia — disciplina atingida pela análise institucional

Esfera do campo simbólico invisível mas investida por e no **habitus** dos atores sociais que a análise institucional explora e desvela

Grupo — nível em que a AI pode ser praticada **in situ**

ciais, quer se chame essa esfera de "cultura" ou de "superestrutura", de acordo com a orientação teórica do pesquisador (antropologia cultural, análise sistêmica, marxismo).

## REFERÊNCIAS BIBLIOGRÁFICAS


1. Walter J. Schraml, *Précis de psychologie clinique,* Paris, PUF, 1973, p. 9.
2. Anne Ancelin-Schützenberger, *Vocabulaire des techniques de groupe,* Paris, Epi, 1971.
3. Jacques Ardoino, "Place et importance d'une dimension temporelle pour une épistémologie clinique" *in La recherche en éducation* (obra coletiva de Y. Guyot, Cl. Pujade-Renaud, D. Zimmerman), Paris, ESF, 1974.
4. Jean Maisonneuve, *Introduction à la psychosociologie,* Paris, PUF, 1973, p. 52.
5. Erhard Friedberg, "L'Analyse sociologique des organisations", *Pour,* Paris, Ed. GREP, 28. Também M. Crozier e E. Friedberg, em *L'Acteur et le système,* Paris, Seuil, 1977, insistem na liberdade fundamental do ator social e na criação coletiva permanente da sociedade, por isso mesmo essencialmente *indeterminada.*
6. Julien Freund, *Les théories des sciences humaines,* Paris, PUF, 1973, p. 157.
7. Max Pagès, "La libération du corps", *L'Homme et la Société,* 29/30: 157, 1973.
8. Georges Lapassade, "Le Mouvement du potentiel humain", *L'Homme et la Société,* 29/30: 115-153, 1973.
9. Robert N. Rapoport, "Les trois dilemmes de la recherche-action", *Connexions,* Paris, Epi, 7: 115-131, 1973.
10. Roger Bastide, *L'Anthropologie appliquée,* Paris, Payot (Petite bibliothèque), 1971, pp. 79-80.
11. Citado por D. Grisoni e R. Maggiori, *Lire Gramsci,* Paris, Editions Universitaires, 1973, pp. 241/255.
12. Benoît Verhaegen, *Introduction à l'histoire immédiate,* Gembloux-Paris, Duculot, 1974, p. 189 ss.
13. H. Bartoli, *Science économique et travail,* Paris, Dalloz, 1957, p. 17.
14. André Gunder Frank, "Lettre ouverte à Arnold Harberger", *Politique Aujourd'hui,* pp. 2-14, ago.-set., 1974.
15. J. Attali, M. Guillaume, *L'Anti-économique,* Paris, PUF, 1974, p. 5.
16. Jacques Delors, *Les indicateurs sociaux,* Paris, Futuribles, SEDES, 1971.
17. René Barbier, "Sociologie et travail social", *Informations Sociales,* Paris CNAF, 73-77, 7/1974.
18. Sobre a questão, ver principalmente:
    - René Lourau, *L'Analyse institutionnelle,* Paris, Ed. de Minuit, 1970, pp. 265-286.
    - René Lourau, *Les analyseurs de l'église, analyse institutionnelle en milieu chrétien,* Paris, Anthropos, 1972.

— Revista *L'Homme et la Société,* Anthropos, 29/30, 1973 (Análise institucional e socianálise).
— "Analyse institutionnelle et formation permanente", *Pour,* Paris, GREP, 31/32, 1973.
— *Protocoles I — L'Intervention dans les organisations et les institutions,* coletivo, Paris, Epi, 1974 (seminário nacional de psicossociologia industrial).
— *Connexions,* Paris, Epi, 6/7, 1973.

19. *Sociopsychanalyse 2,* Paris, Payot, 1972, p. 7.
20. Gérard Mendel, *Pour décoloniser l'enfant, sociopsychanalyse de l'autorité,* Paris, Payot, 1971. [Ed. port.: *Para descolonizar a criança,* Lisboa, Dom Quixote, 1973].
21. *Sociopsychanalyse 1,* Paris, Payot, 1972, p. 62.
22. Idem, p. 61, p. 32.
23. *Sociopsychanalyse 2,* Paris, Payot, 1972, pp. 12, 21.
24. Georges Deleuze e Félix Guattari, *L'Anti-Œdipe,* Paris, Ed. de Minuit, 1972, pp. 370, 374, 384, 417, 418, 422. [Ed. bras.: *O anti-Édipo,* Rio, Imago, 1976].
25. "L'Idéal historique", *Recherches,* CERFI, 14: 82, jan. 1974.
26. Jacques Donzelot, "Espace clos, travail et moralisation, genèse et transformations parallèles de la prison et de l'hôpital psychiatrique", *Topique,* 3: 125-152, 1970.
————, "Le troisième âge de la répression", *Topique.* 6: 93-130, 1971.
27. Pierre Bourdieu e Jean-Claude Passeron, *La reproduction, éléments pour une théorie du système d'enseignement,* Paris, Ed de Minuit, 1970. [Ed. bras.: *A reprodução,* Rio, Francisco Alves, 1975].
28. Robert Castel, *Le psychanalysme,* Paris, Maspero, 1973. [Ed. bras.: *O psicanalismo,* Rio, Graal, 1978]
29. René Barbier, "Une analyse institutionnelle du service social", *Sociologie du Travail,* I: 54-82, 1973.
30. J.-M. Brohm, "Vers l'analyse institutionnelle du sport de compétition", *L'Homme et la Société,* 29/30: 177-195, 1973.
31. Daniel Pennac, *Le service militaire au service de qui?* Paris, Seuil, 1973.
32. Simone Buffard, *Le froid pénitentiaire, l'impossible réforme des prisons,* Paris, Seuil, 1973.
33. Jacques Guigou, *Critique des systèmes de formation,* Paris, Anthropos, 1972.
34. Dominique Wolton, *Le nouvel ordre sexuel,* Paris, Seuil, 1974.

# 2

# Fontes Teóricas e Práticas da Sociologia Institucional

Como toda elaboração teórica, a sociologia institucional não surgiu do nada, e sim faz parte de um conjunto teórico em via de totalização, mais ou menos coerente, que traça, do passado ao futuro, uma linha sinuosa, caótica e contraditória, da qual aos poucos se percebe a densidade significante. Elemento fundamental da pesquisa-ação institucional, como se verá mais adiante, a sociologia institucional apóia-se numa corrente teórica e prática de tendência radical em ciências humanas.

## 2.1. As Correntes Teóricas

Não voltarei a me referir às diversas disciplinas estudadas no capítulo anterior, que se relacionam com as ciências humanas clínicas e que concorrem de modo determinante para a sociologia institucional: a antropologia aplicada, de R. Bastide; a história imediata, de B. Verhaegen; a análise institucional, de R. Lourau e G. Lapassade. A metodologia que vou propor muito lhes deve, e a noção de "clínica" é essencial para este tipo de sociologia. Convém destacar duas contribuições de peso nesses aportes teóricos da sociologia institucional: de um lado, a "escola" de P. Bourdieu e J.-Cl. Passeron e, de outro, a influência do marxismo e do existencialismo contemporâneos.

### 2.1.1. *Os limites de* Le métier de sociologue *e o Interesse por* La reproduction *de P. Bourdieu e J.-Cl. Passeron*

Não há dúvida de que toda uma geração de sociólogos — à qual pertenço — foi influenciada pelo pensamento sociológico dos autores da mais importante corrente de sociologia da educação e da cultura, que existe atualmente na França. O rigor de pensamento, a riqueza de interpretação, o impacto metodológico, a vontade de ir até o fim da investigação sociológica e de situar a fronteira indemarcável entre "a interiorização da exterioridade e a exteriorização da interioridade" — sobretudo em P. Bourdieu — não podem deixar de suscitar o interesse do pesquisador em ciências humanas.

*Le métier de sociologue* [1] continua sendo o livro de cabeceira de quem deseja refletir sobre a "ciência" sociológica. No entanto, apresenta reais limitações para os pesquisadores que prezam o pensamento dialético. É na obra de G. Bachelard que se encontram as fontes epistemológicas de *Le métier de sociologue.* A noção de *ruptura epistemológica* é retomada por Bourdieu, Passeron e Chamboredon. Para Bachelard: "Em quaisquer circunstâncias, o *imediato* deve ceder a vez ao *construído.*"[2] Para os autores de *Le métier de sociologue*, o fato sociológico é "conquistado, construído e constatado", contrariamente à ilusão do saber imediato. Essa conquista supõe um rigor científico que começa pela *ruptura* com os dados empíricos da sociologia espontânea, cujos instrumentos são a medida estatística, a definição, a crítica lógica da linguagem corrente, a atenção ao inesperado. O que existe é a ilusão da transparência e o princípio da não-consciência. Para fugir a isso, é preciso construir "modelos analógicos no intuito de retomar os princípios ocultos das realidades que eles interpretam" (I, p. 82) (. . .) "para aceder à analogia oculta mas escapando dessa curiosa mistura de dogmatismo e empirismo, de misticismo e positivismo que caracteriza o intuicionismo, é preciso desistir de encontrar nos dados da intuição sensível o princípio capaz de unificá-los realmente, e submeter as realidades comparadas a um tratamento que as torne identicamente disponíveis para a comparação" (p. 83). Os autores apóiam essa argumentação em pensadores bem diversos, tais como R. Aron, K. Marx, M. Mauss, P. Lazarsfeld. A aplicação do *modelo teórico*, ligado ao seu poder de ruptura e de generalização desde o início do processo de conhecimento, introduz o pesquisador na "confraria acadêmica" formada por todos os que recusam a sociologia espontânea da consciência "comum". No interior dessa "confraria acadêmica", a vigilância epistemológica é exercida por um sistema de "controles cruzados". Chega-se mesmo a colocar em evidência as potencialidades de um etnocentrismo da classe intelectual, ressaltando, assim, a necessidade de uma sociologia do conhecimento sociológico. Reconhece-se aí o pensamento de Bachelard sobre a indispensável "confraria acadêmica" para impulsionar a ciência cuja elaboração é, cada vez mais, obra coletiva.[3] Para os pesquisadores que, como eu, são de inspiração marxista, surgem algumas objeções a essa epistemologia. Benoît Verhaegen as expõe de maneira muito clara:

— O marxismo reconhece a parte da subjetividade nas ciências sociais e um certo corte entre ciências humanas e ciências da natureza, pela razão fundamental de que a práxis excede constantemente o saber. À razão analítica das ciências da natureza, o marxismo (com Sartre) opõe a legitimidade da razão dialética, que define uma relação nova entre o pensamento e seu objeto.

— A subjetividade das ciências humanas não é obstáculo ao conhecimento; ao contrário, é condição necessária para atingi-lo, à medida que é a prática social — e não a prática científica — que constitui o ponto de partida e de chegada do processo do conhecimento.

— Entre a observação empírica da "consciência comum" e o conhecimento científico não há ruptura, tal como a entendem Bourdieu, Chamboredon e Passeron, mas sim relação dialética, isto é, oposições e superações.

— O marxismo não atribui um *status* epistemológico privilegiado ao corpo de estudiosos dotados de metodologia científica especializada. *A priori* ele nega ao conhecimento "erudito", afastado da prática social, a possibilidade de chegar a uma compreensão da realidade social. As aquisições decorrentes exclusivamente do conhecimento erudito são fragmentárias e só podem servir se forem incorporadas numa abordagem dialética e totalizante. O marxismo rejeita as teses de K. Mannheim relativas às capacidades científicas específicas dos "intelectuais sem elos nem raízes".

— O marxismo só concede um *status* epistemológico privilegiado ao materialismo dialético que constitui a hipótese metodológica e o quadro referencial teórico capazes de fecundar a observação empírica.

— A confiança que os autores de *Le métier de sociologue* têm na razão metódica é de inspiração hegeliana. É também congênere da hipótese estruturalista, segundo a qual existiria, fora da história e da prática social, uma razão humana preestabelecida que o estudioso (estruturalista) iria redescobrindo aos poucos e que lhe possibilitaria o acesso ao conhecimento verdadeiro. A identidade entre o pensamento e o real seria de natureza metafísica e não dialética. Para o marxismo, a razão, a capacidade de conhecer são produtos da história humana tanto quanto as ferramentas, a cultura, a linguagem, as produções materiais do homem e também as estruturas ocultas da sociedade. A contingência e a historicidade de umas remetem à contingência e à historicidade das outras. A epistemologia marxista baseia-se no postulado de que existe um único denominador comum entre o pensamento e o real: a práxis social e histórica. Longe de ser desvalorizada como princípio de um positivismo grosseiro e cego, a práxis social esclarece e alimenta, em toda a sua extensão, o processo do conhecimento. O reconhecimento do seu valor epistemológico representa o ponto de passagem obrigatório para qualquer metodologia da descoberta, como para qualquer "experimentação científica."[4] O racionalismo aplicado por um corpo de "eruditos" só pode reproduzir, no fim de contas, a hierarquização e a reificação das relações sociais estabelecidas pela cultura legitimada no seio do sistema capitalista. A epistemologia da "confraria acadêmica" em sociologia nada mais é do que a sociologia da burguesia erudita. Assim concebida, não é de estranhar que ela se aperfeiçoe na análise dos fenômenos de "reprodução" da herança cultural e social das classes dominantes.[5]

O interesse de *La reproduction*[6] de Bourdieu e Passeron está sem dúvida nenhuma na apresentação rigorosa da teoria da *violência simbólica* após a análise do instituído no sistema de ensino. A análise institucional enquanto corrente teórico-prática irá retomar essa teoria para trabalhá-la no nível do instituído nos conjuntos sociais. A problemática de Bourdieu e Passeron situa-se em dois níveis de análise intimamente ligados:

— Análise da lógica interna do objeto social estudado
— Análise da função externa dessa lógica interna.

1) Analisar a lógica interna do objeto social estudado consiste em revelar o sistema de relações que compõem o objeto em questão, conquistado, construído e constatado. É o método utilizado por K. Marx quando analisa a teoria da renda fundiária em Ricardo, situando-a no sistema global das proposições da economia ricardiana. Trata-se, pois, de destacar a *autonomia relativa* do objeto social estudado nas suas relações com as estruturas sociais que o determinam.

2) Numa segunda etapa, mostra-se como essa lógica interna caracterizada por uma relativa autonomia específica possui função externa (evidentemente oculta, mas que o sociólogo sabe revelar) de reprodução da desigualdade cultural e social entre as classes da sociedade em questão. Não se trata de uma explicação "externa" da lógica interna (teoria do reflexo marxista, por exemplo) mas sim da interpretação profunda da interiorização dentro da própria autonomia relativa do objeto social estudado, das determinações sociais impostas pelas estruturas mais amplas, processo que garante o desconhecimento instituído da influência estrutural (isto é, da função externa destacada).

Essa análise em duas etapas interessa à problemática de sociologia institucional, embora para Bourdieu e Passeron a lógica interna reconhecida permaneça uma lógica formal na qual os elementos contraditórios não são suficientemente interpretados. A própria maneira de construir o objeto sociológico elimina os elementos que possam emperrar a engrenagem da máquina sociológica denunciada pelos autores de *La reproduction*. Parece que Bourdieu e Passeron percebem o problema pois escrevem na p. 250 desse livro: "São poucas as instituições que, como o sistema de ensino, estão protegidas contra a investigação sociológica. Se é verdade que a Escola tem o papel de ocultar as funções externas da função que lhe é própria, e que só pode se desincumbir dessa função ideológica ocultando o fato de que a cumpre, a ciência, nesse caso, só pode ter objeto se considerar como objeto aquilo que impede a construção do objeto ( . . . )." Independente da vontade dos autores de desvendarem o "oculto" que está sob o "que se manifesta", uma sociologia estrutural-funcional marcada pelo racionalismo aplicado só pode levar em consideração estes "obstáculos à construção do objeto" numa oposição branco-e-preto, de tipo maniqueísta. Cabe justamente indagar se, para estudar esses "obstáculos", não será necessário adotar uma epistemologia radicalmente diferente e uma problemática sociológica que conceda um lugar de destaque ao pensamento dialético e ao reconhecimento dos elementos "fora de série". Os seguidores de Bourdieu e Passeron podem ter consciência disso mas em geral não vão até o fim de suas interrogações. Assim como R. Lourau [7] escreve sobre a nova escola francesa de sociologia da educação, Claude Grignon em *L'ordre des choses*[8] faz a seguinte observação numa nota à p. 8: "De fato, cabe perguntar se os obstáculos conjunturais com os quais esbarramos, como, por exemplo, a resistência obstinada e interessada de determinado funcionário do Ministério da Educação — ele próprio envolvido numa 'pesquisa' sobre os técnicos — não são o reflexo de mecanismos mais profundos e mais permanentes, que tentam impedir que se pesquise sobre instituições de ensino marginais e consideradas pouco 'nobres'." Da mesma forma, o material sobre o qual se apóia a pesquisa de Grignon não passa de uma investigação etnológica sobre um CET (Colégio de Ensino Técnico), onde a pesquisa quantitativa serve mais como meio de verificação. Mas essas indagações de Grignon sobre a investigação científica não mudam em nada "a ordem das coisas" da problemática e da epistemologia da sociologia "erudita".

### 2.1.2. *Influência do Marxismo e do Existencialismo Contemporâneos*

É evidente que para a sociologia institucional o desenvolvimento contemporâneo do pensamento marxista (com H. Lefebvre, C. Castoriadis, L. Goldmann, etc.) e do pensamento sartriano (da *Crítica da razão dialética*) é essencial.

#### 2.1.2.1. LUKÁCS E A ESCOLA DE BUDAPESTE

A renovação do pensamento marxista na linha de Lukács e da Escola de Budapeste representa importante contribuição à problemática da sociologia institucional. Paradoxalmente, ela nos chega dos Estados Unidos, depois de ter estado em moda na França, no período pós-Liberação. O solapamento da revista *Arguments*, a morte prematura de L. Goldmann, a invasão dos meios intelectuais parisienses pelo pensamento althusseriano, talvez expliquem o eclipse momentâneo dessa escola nos últimos anos.

O pensamento de Lukács, seguido pela Escola de Budapeste (com Ferenc Feher, Andréas Hegedus, Agnès Heller, György Markus, Maria Markus, Mihaly Vajda), infelizmente reprimida pelas autoridades húngaras, é marcado por uma concepção crítica do marxismo dogmático. Mais filosófica no início, a Escola de Budapeste se sociologizou a partir de 1965 (principalmente com Andréas Hegedus e Maria Markus). Na mesma época, os intelectuais do regime político vigente tentaram dissociar G. Lukács de seus jovens seguidores. A principal característica da Escola de Budapeste é a sua posição crítica quanto à teoria e à praxis das sociedades socialistas da Europa, a partir do pensamento marxiano que recusa o desconhecimento das realidades objetivas contemporâneas. Por isso a teoria da estrutura burocrática dos regimes socialistas vigentes é tema importante para essa Escola que se inspira em Max Weber e nas teorias da organização. Segundo a Escola de Budapeste, as sociedades socialistas dos países do Leste não são nem capitalistas nem socialistas, mas estão em via de uma nova formação social, de tipo burocrático. Outra idéia essencial da Escola é que o homem, através de sua atividade, cria-se a si mesmo enquanto homem e cria a sua própria história. Não há, pois, leis abstratas e gerais, aplicáveis independentemente da ação humana e das lutas concretas entre grupos sociais. György Markus escreve a esse respeito: "tanto para o homem particular como para gerações de homens, é dado um espaço objetivo limitado por condições encontradas já prontas, um círculo (maior ou menor, de acordo com a época) de *possíveis alternativas de desenvolvimento.* Praticamente o homem escolhe entre essas possibilidades, e a realização de uma ou outra dessas alternativas já está decidida pelo conjunto das atividades humanas — cujas causas são inúmeras, muitas vezes influenciadas por fatores contingentes — conjunto de atividades esse integrado consciente ou inconscientemente. O homem — para empregar os termos de Lukács — é um ser 'respondente' ('ser que responde'), que sempre reage às alternativas criadas pelo desenvolvimento social, e que é capaz de transformar essas tendências espontâneo-contraditórias do desenvolvimento *em questões* para as quais procura respostas conscientes."[9]

Os sociólogos da Escola de Budapeste interrogam-se a respeito da necessidade de implantar os mecanismos de dominação social sobre o poder da gestão especializada, porque, da incontrolabilidade desse poder, resulta uma série de perigos que serão tanto mais fortes quanto mais monopolística se tornar a burocratização dos conhecimentos gestionários. Há nessa linhagem teórica uma evocação do valor humano do marxismo; a axiologia marxista é fortemente enfatizada por A. Heller: a riqueza é *o desabrochar multilateral das forças essenciais do gênero humano* [o grifo é do autor] e o valor supremo é atingido quando as condições sociais permitem a sua apropriação *pelos indivíduos.* A esse respeito, os sociólogos de Budapeste questionam a função social da família reprodutora das estruturas burocráticas e alienantes. Sabe-se que tanto na Hungria como na Tcheco-Eslováquia tais estruturas burocráticas não ficam indiferentes a esse tipo de ataque. O filósofo tcheco-eslovaco Karel Kosik teve que recorrer a Jean-Paul Sartre para que se soubesse o triste destino que lhe fora reservado em seu país (Cf. *Le Monde* de 29-30 de junho de 1975). E no entanto foi Karel Kosik que, com o seu livro *La dialectique du concret,*[10] mais influenciou os sociólogos da minha geração e do meu espaço teórico. É contra o que ele chama de "pseudoconcreto", "penumbra atravessada por verdades e ilusões", que a sociologia institucional — tal como a concebo — deveria poder agir. Para ele, "O pensamento que elimina o pseudoconcreto para chegar ao concreto é, pois, um processo durante o qual o mundo se revela sob o mundo da aparência, enquanto a lei do fenômeno surge por trás da aparência externa do fenômeno, enquanto o movimento interno da realidade emerge do movimento aparente e a essência se manifesta por trás do fenômeno" (p. 14). Na linha de Lukács, Karel Kosik insiste no *princípio da totalidade concreta* cujo conceito constitui a pedra de toque da sociologia institucional: "O homem nunca percebe uma determinada coisa de maneira totalmente isolada e única; mas ele sempre a situa no horizonte de um *conjunto* dado, na maioria das vezes não expresso e concebido implicitamente. Cada objeto percebido, observado ou elaborado pelo homem é parte integrante de um todo. Ora, esse todo percebido implicitamente é a luz que esclarece e revela o objeto particular em sua singularidade e significação" (p. 21). Já que essa totalidade concreta é antes de tudo uma totalização em curso, apenas uma concepção genético-dinâmica pode apreendê-la. Como estrutura significativa, a criação da totalidade "é, pois, ao mesmo tempo o processo no qual se criam realmente o conteúdo objetivo e a significação de todos os seus elementos e partes" (p. 41). Como afirma Lukács, além do ideológico e do não-ideológico, é estabelecendo a ligação da consciência social com a totalidade da sociedade que "se descobrem os pensamentos e os sentimentos que os homens teriam tido em determinada situação vital, se tivessem sido capazes de perceber perfeitamente essa situação".[11] Depois de Lucien Sebag,[12] Pierre Birnbaum, revendo as teorias do fim das ideologias e da idade política, reconhece o caráter visionário da posição teórica de Lukács: a consciência clara do proletariado é a de um possível da totalidade social que se dá como transparente e descobre a função dinâmica da utopia.[13] Ernst Bloch no seu trabalho [14] acentuará essa perspectiva teórica e dará um peso revolucionário aos sonhos dos homens, ao campo dos possíveis que trabalha sempre com o que existe (como já havia feito Lenine em

*O que fazer*?).[15] A partir disso e depois de maio-junho de 1968, os comunistas poderão reler com proveito os "socialistas da utopia", como o fez Dominique Desani.[16]

### 2.1.2.2. L. GOLDMANN E A. GRAMSCI

Mas é o discípulo de Lukács, Lucien Goldmann, que continua sendo a fonte mais importante da sociologia institucional. Depois do conceito de totalidade, Goldmann retoma o conceito de *consciência possível* (o *zugerechnetes Bewusstsein,* de Lukács) e o aprofunda. Distinta do conceito weberiano de *tipo ideal* não-histórico e formalista, a consciência possível é, no entanto, como o tipo ideal, uma construção teórica que, a partir de determinada situação sócio-histórica, define a consciência de um grupo social num momento de sua história. Ela não compreende forçosamente a consciência espontânea que têm os atores sociais envolvidos (o "pseudoconcreto" de K. Kosik). Segundo Goldmann, cada grupo social pode ser definido pelo seu máximo de consciência possível, que ele não consegue ultrapassar e sobre o qual o grupo pode formular o seu programa máximo de ação. Compreende-se assim que toda aliança entre grupos sociais ou frações de classes sociais seja determinada pelo máximo de consciência possível do grupo ou da classe social menos adiantada. Em 1917, quando Lenine recomenda a distribuição de terras aos camponeses, leva em conta a consciência possível do campesinato russo, incompatível com um programa de coletivização da terra. O pesquisador em ciências sociais tem que situar com a maior objetividade possível esse tipo de consciência social na classe social que constitui o sujeito histórico, o sujeito coletivo do momento. A obra de Alain Touraine, que discute o papel da classe operária como sujeito histórico, representa uma interessante interrogação sobre esse tema, embora eu discorde de suas conclusões.[17] Os conceitos de "estrutura significativa" (onde a palavra "significativa" designa o *sentido* inerente a uma estrutura enquanto função de uma consciência de grupo), de "estruturalismo genético", de "compreensão" e de "explicação" são outras tantas pistas expressivas para a sociologia institucional em via de elaboração.[18] Pelo que ficou dito, é fácil perceber que o marxismo estruturalista althusseriano não conta com minha aprovação. Se a sociologia institucional pode aproveitar o estudo dos aparelhos ideológicos de Estado [19] da mesma forma como aproveita o campo teórico de *La reproduction,*[6] isto é, na perspectiva de uma sociologia institucional do instituído, ela não pode contudo concordar com a epistemologia empregada por Althusser. Nesse ponto estou de acordo com a maioria das críticas feitas pelos trotskistas contemporâneos.[20] A gênese das idéias expostas na defesa da tese de doutoramento de Estado em Amiens (1975) e a autocrítica que ele fez[21] a propósito do "corte" e do seu erro "teoricista" (eu diria "terroricista") vêm reforçar em mim a idéia de uma "fronteira indemarcável" (J.-Cl. Passeron) entre ciência e ideologia. Por outro lado, toda problemática estruturalista não-genética rejeita como ideológica a noção de sujeito histórico e torna ininteligível o desenvolvimento social em sua temporalidade.

Convém examinar mais minuciosamente a contribuição de Antonio Gramsci à sociologia institucional. Seu trabalho sobre ideologia e sistema hegemônico é de extrema relevância. Em recente estudo, D. Grisoni e R. Maggiori resumem o pensamento gramsciano em sete posições.[22]

Posição I: A ideologia se manifesta sob forma tríplice:

— Movimento: Fluxo circulatório carregado de significância codificada, transdutor/transmissor de modificações;

— Superfície: Terminação dendrítica que exprime específica e implicitamente uma concepção de mundo;

— Cimento: Homogeneidade, força coesiva do corpo social.

Posição II: A ideologia funciona como realização/atualização regional da filosofia.

Posição III: A "estrutura ideológica" é o complexo material das mediatizações/reduções de concepção de mundo dominante (que ela elabora) = complexo de *pulverização.*

Posição IV: A ideologia é o *presente histórico* da filosofia.

Posição V: A ideologia é a *forma necessária* de todas as instâncias materiais regionais da superestrutura e da infra-estrutura.

Posição VI: A ideologia é o invólucro da relação dialética que une superestrutura e infra-estrutura.

Posição VII: A relação dialético/orgânico que liga filosofia/ideologia é a relação válida para a junção de teoria/prática; pode-se considerar que se trata de um modelo "geral". Essa concepção de ideologia, mola essencial da ação hegemônica que, juntamente com a ditadura, define a noção de Estado para Gramsci, propõe pistas conceituais à sociologia institucional. A *hegemonia* definida como o conjunto das funções de dominação, de educação e de direção que uma classe social dominante exerce durante determinado período histórico, sobre outra classe social, e até sobre o conjunto das classes da sociedade — por intermédio da sociedade civil (esfera ideológica) — é o objeto da luta entre classes sociais antagônicas. O proletariado, ao transformar-se em "classe para si", torna-se hegemônico; com a ajuda da organização revolucionária afasta-se do "senso comum", sem perder o "bom senso". A visão de mundo da burguesia que estruturava e impunha sutilmente o "senso comum" é revelada. Nessa perspectiva, os intelectuais orgânicos da classe trabalhadora são elementos essenciais. Compreende-se então porque, para Gramsci, a educação do povo tem importância fundamental e a pedagogia nunca poderá ser espontaneísta. Nessa concepção educativa, a criança é enquadrada, a disciplina valorizada e o emprego da coerção não só é possível mas até aconselhado.[23] Apesar de não concordar com esses princípios de educação que, a meu ver, desconhecem a importância da esfera autotélica na pedagogia, acredito que a pedagogia do esforço crítico que visa à espontaneidade autêntica, preconizada por Gramsci, deve interessar aos que atualmente observam a imaturidade crescente da juventude.[24] A publicação dos *Ecrits politiques* pelas Editions Gallimard e a reedição dos *Cahiers de prison* pelas Editions Sociales [25] oferecem à problemática da sociologia institucional uma fonte conceitual de grande riqueza, sem falar dos numerosos comentaristas de sua obra.[26]

### 2.1.2.3. C. CASTORIADIS E H. LEFEBVRE

Nesta revisão das fontes marxistas da sociologia institucional, quero lembrar duas personalidades um tanto marginais em relação à ortodoxia marxista: C. Castoriadis e H. Lefebvre.

C. Castoriadis parte de uma análise trotskista da burocracia e retoma a questão da organização numa ótica weberiana crítica. Nisso êle é próximo dos sociólogos da Escola de Budapeste. Foi o primeiro, desde 1965, a desenvolver as noções-chave da análise institucional (instituinte e instituído) ressaltando "a instituição do capitalismo" e também o conceito de "imaginário social". "Consideremos — escreve C. Castoriadis — de forma geral o que está no âmago de toda formação social-histórica: o complexo, ou melhor, o *magma* de significações imaginárias sociais nas quais e pelas quais ela se organiza e organiza o seu mundo. Uma formação social-histórica se constitui instituindo-se, o que quer dizer, em primeiro lugar (embora não apenas) instaurando um magma de significações (termos e referências) imaginárias (não redutíveis a um 'real' ou 'racional' qualquer) sociais (valendo para todos os membros da formação, sem que sejam necessariamente conhecidas como tais). A análise teórica poderá efetuar uma série de decomposições e de recomposições sobre o que se manifesta na superfície da vida da formação considerada (mostrando, por exemplo, que as conexões mais importantes não estão onde os participantes pensam explicitamente que elas se situam); mas o que ela vai encontrar, como princípio e momento decisivo da organização latente que revelará, ainda será um magma de significações imaginárias, colocado pela formação social-histórica considerada, e que se modifica ao longo de sua história — ou mais exatamente, cuja modificação contínua constitui uma dimensão decisiva dessa história — e a respeito do qual a análise *não é livre*."[27] Castoriadis observa que "a transformação social-histórica burguesa não é *possível* em si mesma e *compreensível* a nós se não for posta em relação com o magma de significações imaginárias sociais que a burguesia gera e que fazem com que ela seja a burguesia" (p. 61). Esse fazer da burguesia é criação de uma *instituição* imprevisível que se estende por vários séculos e que "sustenta e unifica a massa incalculável de instituições menores, de instituições no sentido comum do termo, nas e pelas quais ela se instrumenta: da empresa capitalista ao exército de Lazare Carnot, do 'Estado de direito' à ciência ocidental, do sistema de educação às artes dos Museus, do juiz como *Paragraphen-automat* ao taylorismo. É por referência à burguesia que se consegue perceber, em sua especificidade histórica, tanto o modo de instituir como o conteúdo das significações instituídas e a organização concreta das instituições particulares da era capitalista" (p. 64). Se não for levada em conta essa problemática, Castoriadis afirma que o teórico que estuda o movimento operário e suas lutas não pode compreender o essencial que é "a luta quotidiana implícita do proletariado" (p. 93), a que não aparece e não entra na memória dos computadores nem nas pesquisas dos estatísticos cuja atenção se prende apenas ao que é manifesto. Castoriadis detecta assim o que se chamará mais tarde em análise institucional o *analisador*: "Quando os operários deflagravam uma greve-selvagem a fim de obter um intervalo de quinze minutos para o café, sindicalistas e marxistas tachavam tal reivindicação de trivial ou de reflexo do atraso da consciência operária. A trivialidade e o atraso estavam nos sindicalistas e marxistas. Com tal reivindicação, os operários estavam questionando a base da organização capitalista da empresa e da sociedade: que o homem existe para a produção, e apresentavam em contraposição o princípio de uma organização da produção voltada para as necessidades e para a vida do homem produtor" (pp. 94-95). Nesse sentido, sociólogos como J. Baudrillard levarão bem adiante a análise do desvio produtivista no interior do próprio marxismo e da militância sindical.[28]

No seu trabalho sobre a noção de *quotidianidade,* Henri Lefebvre oferece à sociologia institucional um importante conjunto de conceitos. Para H. Lefebvre, a vida quotidiana se define como "o conjunto das atividades elementares decorrentes obrigatoriamente dos processos gerais de desenvolvimento, de evolução, de crescimento, de envelhecimento, de defesa ou de transformação biológica e social, processos que escapam à observação imediata e que só são perceptíveis nas suas conseqüências (...)".[29] A ênfase dada ao banal e ao quotidiano com a sua parte de imprevisto, de sonhos criadores, de ambigüidades, de espontaneidades, de jogo e de loucura, que H. Lefebvre analisa com exuberância no decorrer do seu estudo, é o corpo privilegiado de ação e de interpretação da sociologia institucional. Não é de estranhar que ele defenda o uso da entrevista não-diretiva gravada (p. 63) a fim de conhecer em profundidade o que escapa ao poder paranóico da burocracia planificadora (p. 69). Melhor do que ninguém, Lefebvre atinge a dupla dimensão do quotidiano: "monotonia e profundidade, banalidade e drama" (p. 69), do qual certos sociólogos irão esmiuçar e circunscrever o imaginário nos *mass-media,* o "maná quotidiano"[30] (G. Auclair). Conceitos como os de "tática e estratégia" dos grupos sociais (pp. 110, 135, 137, 140, 190), de "totalidade" (pp. 183, 184, 191), de "ambigüidade" (p. 221), de "espaço social e de tempo social" (p. 232), de "práxis" (p. 234), de "momento" (p. 340), de "processo" (p. 315), são tratados e às vezes fazem parte de estudos mais amplos, como o de lógica dialética (p. 246).[31] A noção de "nível" que vem tendo tanto sucesso foi examinada por ele de perto (p. 122 ss.), como a de "alienação" (p. 208 ss.). Em outra parte de sua obra, é a noção de "diferença" que será abordada,[32] com a afirmação apaixonada, e que tem toda a minha aprovação, de que é preciso "*introduzir a diferença* até na obra e nas idéias de Marx, em vez de nele procurar e encontrar um bloco homogêneo" (p. 21) como querem fazer com o corte epistemológico. Na problemática da sociologia institucional, serão levadas em consideração suas reflexões sobre as "disciplinas" redutoras e o seu respectivo processo que leva finalmente a passar da diferença ao *in-diferente* (p. 94) e "do possível ao provável" (afastando o possível-impossível, o imaginário, o utópico, a transgressão) (p. 94). O conceito de diferença deve ser mantido com firmeza porque ele é filtrado pela ideologia dominante sob o nome de "desvio" (para indivíduos e grupos) e sob o de "disfunção" (para os sistemas organizados) dos quais se reconhece às vezes o caráter regulador (R. K. Merton).

### 2.1.2.4. J.-P. SARTRE E A *CRÍTICA DA RAZÃO DIALÉTICA*

Com Jean-Paul Sartre, principalmente na sua obra sobre a teoria dos conjuntos práticos, de 1960: *Crítica da razão dialética,* temos outro eixo essencial à problemática da sociologia institucional. Logo nas primeiras páginas do prefácio, J.-P. Sartre apresenta a idéia fundamental: "Do marxismo que a ressuscitou, a ideologia da existência herda duas exigências que ele, por sua vez, recebeu do hegelianismo: se alguma coisa deve poder existir como Verdade na antropologia, ela deve ser *devinda (doit être devenue),* deve fazer-se *totalização.* É evidente que essa dupla exigência define o movimento do ser e do conhecimento (ou da compreensão) que desde Hegel se chama 'dialética'. Assim, considerei como aceito, nas *Questões de método,* que semelhante totalização está sempre se fazendo como História e como Verdade histórica (. . .) A antropologia permanecerá um confuso emaranhado de conhecimentos empíricos, de induções positivistas e de interpretações totalizantes, enquanto não tivermos estabelecido a legitimidade da Razão dialética, isto é, enquanto não tivermos adquirido o direito de estudar um homem, um grupo de homens, ou um objeto humano na totalidade sintética de suas significações e de suas referências à totalização em curso, enquanto não tivermos estabelecido que todo conhecimento parcial ou isolado desses homens ou de seus produtos deve superar-se em direção da totalidade ou reduzir-se a um erro por incompletude."[33] Sartre, na linha de Kierkegaard e, no caso, contra Hegel, coloca como essencial a categoria da *existência:* "Essa interioridade que pretende afirmar-se contra toda filosofia em sua estreiteza e profundidade infinita, essa subjetividade reencontrada além da linguagem como a aventura pessoal de cada um diante dos outros e de Deus (. . .)" (p. 19). Essa categoria da existência reconhecida leva à morte do idealismo absoluto: doravante "não são as idéias que modificam os homens, não basta conhecer a paixão pela sua causa para suprimi-la, é preciso vivê-la, opô-la a outras paixões, combatê-la com tenacidade, enfim, *trabalhar a si mesmo*" (p. 20). Preconizando um "outro existencialismo" (não o de K. Jaspers, considerado transcendental e burguês) que se enraíze no marxismo e no futuro do proletariado — um pouco irreal para os jovens universitários de sua época — e que conserve a sua autonomia, Sartre queria re-abrir os conceitos-chave do marxismo concebidos então como saber totalizado: "A pesquisa totalizadora deu lugar a uma escolástica da totalidade. O princípio heurístico: 'procurar o todo através das partes' tornou-se esta prática terrorista: 'eliminar a particularidade' " (p. 28). Com o existencialismo, a questão primordial é reencontrar o homem onde quer que ele esteja, no trabalho, no habitat, na cidade, questão essencial da sociologia ativa, crítica e clínica que se deseja desenvolver. No nível epistemológico e metodológico, isso supõe que o experimentador faça parte do sistema experimental e que o desvelamento de uma situação se faça na e pela práxis que a modifica (cf. p. 30). "Há duas maneiras de cair no idealismo: uma consiste em dissolver o real na subjetividade; a outra, em negar toda subjetividade real em proveito da objetividade. O fato é que a subjetividade não é nem tudo nem nada; ela representa um momento do processo objetivo (o da interiorização da exterioridade) e esse momento se elimina constantemente para renascer constantemente como novo" (p. 31). Será visto mais adiante que P. Bourdieu aproveitou essa fórmula na sua conceptualização do *habitus*. Quando Sartre examina o problema das mediações, formula uma afirmação próxima da de Lenine: "O marxismo concreto deve examinar a fundo os homens reais e não dissolvê-los num banho de ácido sulfúrico" (p. 37), e denuncia no marxismo dogmático a obstinação do mínimo esforço e a recusa inflexível da diferença, o que conduz a análise marxista a uma falsa universalidade porque insiste em dissolver, a todo custo, o particular no universal. Para ele, "o progresso consiste em iluminar as estruturas mais profundas pela originalidade do fato considerado para, em retorno, poder determinar essa originalidade pelas estruturas fundamentais" (p. 41). Creio que a problemática do *analisador* deve muito a essa concepção (por G. Lapassade). Aliás, Sartre se aproxima de H. Lefebvre na metodologia de análise dos fatos sociais (p. 42), dizendo lamentar que "ele não tenha encontrado seguidores entre os intelectuais marxistas". É verdade que essa problemática exigente, que expressa a situação do ser humano em sua plenitude, ainda não suscitou muitas pesquisas concretas, como notava J.-Cl. Passeron em nossas discussões no seu seminário de preparação ao doutorado na Universidade de Vincennes. Penso no entanto que, em futuro próximo, será cada vez mais explorada a dialética da interioridade subjetiva-objetiva e da exterioridade objetiva-subjetiva que permanece como questão plantada no centro das ciências humanas contemporâneas, e a que sem dúvida mais me assedia como pesquisador. No decorrer deste livro ver-se-á quanto o questionamento e a conceptualização sartriana influenciaram esta pesquisa. Entre as duas vias clássicas da atual pesquisa sociológica: a antropologia estrutural, de um lado, que interroga o campo simbólico quanto à sua coerência interna e quanto à diferença ou semelhança estruturais interculturais, e, de outro, o materialismo histórico e dialético, que interroga o campo ideológico sob o ângulo da função de classe e dos interesses estrategicamente defendidos pela classe dominante e atacados pela classe ascendente, a razão dialética, à maneira de J.-P. Sartre, procura o seu lugar, impossível para alguns de ser achado (Passeron). A teoria dos sistemas, enquanto hipóstase de um certo estruturalismo aliado à teoria cibernética, pode chegar a pôr todo o mundo de acordo ao recobrir a epistemologia sociológica com um novo imperialismo conceitual em moda. É que a questão do *invariante* e da *diferença* ainda não está resolvida nas ciências humanas: qual é o lugar do oculto relativamente estável e do movimento em via de totalização nos conjuntos sociais? Os que fazem essa pergunta continuam com um pé em cada barco, como Jean Pouillon, ora próximo de Sartre, ora de Lévi-Strauss, de quem destaca os pontos comuns e as divergências: "Volta-se à objeção fundamental: o estruturalismo permite analisar o constituído, mas onde está o constituinte? [Diríamos instituído e instituinte, R. Barbier.] Já foi mostrada a resposta de Sartre: a estrutura só pode ser compreendida através da práxis. Não resta dúvida de que não é apenas uma relação inerte, e isso porque é o produto de uma totalização prática. Assim, é no instante mesmo em que Sartre reconhece o caráter dinâmico da estrutura que ele recusa o estruturalismo. De fato, para tornar a estrutura inteligível, é preciso de algum modo fazer reviver nela a práxis, descobrir-lhe o poder sintético sob a necessidade da ossatura".[34] Para J. Pouillon, uma possível conciliação teórica consistiria em não procurar estabelecer a prioridade entre estrutura e práxis, o que acarretaria problemas difíceis no nível concreto da pesquisa. J. Pouillon diz que a razão dialética estabelece relações e constitui o que a razão analítica poderá em seguida desmontar como sistemas naturais. Para que a história tenha sentido é preciso poder distinguir a estrutura em t + I, resultado do percurso dialético, da estrutura em t.0, isto é, que "cada momento anterior seja passível de uma análise estrutural" (p. 31). Entretanto, ele se vê obrigado a reconhecer a diferença radical de concepção entre Sartre e Lévi-Strauss: "Para Sartre, a consciência de si e das coisas se revela a si mesma na práxis e, por esse motivo, é uma apreensão da realidade: a dialética é constituinte. Para Lévi-Strauss, a consciência, seja ela pura intelecção ou consciência prática, não tem nenhum privilégio desse tipo; ela pensa apreender o real, mas a sua verdade é apenas de funcionamento: a razão é sempre constituída. No primeiro caso, a relação com o real está diante de mim e o real me é contemporâneo; no segundo, essa relação está atrás de mim, e o real não é tanto o objeto que eu penso, mas sim a condição do fato de eu pensá-lo. No primeiro caso, a relação é estabelecida pela práxis; no segundo, é revelada pela estrutura" (p. 35). Encontra-se aí uma fonte de reflexão profunda sobre o caráter propriamente *arbitrário,* no sentido saussuriano do termo, de toda problemática científica. O pesquisador está sempre na encruzilhada do arbitrário cultural em ciências humanas, e sua escolha nunca é fruto do acaso mas sim função daquilo que chamei a sua implicação histórico-existencial (cf. o capítulo seguinte sobre a implicação).

## 2.2. As Formas Ativas da Sociologia Crítica

Depois do estudo das diferentes correntes teóricas, vou proceder ao exame das formas ativas da sociologia crítica que me pareceram mais pertinentes na perspectiva da sociologia institucional.

### *2.2.1. As Sociologias Clínicas*

Distinguiremos, entre outras, a sociologia de animação e de intervenção, e a sociologia terapêutica.

#### 2.2.1.1. A SOCIOLOGIA DE ANIMAÇÃO E DE INTERVENÇÃO

Já foi visto no capítulo dedicado às análises institucionais o que se chama de *socianálise* e que qualificarei de sociologia clínica de intervenção, para diferenciá-la da pedagogia institucional ativa, que é uma sociopedagogia **clínica.**

Rémi Hess enumera em seu livro dezesseis intervenções socianalíticas propriamente ditas, sete encontros institucionais e seis estágios de formação e de acompanhamento de análise institucional, ocorridos entre 1967 e 1975. Relembra as regras do método socianalítico: análise da demanda (da encomenda oficial feita pelo *staff*-cliente e da demanda implícita do *staff*-cliente e do grupo-cliente); autogestão da intervenção pelo coletivo-cliente; regra da livre-expressão; elucidação da transversalidade dos pertencimentos positivos e negativos, e das referências positivas e negativas a tudo que é aparentemente externo ao campo de análise; análise das implicações do pesquisador engajado na prática; elaboração e elucidação dos analisadores.[35] Chega a dizer que, na prática, existem quatro tipos de socianálise: socianálise institucional; socianálise da implicação; socianálise dos detonadores (*éclateurs*) (contracultural); socianálise bioenergética (p. 91). Embora ele reconheça que só a socianálise institucional foi elaborada, o que relativiza a sua tipologia, não a considero aceitável: acho que a socianálise, como tal, não existe mais, tendo-se transformado em sociopedagogia clínica multirreferencial, isto é, em sociologia de animação feita por meio de estágios. Muito desequilibrada quanto ao instituinte supervalorizado em relação à dialética do instituinte e do instituído, a socianálise, tal como é praticada na linha de G. Lapassade (R. Lourau não parece concordar com esse gênero de prática), resvala para a briga narcisista e quase fascista. Com *Les analyseurs de l'Eglise,*[36] René Lourau foi o único que, partindo de sua experiência como socianalista, realizou de fato uma obra científica original e fecunda, no campo teórico das ciências humanas; assim como aconteceu com a sua análise, desta vez mais como sociólogo, do caso Lip.[37] É verdade que G. Lapassade também publicou importante livro sobre o assunto[38] cujo mérito é de situar a conjunção (ou oposição?) entre o movimento institucionalista francês e o do Potencial Humano. Contudo, apesar de ter ficado clara a abordagem conceitual, enriquecida pelo confronto dos dois movimentos, continuo insatisfeito no que se refere à parte teórica.

Num artigo muito sério, infelizmente não publicado, o socianalista Antoine Savoye estuda a "socianálise atual". Será que ela é realmente "essa perturbação institucional" sem a qual não existe socianálise? A característica da socianálise é a hostilidade generalizada das frações sociais dominantes na organização (Lapassade teve essa experiência no Brasil e na Universidade de Montreal; como também outros socianalistas, na escola secundária de Dôle). Logo, só resta aos socianalistas se profissionalizarem no ensino superior, como aconselha A. Savoye e, acrescento, entrando no jogo obrigatório das estratégias de influência intelectual na Universidade.

Se, apesar do interesse despertado pelas recentes publicações, observa-se um certo descrédito em relação à socianálise, penso, como A. Savoye, que ela continua sendo modelo importante de uma contra-sociologia cuja elaboração ainda não foi feita. René Lourau mostrou, num texto do GAI (Grupo de Análise Institucional) de Poitiers, publicado depois em livro,[7] qual a reflexão teórica que se podia tirar da prática socianalítica. Ele considera dois tipos importantes de dispositivos analisadores, por condensação e por deslocamento, correspondendo ao seguinte esquema:

| *condensação* | *deslocamento* |
|---|---|
| concentração num espaço fechado | extensão, extravasamento do instituído |
| coagula (alquimia) | solve (alquimia) |
| criptismo | agorismo |
| (fechamento da palavra) | (abertura da palavra) |

Ao analisar uma intervenção feita numa escola de formação para as carreiras sociais, onde meia dúzia de alunos ocupou a sala dos professores ("a gaiola") para cristalizar num lugar preciso o seu pedido de análise, Lourau observa pertinentemente a inversão das "instituições panóticas" descritas por Michel Foucault.[39] De acordo com o *Panopticon* de Bentham, existe um ponto central de onde se vê tudo sem ser visto e uma periferia de onde se é visto sem ver; o efeito maior do pan-óptico é de "induzir no detido um estado consciente e permanente de visibilidade que assegura o funcionamento automático do poder" (p. 202). Na "gaiola", enquanto dispositivo analisador, acontece o contrário: ao ocupar a centralidade, se é "visto por todos e não se vê a periferia, que tem os olhos fixos no centro; eis a perfeita inversão do espaço instituído do poder" (Lourau). Com a importância crescente dos estágios de formação em análise institucional (mas não em socianálise), esta tende a se transformar em sociopedagogia institucional. Utilizando o campo teórico da análise institucional que procura decifrar por trás da linguagem das intenções (as finalidades oficiais atribuídas a uma organização social) e do discurso da ilusão (o que a organização e seus agentes refletem como discurso) a linguagem do instituído (na qual a organização condiciona os agentes sociais e paralisa os seus desejos de mudança pela influência institucional que ela produz e veicula) às voltas com a do instituinte (a atividade criativa e espantosa das pessoas envolvidas na organização), a sociopedagogia institucional é uma forma original de formação sociológica que chamo de *sociologia clínica de animação*. Ela pode começar a partir de uma aula ou de um estágio de formação ou ainda de qualquer célula de base, e faz o grupo caminhar para a descoberta da realidade profunda da instituição na qual está inserido inconscientemente e que reproduz ou contesta, na sua prática quotidiana. Trata-se de uma pedagogia de desvelamento do político engastado nas instituições, principalmente das relações com o Saber, o Ter e o Poder. Coloca em evidência, no vivido habitual das pessoas, as formas de sujeição à ideologia dominante não percebidas, por meio da exploração de suas contradições internas e de seus mecanismos de dissimulação simbólica. É essa a pedagogia que tentei aplicar na universidade e nos estágios de formação para animadores, o que examinarei mais adiante. G. Lapassade formulou a respectiva metodologia para a sala de aula.[40] Outros propuseram uma metodologia para a análise institucional dos estágios.[41] Começam a surgir descrições de práticas da autogestão educativa nos estágios de formação para adultos. Uma das mais completas é a obra de Philippe Kaeppelin [42] que esclarece a teoria de sua prática, interrogando as relações entre autogestão educativa e autogestão política, bem como os riscos de "recuperação" pelos atuais grupos burocráticos (p. 194 ss). Corresponde à questão que formulei a propósito da pedagogia institucional no Congresso Internacional de Ciências da Educação, em 1973,[43] num estudo mais amplo sobre a violência simbólica inserida obrigatoriamente nesse estilo pedagógico (cf. a terceira parte deste livro, p. 226).

### 2.2.1.2. AS SOCIOLOGIAS TERAPÊUTICAS

Considero como sociologias terapêuticas duas correntes teórico-práticas e críticas da psiquiatria contemporânea: a psicoterapia institucional e a antipsiquiatria. No momento em que o conceito de instituição foi praticamente abandonado pelos sociólogos, a corrente psiquiátrica que se intitulou psicoterapia institucional (por volta de 1940) o reintroduziu como sinônimo de estabelecimento. Nascido da prática semiclandestina realizada durante a guerra, principalmente no hospital psiquiátrico de Saint-Alban, o movimento teve sua primeira reunião no Encontro de Sainte-Anne, nos dias 27 e 28 de março de 1945. Esse movimento de reforma dos hospitais psiquiátricos apresenta um certo número de exigências: melhoria da infra-estrutura material do hospital, política de "porta aberta" para atenuar a separação com o mundo exterior, importância dada ao trabalho em equipe e à formação do pessoal, desenvolvimento das "clínicas de atividade" (Daumezon) a fim de ampliar a relação terapêutica para além do vínculo médico-paciente. É tentada a liberação das relações humanas no interior do hospital, sem com isso trair o teor da abordagem propriamente psiquiátrica e, mais tarde, psicanalítica. Qual o objetivo prático do movimento? "É o de fazer funcionar de modo integral a instituição renovada como instrumento de técnica analítica, pressupondo que a realização desse programa terapêutico traga uma solução *de conjunto* aos problemas provocados pela institucionalização da doença mental" (R. Castel).[44] Como indica G. Lapassade, o movimento está fortemente influenciado pela "revolução sociométrica" de Moreno: existem as "reuniões de síntese", "coletivos" do pessoal médico-atendente, toda uma experiência inovadora para "socializar a instituição" e fazer com que os doentes participem da gestão de algumas obras sociais do hospital.[45] Uma das análises mais profundas desse tipo de prática terapêutica é *L'Introduction du changement dans un hôpital psychiatrique public,* de Jean-Olivier Majastre.[46] Nesse exemplo, funciona no hospital um "clube" autogerido pelos doentes, que é uma importante fonte de cura: trata-se realmente de uma sociologia clínica pois a implantação de um campo particular de relações sociais (o clube) constitui fator de melhora radical da doença mental. Melhora conseguida graças ao "trabalho" sobre a instituição, seguindo princípios como:

1) Transferir a iniciativa do atendimento e da relação terapêutica para o pessoal de enfermagem.

2) Substituir a autoridade do ato médico pelas decisões tomadas nas reuniões de equipe.

3) Instaurar uma série de reuniões que sirvam de espaços onde os problemas surgidos em todos os níveis possam ser apresentados e resolvidos de forma aberta, por todos.

4) Paralelamente à organização do pessoal médico-atendente, criar um clube para os doentes, com autonomia financeira proveniente do produto do trabalho deles e, assim, permitir que os doentes assumam por iniciativa própria quase toda a organização de sua vida social (p. 82). Já se percebe o que será chamado fato analisador no "doente-sintoma": "Não é mais o doente que é problema do pessoal médico-atendente; são os problemas do pessoal médico-atendente que se revelam através dos sintomas do doente e que nele influem" (p. 113).

Se, no início, a psicoterapia institucional era mais ou menos influenciada pela corrente marxista, a antipsiquiatria, principalmente a inglesa, inspirou-se nas idéias de J.-P. Sartre (de 1960). Recusando a razão analítica que reifica o doente, os antipsiquiatras enfatizam a relação existencial (terapeuta-doente, doente-família), elemento de um conjunto social em via de totalização. Trata-se de uma interrogação sobre "a loucura", bem mais profunda do que o movimento de psicoterapia institucional. O "louco" não é mais colocado na minha frente como um objeto que devo curar, mesmo me valendo de uma instituição renovada, segundo o esquema típico do reparador (E. Goffman).[47] A relação de *reciprocidade* sartriana torna-se essencial: entro numa relação com você, diz o terapeuta, mas você também pode entrar em relação comigo. Estou consciente dessa relação de mim para você e de você para mim e sei que você está consciente dessa relação: totalizamos a experiência da relação recíproca. O doente assim passa a ter um *projeto* reconhecido e valorizado, uma práxis que não se reifica em procedimento (cf. Sartre, *Crítica da razão dialética,* p. 541 ss.). O critério da *verdadeira* ajuda terapêutica está na ação concebida dialeticamente: "A verdade dialética apresenta um quádruplo aspecto: verdade do conhecimento e verdade da ação de alguém, em relação com alguém e levando em conta o sistema" (Esterson).[48] Uma tal concepção da verdade do conhecimento do outro conduz obrigatoriamente ao questionamento do sistema ocidental de tratamento da "loucura" e a uma comparação antropológica. Laing, Esterson, Cooper nos convidam a observar o que se passa em outras civilizações, particularmente em lugares onde a sabedoria das nações é de alta qualidade (hinduísmo, budismo). Esse convite vai muitas vezes tomar a direção de um misticismo retrógrado. A interpelação das instituições sobre o problema da loucura foi aprofundada desde 1961 pelo filósofo Michel Foucault, na sua *Histoire de la "folie" à l'âge classique.*[49] O que também caracteriza a antipsiquiatria inglesa é a sua rejeição do hospital psiquiátrico como tal e a criação de "comunidades terapêuticas" que tentarão eliminar o peso dos papéis e dos *status* sociais (apesar de uma tentativa de D. Cooper no quadro instituído do hospital, entre 1962 e 1966, no pavilhão 21 de um grande centro psiquiátrico de Londres). Em 1965, os antipsiquiatras ingleses fundam Kinsley Hall e a Philadelphia Association, com o objetivo de ajudar a criar e fazer funcionar esse tipo de comunidade. Kinsley Hall fechou as portas em maio de 1970, pois o contrato não foi renovado; mas de 1965 a 1970 cento e dezenove pessoas, em grupos de catorze, passaram por lá. Além de um lugar de terapia, foi um lugar de passagem, de encontro, de seminários de estudo, de atividades artísticas (pintura, poesia, tecelagem) e espirituais (ioga, dança religiosa indiana). Dentre as cento e dezenove pessoas que passaram por Kinsley Hall, setenta e cinco foram consideradas doentes, e quarenta e quatro não doentes. Construção carregada de história (foi lá que Gandhi morou e negociou a independência da Índia em 1931), Kinsley Hall é ainda hoje, apesar de desativado, o símbolo da contestação antipsiquiátrica (Chantal Bosseur).[50]

No mesmo espírito de contestação radical quanto ao lugar da "loucura" na nossa sociedade, já numa perspectiva mais política, a "político-psiquiatria" de Franco Basaglia insiste no problema real da doença mental: a doença como produto social. Basaglia, no seu trabalho *L'Institution en négation,*[51] quer demonstrar "por um lado, como uma ação — carregada de todas as suas contradições — torna-se possível no seio de uma *instituição da violência* e, por outro, como essa mesma ação nos remete à violência generalizada do nosso sistema social" (prefácio, p. 9). Como assinala Gian Antonio Gilli no mesmo livro (p. 261), o sociólogo é o fiador desta violência social no interior do sistema do hospital psiquiátrico, colaborando para a eliminação de um elemento de contradição (o hospital psiquiátrico na sua velha estrutura) dentro do sistema geral. A única coisa que ele não expôs foi o problema do poder real, "sempre concentrado nas mesmas mãos e nunca redistribuído", pois de fato, como sociólogo colaborador da direção ou do pessoal médico-atendente "não pode literalmente estudar a contestação sob este ângulo (...), *não chega a vê-la*; e isso, como tentamos mostrar, porque se ele utiliza os instrumentos e as técnicas de sua profissão, toda expressão de contestação acha-se previamente excluída da pesquisa (os 'maus doentes' não figuram na amostra), ou é rapidamente afastada se se manifestar durante a mesma ('Não se pode continuar a investigação!')" (p. 270). Nessa reflexão sobre a epistemologia clínica em sociologia, encontramos a mesma interpelação da análise institucional em relação à sociologia acadêmica.

### 2.2.2. *As Sociologias Engajadas*

Nem sempre há grande diferença entre o que vou classificar aqui de "sociologias engajadas" e as correntes da sociologia clínica como as de Cooper (*A morte da família*), de Basaglia ou da socianálise. Neste item apresento porém sociologias críticas que me parecem ir além do pequeno grupo e até mesmo da organização, para atingir dimensões sociais mais amplas.

#### 2.2.2.1. AS SOCIOLOGIAS DE CONSCIENTIZAÇÃO

O que chamo de sociologia de conscientização é uma sociopedagogia prática e revolucionária elaborada pelo brasileiro Paulo Freire e aplicada, a partir de 1962, no Nordeste, uma das regiões mais pobres do Brasil, que contava então, dentre os seus 25 milhões de habitantes, com 15 milhões de analfabetos. Obrigado a deixar o país depois do golpe de Estado de 1964, Paulo Freire refugiou-se no Chile para continuar a sua obra de educador. Foi conselheiro do "Setor para a Educação" do Conselho Ecumênico das Igrejas, e animador do IDAC (Instituto de Ação Cultural), cuja finalidade é "a aplicação da 'conscientização' como instrumento liberador no processo de educação e de transformação social".

Em que consiste o método de conscientização? É o método de des-reificação das massas populares. Partindo da "consciência dominada" dos meios rurais brasileiros, Paulo Freire quer atingir a "consciência liberada": através de uma "educação-liberação", "promover na massa popular atingida pela ação educativa a consciência clara de sua situação objetiva".[52] A educação, como abordagem crítica da realidade objetiva e do poder de dominação da minoria sobre a maioria, procura transformar por todos os meios o mundo em que vivemos. No plano técnico isso compreende várias etapas (p. 9):

1) Um levantamento, feito através de pesquisa, do "universo-vocabular" dos trabalhadores com quem os educadores vão lidar, no âmbito do círculo de cultura.

2) Escolha de palavras-chave pelos educadores, de acordo com:

— o interesse, sob o aspecto da aprendizagem silábica;
— as dificuldades fonéticas gradativas;
— a riqueza semântica.

3) A criação de situações existenciais típicas do grupo com o qual se trabalha, pela apresentação e discussão das palavras-chave. O emprego e a análise das palavras-chave permitem a aquisição de vocabulário, como também a discussão e conscientização da realidade sugerida por cada uma das palavras (como, por exemplo, a palavra favela).

Na França, o método foi empregado na alfabetização dos trabalhadores imigrantes[53] porque, mais do que qualquer outro, procura "uma leitura política da realidade" e, como tal, é uma sociologia política em ação. Paulo Freire, acusado de "reformismo" pelos intelectuais de esquerda dos salões parisienses, define sua posição sobre a "conscientização". "O esforço de conscientização, que se identifica com a ação cultural pela liberação dos oprimidos, é um processo pelo qual, na já mencionada relação sujeito-objeto, o sujeito torna-se capaz de apreender, em termos críticos, a unidade dialética entre ele e o objeto. Eis porque reafirmamos que não existe conscientização fora da práxis, fora da unidade teoria-prática, reflexão-ação. Em compensação, enquanto compromisso desmistificador, a conscientização não pode ser adotada pelas classes sociais dominantes: sua própria natureza não lhes permite isso. A ação cultural que essas classes podem desenvolver é obrigatoriamente uma mistificação da realidade da consciência, modificação da consciência da realidade" (p. 193). Como sociopedagogia revolucionária, a sociologia de conscientização de Paulo Freire foi recusada pelos sectários, fechados em sua segurança dogmática embora salpicada de citações de Marx, e aceita, de modo crítico, pelos radicais, porque "o radical, engajado na liberação dos homens, não se deixa confinar num círculo de segurança, e não aprisiona a realidade. É tanto mais radical quanto mais se insere nesta realidade para, conhecendo-a mais, conseguir transformá-la melhor (...) Não acredita ser senhor do tempo, nem dos homens, nem libertador dos oprimidos. Engaja-se com eles, para lutar com eles" (p. 17). Convém lembrar um dos *leitmotiv* dessa tese: "Nem em Marx nem em nenhum outro pensador crítico realista encontramos a dicotomia objetividade/subjetividade. O que Marx criticou e destruiu cientificamente não foi a subjetividade, mas o subjetivismo, o psicologismo" (p. 28). Paulo Freire tem pontos convergentes com Sartre e Bourdieu quanto à compreensão do processo de interiorização da exterioridade: "Com efeito — diz ele — a realidade opressiva, que constitui por assim dizer um mecanismo de absorção dos que a suportam, funciona como uma força de imersão das consciências. Nesse sentido, essa realidade exerce uma função de domesticação" (p. 29). A "conscientização" é a sociopedagogia política prática que, fundamentada no *projeto* reconhecido dos oprimidos — o de querer situar-se para poder transformar a própria condição — permitiu derrotar a pedagogia dominante da opressão, que tem sempre uma concepção *bancária* da educação (cf. p. 50 ss.). Classificarei também de sociologia da conscientização a ação desenvolvida pelo Gandhi italiano dos tempos modernos, Danilo Dolci, autor do célebre *Enquête à Palerme* (1957) que narra a sua luta contra a máfia. Personagem fora do comum, esse arquiteto se transformou em sociólogo da ação revolucionária e criou o Centro de Estudos e de Iniciativas (14, Largo Scalia, Partinico) onde se encontram intelectuais, sociólogos e políticos do mundo inteiro. Como laboratório social, o Centro de Estudos e de Iniciativas estende a sua ação por uma vasta região do sul da Sicília e por toda a Itália. Que tipos de ação consegue realizar D. Dolci, o revolucionário não-violento? Ora uma caminhada de Milão a Roma para pressionar o governo italiano no sentido de parar com a sua política de clientela e para protestar contra a guerra do Vietnã — mais de dez mil jovens que fazem 700 km a pé, transformando a longa caminhada num imenso seminário onde se pensa junto e com as populações das regiões percorridas. Ora uma campanha de opinião pública de grande envergadura e fortemente instituinte, com o objetivo de lutar contra a emigração para o norte do país e contra a manutenção do estado de subdesenvolvimento do sul da Itália. O segredo está em *inventar* o movimento: "Inventar numa população, com uma população, o seu próprio futuro, é uma obra de arte complexa, um trabalho científico, uma auto-educação e uma educação, uma estratégia, uma organização, uma promoção política e ainda muitas outras coisas."[54] Inventar é desenvolver uma educação revolucionária, "não é ao lançar *slogans* revolucionários que uma educação se torna revolucionária, mas na medida em que se consegue interessar cada um naquilo que não sabe, na medida em que se chega — indivíduo ou grupo — a descobrir os próprios problemas, os meios de resolvê-los, os obstáculos a um desenvolvimento sadio, as linhas de frente e as relações necessárias com os outros, sobretudo no interior das maiorias a quem a mudança interessa mais diretamente" (p. 96). Isto supõe o desvelamento dos "ingredientes clássicos de toda opressão sobre o povo", dos quais D. Dolci cita as principais características:

— a vontade, dos que detêm as maiores concentrações de poder (econômico, militar, político e até religioso), de eliminar os que podem impor limites;
— a capacidade, instintiva e técnica, de ligação entre os detentores de poderes complementares;
— o segredo, o complô, entre alguns, de operações que cabem a todos (com tendência a legitimar esta atitude, sob alegação de segredo de Estado, segredo militar, etc.);
— a capacidade de manipular as informações e de se apresentarem como defensores dos mais nobres valores morais;
— a limitação máxima da liberdade de informação e de expressão;
— o uso sistemático e oficializado da hipocrisia até no nível dos mais altos responsáveis que o espírito do povo considera como pais da pátria;
— o aumento do número de espiões e de material de espionagem necessário à chantagem;
— a colocação em postos-chave de homens de confiança, maleaveis, facilmente conduzíveis, hábeis produtores de consentimento;
— a formação e manutenção de grupos de oportunistas que são impingidos como expressão dos desejos e interesses do povo;
— a capacidade de escolher, entre os pobres e desempregados, os mais aptos a manterem oficialmente nesse estado os seus semelhantes;
— a capacidade de descobrir, entre os mais ambiciosos, os que são mais aptos para desenvolver e acobertar o velho estilo;
— a capacidade de descobrir no mundo científico os "técnicos puros" mais dotados, isto é, os que não se interessam pelo aspecto social, e com eles formar grupos de especialistas irresponsáveis;
— a capacidade de eliminar ou castrar todo aquele que se mostre capaz de produzir germes realmente novos (ou, enquanto isso não for possível, promover campanhas de difamação que o apresentem,

com a colaboração da magistratura e de seus carimbos, como um inimigo público fadado à delinqüência);
— a capacidade de estar pronto a provocar violências de todo tipo contanto que elas não se prestem a produzir efeitos contrários;
— o estímulo aos religiosos que podem contribuir para abafar os ressentimentos populares (...) (pp. 58-59).

Compreender esse mecanismo de opressão e lutar contra ele é exatamente o objetivo da *análise institucional generalizada* que só poderá ser efetuada no momento em que um movimento social entre em ação. Mesmo assim, a ampla pesquisa-ação de Danilo Dolci e de sua equipe, por ocasião do projeto de desenvolvimento dos vales do Belice, do Carboi e do Jato, pelas dezenas de milhares de pessoas que foram, através dela, levadas à reflexão e à ação, mostra que é possível suscitar um movimento de grande envergadura, como o caso Lip (cf. p. 112 ss.).

### 2.2.2.2. SOCIOLOGIAS E ECONOMIAS RADICAIS AMERICANAS

Foi a importância dada à "questão social", desde o impulso inicial da sociologia empírica americana, que a levou nestes últimos anos, com o agravamento das contradições sociais, à sua radicalização.[55] Já em 1965, o artigo de I. L. Horowitz, publicado na revista americana *Trans-Action Magazine,* causava celeuma ao denunciar o célebre "Projeto Camelot" cujo objetivo era enviar pesquisadores em ciências sociais para a América Latina, Oriente Médio, Extremo-Oriente, África e Europa Ocidental, no intuito de prever as contestações políticas da ordem estabelecida. O grupo de sociólogos radicais reunidos em torno da revista *Trans-Action Magazine* se interroga sobre a questão do *status* e das legítimas funções sociais do sociólogo na comunidade. Partem dos problemas reais do mundo contemporâneo, examinados do ponto de vista concreto, pragmático e crítico. O grupo produziu estudos como "O psiquiatra escolar como agente duplo", ou então "A violação homossexual nas prisões de Filadélfia" (1967 e 1968) (este segundo texto traduzido na revista *Esprit,* 7-8: 55-69, 1972, mostra até que ponto a instituição penitenciária é o principal lugar de perversão sádica e da ignorância instituída pelos poderes públicos). Os sociólogos radicais americanos também criticam as cidadelas da boa consciência prospectiva da América branca, como a "fábrica de idéias" — o Hudson Institute, de Hermann Kahn — cuja grandiloqüência científica eles denunciam. Esse movimento dos sociólogos radicais é recente. Em agosto de 1968, jovens sociólogos foram até Boston, ao congresso da American Sociological Association, para contestarem com veemência a sociologia oficial. Em 1968, a agitação universitária em Colúmbia (e dois anos antes em Berkeley) contribuiu para a expansão do movimento nas ciências humanas: cada vez mais a sociologia crítica da sociologia oficial vai estimular jovens sociólogos a se tornarem militantes e, inversamente, os militantes a estudarem sociologia. Haverá muitos abalos no nível das sacrossantas associações de profissionais em sociologia, onde as estratégias de influência e os planos de carreira se fazem e se desfazem.[56] Paralelamente, os economistas americanos também se radicalizaram e retomaram a análise oficial, neoclássica, e sem problemas, do capitalismo. As suas pesquisas sobre a pobreza urbana ou sobre o desemprego fizeram explodir o modelo neo-clássico de interpretação dos fatos econômicos. Destruíram assim o mito do *American way of life,* mostrando: a apropriação de 1/3 da riqueza americana por apenas 1% de cidadãos americanos; o confisco, de 2/3 do capital negociado em Wall Street, por 200 grupos financeiros; o agravamento das desigualdades sociais em detrimento dos mais fracos (pretos, mulheres e gente sem qualificação); a exploração crescente dos povos subdesenvolvidos, a pilhagem do Terceiro Mundo pelas empresas multinacionais; o papel do exército e do *lobby* industrial, e de suas ligações com o imperialismo americano; a destruição do meio ambiente e das belezas naturais pela ganância de lucro, etc. Representam mais ou menos 10% dos economistas americanos contemporâneos, o que revela a extensão da tarefa que ainda lhes resta realizar para convencer os "censores" do conforto moral e da ordem estabelecida em ciências sociais. Não poupam nem mesmo a ciência da economia marxista cuja plataforma não é de todo estável atualmente ou que, no mínimo, exige uma adequação rigorosa à evolução da realidade sócio-econômica.[57]

### 2.2.2.3. A SOCIOLOGIA ENGAJADA LATINO-AMERICANA

Trata-se de uma sociologia que está tomando consciência da fase crítica em que, desde 1950, entrou a América Latina e que suscita um processo ininterrupto de conflitos e lutas em todos os níveis da sociedade. Surge assim a questão sobre a posição da sociologia latino-americana no curso das transformações sociais que inevitavelmente se anunciam.

Os departamentos de sociologia foram criados na América Latina na década de 50 (faculdade latino-americana de ciências sociais no Chile; centro latino-americano de pesquisas em ciências sociais, no Brasil). Esses departamentos e centros foram inspirados em modelos teóricos europeus e norte-americanos, mas percebeu-se que tal perspectiva impedia o estudo de certos problemas fundamentais específicos à América do Sul e a formação de uma problemática própria. Registraram-se assim manifestações de contestação desde a década de 1960. Um momento decisivo de inversão das tendências foi o seminário "Resistências à mudança" no centro de pesquisas do Rio de Janeiro, em 1959, que na época era dirigido por Luís A. Costa Pinto, um dos fundadores da "sociologia engajada". A sociologia dominante foi severamente criticada e o volume publicado em seguida teve grande repercussão na sociologia latino-americana. Nos anos seguintes, homens como Octavio Ianni, Camilo Torres, Luís A. Costa Pinto, Florestan Fernandes, discutiram a epistemologia clássica das ciências sociais, como já tinham feito os economistas latino-americanos. A maior parte dos seminários e congressos realizados entre 1960 e 1970 foi marcada pela contestação teórica e metodológica em ciências sociais. Algumas noções e questões básicas surgiram: a noção de crise e a sua análise específica (que normas e que métodos?); a passagem da sociologia à ciência política; o problema do "engajamento do sociólogo na crise, e as dificuldades que daí resultam ao nível do saber sociológico. Sobre a questão dos métodos, o estudo de Orlando Fals Borda, sobre o qual está pautado este item, propõe algumas técnicas graduais para trabalhos de pesquisa de campo:

1) A observação-participação, de respeitável tradição, requer do pesquisador uma atitude "de simpatia", sensível à personalidade das pessoas.

2) A observação-intervenção que implica a experimentação com os elementos culturais no âmbito de uma situação, a fim de observar os efeitos das mudanças produzidas e induzidas dentro de certos limites.

3) A observação-inserção, técnica apropriada para períodos de crise, que supõe a utilização das duas técnicas anteriores e "a necessidade de ir mais além para se obter uma visão interna com-

pleta das situações e dos processos estudados, uma visão da ação presente e futura. Isso exige que o pesquisador em ciências sociais se envolva como agente, dentro do processo que está estudando, o que supõe que ele tomou posição a favor de determinadas alternativas. Aprende não somente pela observação que realiza mas também pelo trabalho que executa junto com os sujeitos com os quais se identifica" (p. 185).[58] Essa opinião coincide com a de Camilo Torres sobre a "covardia disfarçada em objetividade" nas ciências sociais, que muito me impressionou, quando em 1968 foi lançada pelas Edições do Seuil a obra do revolucionário colombiano, *Ecrits et paroles*.[59] Os sociólogos latino-americanos se dizem "engajados" no sentido sartriano do termo (*compromiso,* em espanhol). Para Orlando Fals Borda "é a ação ou a atitude do intelectual que, tomando consciência de pertencer à sociedade e ao mundo do seu tempo, renuncia à posição de simples espectador e coloca o seu pensamento ou a sua arte a serviço de uma causa" (p. 190), trabalhando, principalmente, com "os grupos-chave" que são os elementos dinâmicos do processo de transformação social.

### 2.2.2.4. A SOCIOLOGIA ENGAJADA FRANCESA

Não me demorarei no que chamo de sociologia engajada francesa: a corrente de Bourdieu e Passeron, e a marxista althusseriana, cujas características já foram acima analisadas (cf. p. 69 ss.).

A sociologia institucional tem muito a receber da equipe ligada a Bourdieu: desde janeiro de 1975 eles vêm redigindo as *Actes de la recherche en sciences sociales.* O estudo profundo do mecanismo de "reprodução" institucional (como a "vocação sacerdotal", "o exército", "a vida de artista", "a moda", "o ensino agrícola", etc.) constitui um dos aspectos fundamentais da sociologia institucional. Um trabalho como o de Luís Pinto, por exemplo, sobre "L'armée, le contingent et les classes sociales" [60] representa um excelente modelo desta sociologia crítica. Apoiado em provas iconográficas, o autor mostra "formas de incorporação da ordem" através do trabalho de inculcação militar e a função social externa de dominação que representa o *habitus* adquirido no exército, conseqüência lógica do *habitus* escolar. "O igualitarismo da escola destina-se a provar à classe dominada sua indignidade cultural e a legitimidade da sua exclusão, ao passo que o igualitarismo do exército, dando aos jovens a impressão de compartilharem um mesmo destino, prepara-lhes o futuro que, por causa da indignidade escolar atestada, lhes está reservado. A escola mostrou-lhes que são indignos, o exército lhes mostrará do que são 'dignos'. Embora os resultados de uma e outra instituição sejam objetivamente convergentes, eles trazem uma contribuição específica que fragmenta a experiência da condição da classe dominada e a impede de ver-se refletida numa imagem unificada" (p. 40).

Christian Baudelot, Roger Establet, Jacques Malemort representam a corrente da sociologia marxista influenciada por Althusser, aos quais pode-se acrescentar Nicos Poulantzas. Seus trabalhos tratam, por um lado, do sistema de ensino (Baudelot e Establet) e, por outro, da pequena (antiga e nova) burguesia na França (Baudelot, Establet, Malemort, Poulantzas).[61] Na segunda perspectiva, estes sociólogos analisam o que se chama de "classe média", conceito extremamente impreciso. Poulantzas mostra que a nova pequena burguesia é uma classe bipolarizada entre a classe operária e a burguesia, sujeita a inúmeras divisões referentes à exploração, à divisão trabalho manual-trabalho intelectual, com a tendência constante à reprodução desta divisão no interior mesmo de cada uma das classes sociais existentes. Poulantzas chega assim a relativizar as teses de Baudelot e Establet sobre a escola capitalista, criticando a tendência dos autores a considerarem o aparelho escolar como o principal aparelho reprodutor das classes sociais; para ele, o mais importante é a posição inicial de classe, que impõe uma concepção própria de mobilidade social. Baudelot, Establet e Malemort mostraram que a pequena burguesia é de fato constituída de três frações: a comerciante, a comprometida com o Estado, e a que fornece pessoal ao setor econômico capitalista (produção, distribuição, troca (pp. 252-304).

## REFERÊNCIAS BIBLIOGRÁFICAS


1. Pierre Bourdieu, Jean-Claude Chamboredon, Jean-Claude Passeron, *Le métier de sociologue,* Paris, Mouton/Bordas, 1969.
1. Gaston Bachelard, *Epistémologie, textes choisis,* Paris, PUF, Col. Sup.. 1971 [Ed. bras.: *Epistemologia,* Rio, Zahar, 1983.]
3. ————, *L'activité nationaliste de la physique contemporaine.* Paris PUF, 1951.
4. Benoît Verhaegen, *Introduction à l'Histoire immédiate,* Gembloux-Paris Duculot, 1974, pp. 152-153.
5. René Lourau, *Le gai savoir des sociologues,* Paris, UGE, 10/18, 1977.

6. Pierre Bourdieu e Jean-Claude Passeron, *La Reproduction, éléments pour une théorie du système d'enseignement,* Paris, Ed. de Minuit, 1970. [Ed. bras.: *A reprodução,* Rio, Francisco Alves, 1975].
7. René Lourau, *Sociologue à plein temps,* Paris, Epi, 1976.
8. Claude Grignon, *L'Ordre des choses,* Paris, Ed. de Minuit, 1971.
9. György Markus, "Discussions et courants de la philosophie marxiste" em húngaro, Kortais (Budapest), 7, julho de 1968, traduzido em "La nouvelle gauche hongroise", *Les temps modernes,* 337-338: 2774, ago.-set. 1974, por Serge Frankel e Daniel Merten.
10. Karel Kosik, *La dialectique du concret,* Paris, Maspero, 1970. [Ed. bras.: *Dialética do concreto,* Rio, Paz e Terra, 1969].
11. G. Lukács, *Histoire et conscience de classe, Paris,* Ed. de Minuit, 1960, pp. 72-73 [Ed. port.: *História e consciência de classe,* Porto, Escorpião, 1974].
12. Lucien Sebag, *Marxisme et structuralisme,* Paris, Payot, 1964, p. 67 ss.
13. Pierre Birnbaum, *La fin du politique,* Paris, Seuil, 1975, p. 66 ss.
14. Ernst Bloch, *Geist der utopie,* Frankfurt, Suhrkamp, 1964; *Das Prinzip Hoffnung,* Frankfurt, Suhrkamp, 1968 (*Le Principe Espérance,* Paris, Gallimard, 1976); *Thomas Münzer, Théologien de la révolution,* Paris, Julliard, Lettres Nouvelles, 1965. [Ed. bras.: *Thomas Münzer, teólogo da revolução,* Rio, Tempo Brasileiro, 1973.] Cf. Bernd Oelgart, *Idéologues et idéologies de la nouvelle gauche,* Paris, UGE, 10/18: 131-156, 1970.
15. Lenine, *Que faire?,* Paris, Ed. Sociales, 1966, p. 236.
16. Dominique Desanti, *Les socialistes de l'utopie,* Paris, Payot, 1970.
17. Alain Touraine, *Production de la société,* Paris, Seuil, 1973. Conclusão atual de suas idéias. Numa perspectiva de maior divulgação: *Pour la sociologie,* Paris, Seuil, Col. Points, 1974; *Lettres à une étudiante,* Paris, Seuil, 1974. [Ed. bras.: *Cartas a uma jovem socióloga,* Rio, Paz e Terra, 1981].
18. Lucien Goldmann, *Recherches dialectiques,* Paris, Gallimard, 1959, p. 108 ss; *Pour une sociologie du roman,* Paris, Gallimard, 1964, p. 338 ss [Ed. bras.: *Sociologia do romance,* Rio, Paz e Terra, 1967.]; *Sciences humaines et philosophie,* Paris, PUF, 1952, Gonthier, reedição 1966 e 1971, p. 125 ss [Ed. bras.: *Ciências humanas e filosofia,* S. Paulo, Difel, 1974 (1980).]; *Marxisme et sciences humaines,* Paris, Gallimard, Col. Idées, 1970.
19. Louis Althusser, "Idéologie et appareils idéologiques d'Etat: sur la reproduction des conditions de la production", *La Pensée,* jun. 1970. [Ed. bras.: *Aparelhos ideológicos de estado,* Rio, Graal, 1983].
20. *Contre Althusser,* Paris, UGE, 10/18, 1974.
21. Louis Althusser, *Eléments d'autocritique,* Paris, Hachette-Littérature, 1974.
22. D. Grisoni e R. Maggiori, "L'Actualisation de l'utopie", *Les temps modernes,* n.° especial sobre Gramsci, 343: 907-908, fev. 1975.
23. Cf. Franco Lombardi, *La pédagogie marxiste d'Antonio Gramsci,* Toulouse, Privat, 1971.
24. Cf. Claude Alzon, *La mort de Pygmalion: essai sur l'immaturité de la jeunesse,* Paris, Maspero, Cahiers Libres, 275.

25. Antonio Gramsci, *Ecrits politiques,* Paris, Gallimard, 1974; t. I, 1914-1920; *Gramsci dans le texte,* Paris, Ed. Sociales, 1975.
26. D. Grisoni e R. Maggiori, *Lire Gamsci,* Paris, Ed. Universitaires, 1973; J. Texier, *Gramsci,* Paris, Seghers, Col. Philosophes de tous les temps, 1966; J. M. Piotte, *La pensée politique de Gramsci,* Paris, Anthropos, 1970; Hugues Portelli, *Gramsci et le bloc historique,* Paris, PUF, 1972 [Ed. bras.: *Gramsci e o bloco histórico,* Rio, Paz e Terra, 1977]; Christine Buci-Glucksmann, *Gramsci et l'Etat,* Paris, Fayard, 1975 [Ed. bras.: *Gramsci e o Estado,* Rio, Paz e Terra, 1980]; M. A. Macciocchi, *Pour Gramsci,* Paris, Seuil, 1974 [Ed. bras.: *A favor de Gramsci,* Rio, Paz e Terra, 1976]; n.º especial da revista *Dialectiques,* 4/5, *Gramsci,* mar. 1974.
27. Cornelius Castoriadis, *L'Expérience du mouvement ouvrier, socialisme ou barbarie,* Paris, UGE, 10/18: 29, 1974 e *L'Institution imaginaire de la société,* Paris, Seuil, 1975. [Ed. bras.: *A instituição imaginária da sociedade,* Rio, Paz e Terra, 1982].
28. Jean Baudrillard, *Le miroir de la production,* Paris, Casterman, Col. Mutations orientations (poche), 1973.
29. Henri Lefebvre, *Critique de la vie quotidienne,* Paris, L'Arche Ed., 1961, t. 2, p. 48.
30. G. Auclair, *Le mana quotidien,* Paris, Anthropos, 1971.
31. Henri Lefebvre, *Logique formelle et logique dialectique,* Paris, Anthropos, 1969.
32. ———, *Le manifeste différentialiste,* Paris, Gallimard, Col. Idées, 1970.
33. Jean-Paul Sartre, *Critique de la raison dialectique,* precedido de *Questions de méthode,* tomo I, Théorie des ensembles pratiques, Paris, Gallimard, 1960, nova ed. 1972, pp. 10-11. [Ed. bras.: *Questão de método,* S. Paulo, Difel, 1979].
34. Jean Pouillon, *Fétiches sans fétichisme,* Paris, Maspero, Bibliothèque d'Anthropologie, 1975, p. 26.
35. Rémi Hess, *La socianalyse,* Paris, Ed. Universitaires, Col. Psychothèque, 1975.
36. René Lourau, *Les analyseurs de l'Eglise, analyse institutionnelle en milieu chrétien,* Paris, Anthropos, 1972.
37. ———, *L'Analyseur Lip,* Paris, UGE, 10/18, 1975.
38. Georges Lapassade, *Socianalyse et potentiel humain,* Paris, Gauthier-Villars, Col. Hommes et organisations, 1975.
39. Michel Foucault, *Surveiller et punir,* Paris, Gallimard, 1975, pp. 201-206 [Ed. bras.: *Vigiar e punir,* Petrópolis, Vozes, 1977].
40. Georges Lapassade, *Groupes, organisations, institutions,* Paris, Gauthier-Villars, Col. Hommes et organisations, 1970, p. 153 ss.; *L'autogestion pédagogique,,* Paris, Gauthier-Villars, mesma Col., 1971, p. 9 ss. [Ed. bras.: *Grupos, organizações e instituições,* Rio, Francisco Alves, 1977].
41. R. Vuattaz, "Pour une méthodologie de l'autogestion pédagogique", *Orientations,* 45, 1974.
42. Ph. Kaeppelin, *Pratique de l'autogestion éducative, le stage de formation pour adultes,* Paris, Ed. Resma, 1974.

43. René Barbier, "Violence symbolique et pédagogie institutionnelle", comunicação apresentada no Congresso Internacional de Ciências da Educação (set. 1973) publicada em *L'Homme et la Société*, 31-32, jan.-jun. 1974, e discussão em *Psychologie sociale et nouvelles approches pédagogiques*, Epi, Col. Protocoles 3, 1975.
44. Robert Castel, "L'Institution psychiatrique en question", *Revue Française de Sociologie*, XII-I, p. 65, jan.-mar. 1971.
45. Georges Lapassade, *Socianalyse et potentiel humain*, *op. cit.*, pp. 16-20
46. Jean-Olivier Majastre, *L'Introduction du changement dans un hôpital psychiatrique public*, Paris, Maspero, 1972.
47. Erving Goffman, *Asiles, étude sur la condition sociale des malades mentaux*, Paris, Ed. de Minuit, 1968.
48. Esterson, *Dialectique de la folie*, Paris, Payot, 1972, p. 228.
49. Michel Foucault, *Histoire de la "folie" à l'âge classique*, Paris, Gallimard, 1961, nova ed. 1972. [Ed. bras.: *História da loucura na Idade Clássica*, S. Paulo, Perspectiva, 1978].
50. Chantal Bosseur, *Clefs pour l'anti-psychiatrie*, Paris, Seghers, 1974. p. 196 ss.
51. Franco Basaglia, *L'Institution en négation*, Paris, Seuil, 1972.
52. Paulo Freire, *Pédagogie des opprimés*, Paris, Maspero, 1974. [Ed. bras.: *Pedagogia do oprimido*. Rio, Paz e Terra, 1970].
53. Collectif d'alphabétisation, *Alphabétisation, pédagogie et luttes*, Paris, Maspero, 1973.
54. Danilo Dolci, *Inventer le futur*, Paris, Desclée de Brouwer, 1973, p. 112.
55. René Barbier, "Sociologie et travail Social", *Informations Sociales* (CNAF) 7, 1974.
56. J. Chesnaux, "Le mouvement des 'radical caucuses' aux Etats-Unis", *L'Homme et la Société*, Anthropos, 16, abr.-mai.-jun. 1970.
57. Cf. Hughes Puel, *Les économistes radicaux aux USA*, Paris, Ed. Universitaires, 1974. Do lado francês: J. Attali e M. Guillaume, *L'Anti-économique*, Paris, PUF, 1974 e J. Attali, *La parole et l'outil*, Paris, PUF, 1975.
58. Orlando Fals Borda, "Quelques problèmes pratiques de la sociologie en crise", *L'Homme et la Société*, Anthropos, 18: 172-196, out.-nov.-dez. 1970.
59. Camilo Torres, *Ecrits et paroles*, Paris, Seuil, 1968, principalmente "Authenticité de la sociologie latino-américaine", pp. 70-76.
60. Luís Pinto, "L'armée, le contingent et les classes sociales", *Actes de la recherche en sciences sociales*, Paris, Maison des Sciences de l'Homme, 3: 18-40, 1975. Na mesma linha, convém também lembrar o já célebre *Le psychanalysme*, de R. Castel, Paris, Maspero, Col. Textes à l'appui, 1973. [Ed. bras.: *O psicanalismo*, Rio, Graal, 1978].
61. Christian Baudelot e Roger Establet, *L'Ecole capitaliste en France*, Paris, Maspero, 1973. Christian Baudelot, Roger Establet e Jacques Malemort, *Le petite bourgeoisie en France*, Paris, Maspero, 1974. Nicos Poulantzas, *Les classes sociales dans le capitalisme aujourd'hui*, Paris, Seuil, 1974.

SEGUNDA PARTE

# Abordagem Teórica Específica

# 1

# O Conceito de "Implicação" na Pesquisa-Ação em Ciências Humanas*

Ao praticar novos métodos de animação de grupos, seja como professor universitário, seja na formação de adultos, logo me vi diante da questão fundamental hoje em dia, a da *implicação* no ensino e na pesquisa em ciências humanas. Esta parte do livro tem como objetivo esclarecer, a partir da minha experiência profissional, o conceito de implicação e suas ligações com a animação e com a pesquisa-ação em ciências humanas.[1] As discussões sobre as relações entre pesquisador e objeto de pesquisa, sobre sujeito e objeto de conhecimento, sobre compreensão e explicação em ciências humanas, não são de agora. Sabe-se que a época áurea da polêmica epistemológica foi o final do século XIX, particularmente na Alemanha, depois da publicação de *L'Introduction aux sciences de l'esprit*, de Dilthey (1883): será que as ciências da natureza são diferentes das ciências humanas? Em caso afirmativo, qual é essa diferença? Será preciso fazer a distinção entre "explicar" e "compreender", como fez o historiador Droysen em 1851. A que corresponde a noção de "compreensão"? Quais as disciplinas que pertencem às ciências do espírito? Na ocasião, todos os grandes nomes das ciências naturais e sociais participaram das discussões. No início do século XX, o sociólogo alemão Max Weber aprofundou a reflexão já encetada, por meio de seus temas favoritos: o ideal-tipo, a causalidade adequada, a referência aos valores, a possibilidade objetiva, a compreensão, a neutralidade axiológica, etc.

A questão da objetividade científica despertou na França, a partir de 1968, um novo interesse. Ultimamente, pesquisadores e fi-

---

* Capítulo publicado na revista *Connexions*, Epi/ARIP, 13.

lósofos reunidos em Versalhes, sob os auspícios do Instituto Colegiado Europeu, tentaram esclarecer as relações entre ciência e julgamento de valor. Admitiram que a ciência se baseia num julgamento de valor inicial: o universal é mais satisfatório do que o particular. E ainda: a preferência pelo universal encarna-se e dissimula-se no que é "interessante" para o homem de ciência que, toda semana, faz uma escolha muito subjetiva dos artigos e livros especializados que considera "interessantes", isto é, novos e úteis para ele, em função da problemática que está estudando. Aliás, o arbitrário e o julgamento de valor já estão presentes na escolha do objeto de investigação. É verdade que os julgamentos de valor do cientista estão sob a égide do universal, mas é a sociedade científica que vai reconhecê-los ou não. O contexto do pesquisador, sua formação, seus grupos de referência, os gostos intelectuais do momento desempenham um papel decisivo. Os objetos de estudo reconhecidos como "científicos" são os afiançados pela comunidade acadêmica da época. Assim é que toda problemática que não coincidir ou se opuser a ela pode levar esse pesquisador a ser considerado pelos colegas como sonhador ou fanático. De fato, as ciências humanas são mais vulneráveis à ação subterrânea da subjetividade na elaboração e desenvolvimento de uma pesquisa. Essa ação subjacente não é reconhecida pela tradição científica cujos modelos permanecem sendo os da ciência da natureza: o conjunto do sistema observado é passivo em relação ao observador, mesmo se fenômenos e mudanças acontecem no campo da experiência. Está subentendido que o observador não intervém no campo de observação cujas características estão circunscritas em variáveis dependentes e independentes. Nessa relação de exterioridade, o sujeito pensante observa o objeto de experiência com uma "neutralidade axiológica" (Max Weber) que suspeita da "ilusão da transparência e do saber imediato", "da sociologia espontânea e da tentação do profetismo" e do "etnocentrismo de classe" do pesquisador (Bourdieu, Passeron, Chamboredon).

Fundamentado na razão analítica e na lógica formal, o movimento de conhecimento científico, com tal perspectiva, nunca faz intervir a dialética entre observador e objeto observado. Em ciências humanas clínicas isso leva a inépcias de conseqüências graves. Assim é que, em psiquiatria, a doença é atribuída a um processo cuja vítima é o esquizofrênico excluído do meio familiar. Ele é reificado, o seu cérebro está "perturbado", doente; logo, ele próprio é considerado como doente. Mas até hoje ninguém conseguiu provar uma etiologia orgânica no caso da esquizofrenia. Classificado como "doente", etiquetado pela instituição totalitária que é o hospital psiquiátrico, ele já é um "outro", um objeto manipulável a ser consertado, colocado numa relação terapêutica dependente e infantilizante, como demonstrou Erving Goffman.[2] Esta concepção positivista da ciência das pessoas levou o psiquiatra Kraepelin a ignorar totalmente a natureza da relação real que mantinha com um rapaz esquizofrênico, exibido como escravo diante de um grupo de estudantes. Ronald Laing explica que se pode interpretar de várias maneiras as palavras "incoerentes" do jovem colocado nessa situação, bastando que se considere o sistema doença-médico-assistência-instituição como uma totalidade em interação.[3]

Foi por ter desenvolvido e colocado em prática no seu trabalho pedagógico essa problemática dialética que, em julho de 1974, o sociólogo René Lourau, professor da Universidade de Poitiers, foi convocado pelo conselho de disciplina da universidade, depois de ter sido suspenso pelo ministro. Os detentores da ordem conseguiram excluí-lo de Poitiers, e Lourau só foi encontrar um lugar na Universidade de Vincennes que acolhia os intelectuais marginais da universidade. Mais do que qualquer outra, a contra-sociologia de René Lourau constitui uma crítica radical às instituições existentes, a começar pelas ciências sociais. Se é verdade que toda sociologia que faz avançar o conhecimento só pode ser uma sociologia crítica, muitos sociólogos que lecionam na universidade agem como se a instituição do seu ensino não fizesse parte do campo de ação que questiona a ordem estabelecida. A implicação crítica de Lourau em relação à instituição do exame escrito na formação em ciências humanas não podia, objetivamente, ser tolerada pelos ideólogos da classe dominante-dirigente cujos representantes mais encarniçados se encontram na hierarquia universitária de Poitiers.[4]

Vou considerar três níveis de abordagem do conceito de *implicação*:

— o nível psicoafetivo;
— o nível histórico-existencial;
— o nível estrutural-profissional.

Nos parágrafos seguintes, tentarei mostrar a articulação desses níveis com a intervenção em e sobre uma instituição, principalmente, no caso, a instituição dos estágios de formação.

A instituição à qual se refere a intervenção será examinada sob duas dimensões:

— a dimensão sistêmica;
— a dimensão libidinal.

## 1.1. Os Níveis de Implicação

### *1.1.1. A Implicação Psicoafetiva*

No nível individual, o pesquisador logo se defronta com a sua implicação *psicoafetiva* pois, na pesquisa-ação, o objeto de investigação sempre questiona os fundamentos da personalidade profunda. Aliás, toda profissão baseada no desenvolvimento de uma relação humana especial supõe esse tipo de implicação. Viu-se nos grupos Balint, por exemplo, o quanto os médicos tinham que considerar esse aspecto no exercício da profissão. Sobre o assunto, Michel Sapir [5] narra o seguinte caso: uma médica impôs a uma jovem que sofria de obesidade um regime muito severo que lhe fez perder peso rapidamente. O sucesso espetacular do tratamento perturbou subitamente a médica que o tornou mais brando, embora a doente estivesse satisfeita e desejasse continuar na mesma linha. Durante uma discussão no grupo Balint, a médica reconheceu que ficou com medo porque se identificou com a doente. Também ela, durante a adolescência, sofreu de obesidade e sentia vontade agora de destruir sua cliente como, no passado, havia pensado na autodestruição ao sentir-se tão gorda e pouco desejável. Assistentes sociais que fizeram uma pesquisa sociológica em meios socialmente desfavorecidos também sentiram esse tipo de implicação: não sabiam como ajudar as famílias; tinham a impressão de que as famílias não queriam vê-las; sentiam-se pouco à vontade e culpadas; suportavam com dificuldade a agressividade.[6]

A pesquisa-ação em sociopedagogia pode ser rapidamente bloqueada ou desviada pela implicação psicoafetiva do pesquisador que não consiga restringir a sua economia libidinal e nem controlar a contra-transferência. Quantas pulsões sádicas podem se esconder sob as aparências de autoridade científica ou pedagógica! Há inúmeros exemplos da dimensão sádico-anal do "desejo de ensinar" e de suas conseqüências destrutivas sobre a personalidade da criança.[7] O mesmo acontece com o pesquisador em ciências humanas engajado na ação. É sempre difícil, por exemplo, reconhecer a influência do inconsciente individual nos dispositivos analisadores escolhidos para a pesquisa institucional. Encontrei esses problemas num estágio do OFAJ (Ofício Franco-Alemão para a Juventude) onde atuei como pesquisador-animador. Será que o dispositivo que implantei para fazer emergir os fenômenos afetivos muito reprimidos, a meu ver, pelo *staff* de animação (no caso, uma sessão de aconselhamento recíproco) era apenas uma provocação instituinte destinada a revelar o não-dito * do estágio (repressão da afetividade e da sua irracionalidade em prol de uma racionalidade da prática muito impositiva)? Não haveria também o desejo inconsciente de mostrar o poder carismático de um líder do grupo, por meio de uma técnica excepcional, reforçando deste modo a autoridade institucional que estava sendo atacada por uma fração do grupo, e diminuindo assim a minha própria angústia?

No decorrer da sua práxis científica, o pesquisador em ciências humanas quase sempre se vê às voltas com a problemática da autoridade. Com que direito, apoiado em quê, vai ele trabalhar desta e não de outra maneira? Ora, é aí que o componente psicoafetivo da autoridade tem papel considerável. Gérard Mendel analisou esse componente psicoafetivo: o bebê e a criança dependem do adulto para sobreviverem e sentem, de vez em quando, agressividade contra a ação às vezes necessariamente frustrante do adulto. O inevitável termo correlato dessa agressividade é o medo de ser abandonado. O fenômeno-autoridade para G. Mendel é apenas a acentuação, a exploração e a perenização (particularmente pela chantagem ao amor) do medo de ser abandonado, isto é, da culpabilidade: "Marca indelével e inconsciente, o medo anacrônico (porque fora de hora e relacionado com os primeiros meses de vida) de ser abandonado levará a criança e depois o adulto a se submeter, num reflexo quase automático ou condicionado, a um Maior." [8]

É especialmente nas ciências humanas clínicas que os mecanismos interferenciais decorrentes da elucidação psicanalítica devem ser detectados na pesquisa-ação. O sociopedagogo que procura efe-

---

* *le non-dit*: é a palavra subjacente que circula essencialmente sob a forma de rumor, sem nunca ser dirigida diretamente aos interlocutores interessados. [N. da T.]

tuar uma pesquisa implantando uma experiência pedagógica inovadora é um clínico. Tanto quanto o professor, ele vê a sua ação ser interrogada pela psicanálise. O desejo de saber que se investe numa atividade de pesquisa é ao mesmo tempo genital (preencher um vazio, fechar os espaços do não-saber) e oral, porque o saber é alimento, como um bom leite oferecido generosamente. O desejo inconsciente de paternidade pode ser assim exercido à vontade: fazer renascer um indivíduo ou um grupo pelo uso de uma prática psicoterapêutica; fazer discípulos, imitadores, imagens de si mesmo; criar e difundir idéias, os conceitos formulados a partir de uma prática; criar um movimento de idéias e práticas que confirme a pessoa definitivamente como Pai. Essas interrogações seriam esclarecedoras se fossem feitas a respeito do Movimento do Potencial Humano e de seus representantes franceses (cf. a leitura da apresentação do Movimento e dos seus animadores na terceira parte deste livro).

Reconhecer a dimensão psicoafetiva da implicação e circunscrevê-la através da via psicanalítica não significa paralisar-se na pesquisa-ação. Talvez seja possível até utilizar a implicação psicoafetiva para ir mais além na comunicação. É essa a bifurcação teórica entre terapias freudianas tradicionais e terapias modernas (Reich, Rogers, psicologia humanística, Potencial Humano, etc.), descrita por Max Pagès: [9] "Ao contrário do que prescreve a técnica freudiana, o prazer que o terapeuta ou o monitor sentem em suas relações com os participantes é fundamental para a mudança."

### *1.1.2. A Implicação Histórico-Existencial*

O segundo nível de implicação, o *histórico-existencial,* está articulado com o primeiro, o nível psicoafetivo. É justamente porque o pesquisador-animador está totalmente engajado no aqui-e-agora de sua pesquisa, no presente e no projeto dos grupos dos quais é animador, que ele não pode escapar à implicação histórico-existencial. Para Max Pagès, a animação-pesquisa dos grupos de encontro o leva a um estado de transe liberador das inibições e dos desejos reprimidos, e gerador de comunicação entre os inconscientes. Trata-se de um jogo recíproco e existencial onde cada parceiro, animador e estagiário, aceita questionar a sua existência quanto aos fundamentos, à orientação e às opções afetivas e racionais fundamentais. Como escreve Max Pagès: "Cada vez mais, os seminários tornam-se para mim um acontecimento ligado à minha própria vida, à minha história, onde a minha existência está em jogo e onde trabalho o mais profundamente possível os meus problemas do momento. Mas, pode alguém dizer (e sempre me dizem) que não estou num seminário para resolver os meus problemas pessoais, e sim para ajudar os participantes a resolverem os deles. Recuso essa oposição. Porque à medida que, *durante o seminário,* enfrento com seriedade os meus problemas, é que me torno mais disponível para os participantes. Pois estou pronto a entrar na briga com eles de forma real, não superficial, não 'para ajudá-los', isto é, incitando de maneira inacessível à tomada de consciência, alguns conflitos inconscientes em mim, uma certa incompletude essencial. Estou pronto a ajudá-los na medida em que eles podem me ajudar, pois também eu preciso de ajuda. O contato entre eles e eu é o de uma verdadeira troca de serviços (...) (meus) limites existem de qualquer maneira. De costume, estão camuflados pela máscara da eficácia profissional, pelo código moral do trabalho dedicado aos outros, pela deontologia (que coisa horrível e anticientífica). Nessa hora tornam-se inacessíveis ao monitor que não estiver consciente e aos participantes a quem não é permitido que cheguem a tomar consciência. Um monitor engajado num trabalho de mudança pessoal, visivelmente falível, situado, é acessível e localizável. Pode-se servir dele, se for útil, abandoná-lo se inútil, fugir ou atacá-lo, se prejudicial, ou tentar mudá-lo" (p. 173). É nesse mesmo espírito que Michel Lobrot animou os grupos de "expressão total" na Universidade de Vincennes, e que eu trabalho com grupos de evolução existencial.

### 1.1.2.1. O *ETHOS* E O *HABITUS* DE CLASSE DO PESQUISADOR

A implicação histórico-existencial refere-se também a outros fatores. Enquanto sujeito social dependo de constelações de hábitos adquiridos, de esquemas de pensamento e de percepção sistemáticos, que representam um molde mais ou menos maleável para a minha prática científica e que estão diretamente ligados à minha socialização na minha classe social de origem. Trata-se dos limites impostos pelo modo de conhecimento *praxiológico* que Pierre Bourdieu opõe aos modos de conhecimento *fenomenológico* e *objetivista.* O conhecimento praxiológico "tem por objeto não somente o sistema de relações objetivas que o modo de conhecimento objetivista constrói, como também as relações *dialéticas* entre essas estruturas objetivas e as *disposições* estruturadas, nas quais elas se atualizam e que tendem a reproduzi-las, ou seja, o duplo processo de interiorização da exterioridade e de exteriorização da interioridade. Esse conhecimento supõe uma ruptura com o modo de conhecimento objetivista, isto é, uma interrogação sobre as condições de possibilidade e, por isso, sobre os limites do ponto de vista objetivo e objetivante que apreende as práticas pelo lado de fora, como fato consumado, em vez de construir o princípio gerador, situando-se no próprio movimento que as efetua".[10] Nestas condições, "o *habitus* é o produto do trabalho de inculcação e de apropriação necessário para que esses produtos da história coletiva que são as *estruturas objetivas* (por exemplo, a língua, a economia, etc.) *consigam reproduzir-se sob a forma de disposições duráveis,* em todos os organismos (que podem ser chamados de *indivíduos*) permanentemente submetidos aos mesmos condicionamentos, logo, colocados nas mesmas condições materiais de existência" (p. 187).

Reconhecer a implicação histórico-existencial é levar em conta o *ethos* e o *habitus* da nossa classe social de origem. É pouco provável que o pesquisador oriundo de uma classe popular considere os fatos sociais de maneira semelhante à de um da classe abastada. Essa diferença de perspectiva pode fornecer esclarecimentos surpreendentes e reveladores do objeto estudado, como mostrou Richard Hoggart num livro já considerado clássico.[11] Entre uma atitude um tanto tecnocrática ou de grandiloqüência forçada, e uma atitude de autodidata sequioso de redenção cultural — e sempre desmerecido pelos de cima — o intelectual que vem de uma classe popular (o que é o meu caso) deve procurar o seu caminho de Damasco. Esse desenraizamento é vivido com tal intensidade no plano existencial que não pode deixar de marcar profundamente qualquer tentativa de pesquisa científica em relação à instituição educativa. É dentro dessa dimensão psicológica que o pesquisador "bolsista" vai buscar intuições e hipóteses de base. O intelectual marginal conhecerá o dilema angustiante de uma posição social indefinida entre "eles" e "nós", como se diz nas classes populares. A tensão psicossociológica resultante do fenômeno ativará ainda mais a problemática do pesquisador desenraizado-enraizado que tenha rompido (ou tentado romper), por efeito da estrutura, com o *ethos* do lar e seus valores comunitários. Isso com tanto mais necessidade e dificuldade "por viver ele num lar mais feliz, pois nos lares modestos mais equilibrados é onde se encontra uma vida comunitária mais intensa" (R. Hoggart, p. 351). Só depois de tomar consciência desse conflito interior é que o educador, o pesquisador, o militante saberão descobrir a fonte de suas oscilações de humor e de suas reações bruscas a certo membro do corpo docente revestido de dignidade magistral, a uma autoridade agaloada, a um figurão empertigado na sua posição social; ou, no tempo de faculdade, as suas reações a certos estudantes muito seguros de si e acostumados a vituperar contra a sociedade de consumo que, para as classes menos favorecidas, ainda é um grande mito. Tocou-me profundamente o que Jacques Destray escreve ao narrar a sua própria história na de Gilles, estudante de sociologia: "confrontado com esse outro mundo, vi até que ponto minha infância me tinha marcado. Tenho uma raiva insaciável de todos os anos difíceis que meus pais tiveram que passar. Você acha que dá para esquecer! Coisa de nada, pois sim! Ficou guardado na gente. De vez em quando sobe até a beira dos olhos, ao longo dos braços, fazendo-nos erguer o punho bem alto; faz chegar aos nossos lábios uma velha canção que nos toca até as entranhas. Você não pode compreender o que significa para a gente uma multidão cantando a Internacional."[12] Esse dramático fenômeno de desaculturação foi vivido e descrito por Annie Ernaux num belo romance, *Les armoires vides* (Paris, Gallimard, 1974). Considerar o difícil problema da objetividade é fazer uma retrospectiva sobre si mesmo e sobre a sua socialização efetiva; é revelar o enraizamento social do sociólogo. O etnocentrismo de classe pode levar o pesquisador a interpretações forjadas por modelos inconscientes do seu *ethos* de classe. Mas esse mesmo etnocentrismo de classe pode também alimentar uma *fúria de conhecer,* de desvelar o não-dito institucional, econômico e político que subordina uma classe social a outra. A minha hipótese é que muitos dos pesquisadores atraídos pela análise institucional são oriundos da classe operária e camponesa.

### 1.1.2.2. A PRÁXIS E O PROJETO DO PESQUISADOR

Eis porque se encontra na implicação histórico-existencial a noção de *práxis* e de *projeto.*

Entre as estruturas objetivas anteriores que modelaram o meu *habitus* enquadrando as minhas práticas sociais, e as estruturas sociais atuais nas quais estou inserido por minha profissão, meu nível de cultura, minha família, etc., há uma relação dialética que se estabelece por meio da ação da práxis e do projeto individual e coletivo. O homem é um ser ativo que por isso se engaja num processo de transformação do mundo do qual é um dos elementos. O exercício dessa atividade prática dá uma experiência que lhe abre as portas do conhecimento empírico e, em seguida, do conhecimento abstrato que, por sua vez, guiará a sua atividade futura. Trata-se de um movimento de conhecimento da realidade incessantemente em via de totalização e que nunca termina. Posso estar amarrado à minha infância de classe popular, sedenta de uma cultura inacessível (logo, de uma relação com o saber nunca totalmente resolvida) e de um sistema de ensino dominado pelo fenômeno da "reprodução" cultural e social; mas só os conhecerei de fato pela práxis que, na minha profissão de professor e de animador, me coloca diante de minhas próprias contradições enquanto, simultaneamente, contribui para a transformação do instituído. É desenvolvendo o vetor conhecimento empírico/conhecimento abstrato/aplicação prática, que conheço o mundo e vou "me conhecendo". Não estou com isso negando a distinção feita por Mao Tse-Tung entre experiência direta, fonte de conhecimentos autênticos e inéditos, e experiência indireta, origem de todo conhecimento acumulado no passado por outros; nem estou negando que a prática social transformadora do mundo *e* ao mesmo tempo fonte verdadeira de conhecimento seja a que está ligada à classe ascendente ou revolucionária.[13] No campo social o conhecimento se enraíza no passado, no presente e no futuro da ação antagônica que se processa entre as classes sociais. Retomando as palavras de J.-P. Sartre: "Por conseguinte, o conhecimento é um momento da práxis, por mais rudimentar que ela seja; esse conhecimento porém não tem nada de um Saber absoluto: definido pela negação da realidade, recusado em nome da realidade a produzir, esse conhecimento permanece ligado à ação que ele explica, e com ela desaparece."[14]

O *projeto* é a vitamina da práxis. A realidade humana pode ser definida "como um determinado número de conjuntos estruturados de projetos humanos voltados para o futuro e vividos concretamente pelos indivíduos" (Lucien Goldmann).[15]

Não se pode negar o impacto das estruturas objetivas sobre o desenrolar da existência individual mas a noção de projeto leva a uma teoria da temporalidade dialética da história. Com a instância da temporalidade, a práxis deixa de ser insensata, torna-se o devir do projeto submetido ao jugo das estruturas objetivas. Como escreve J.-P. Sartre: "Tudo muda se considerarmos que a sociedade se apresenta para cada um como uma *perspectiva de futuro* e que esse futuro penetra em cada coração como uma motivação real para os seus comportamentos..." (*Questions de méthode*, p. 66). No nível existencial, o projeto ligado à práxis passa por uma totalização em quatro etapas: desejo, vontade, decisão e ação. Incorporar o desejo na vontade de agir que leva à tomada de decisão e à responsabilidade é o eixo de toda terapia e animação existenciais.[16] O projeto que anima a práxis constitui-se da vontade de transformar as relações sociais e o mundo natural no sentido de um bem-estar coletivo e de uma sociedade sem classes. É como acentua J.-P. Sartre: "(...) o que significa *fazer* a História na base das circunstâncias anteriores? Então (podemos dizer): se não distinguirmos o projeto — como superação — das circunstâncias como condições, restarão apenas objetos inertes e a História desaparece. Da mesma forma, se a relação humana for apenas um produto, já estará reificada por essência e nem se entende mais o que poderia ser a sua reificação. Nosso formalismo, que se inspira no de Marx, consiste simplesmente em lembrar que o homem faz a História na exata medida em que ela o faz."[17] Se o sujeito individual, em e por sua própria liberdade, é portador de projetos e de ações, reconheço como pertinente a crítica que Lucien Goldmann faz a J.-P. Sartre. Este atribui um lugar desmedido à mediação constituída pela estrutura psicológica dos indivíduos. Na explicação sociológica é preciso reintegrar o projeto individual na estrutura do *sujeito coletivo*. Mas "é evidente que o *sujeito coletivo*, cuja afirmação constitui a principal oposição entre a dialética e o pensamento sartriano, não tem realidade autônoma fora dos indivíduos orgânicos e das consciências individuais. O conceito de 'sujeito coletivo' significa simplesmente que um certo número de indivíduos se encontram engajados num conjunto de relações mútuas e de relações com o mundo ambiente tais, que seus comportamentos e vidas psíquicas constituem uma estrutura que torna inteligíveis algumas transformações desse mundo. Visto do exterior, o individualismo é em si uma estrutura particular do sujeito coletivo; visto do interior, o projeto de uma consciência que se pensa como individual limita-se necessariamente à morte, enquanto o projeto de uma consciência que se pensa como coletiva situa-se na dimensão histórica ou transcendente" (Lucien Goldmann).[18]

A implicação histórico-existencial, no fundo, significa que, enquanto ser social, o sujeito questionador estará sempre numa relação dialética com o objeto questionado através do canal essencial da práxis. A existência, a práxis e o projeto do pesquisador partem da história, passam pela história e voltam à história em seu vasto movimento de totalização dialética. Interrogar a implicação histórico-existencial do pesquisador é o mesmo que esclarecer a transversalidade histórica e mediatizada que estrutura e dinamiza o conjunto de seus projetos proclamados, de suas práticas em andamento e de seus produtos realizados. Na minha problemática, esse nível de implicação constitui o elemento fundamental de toda reflexão crítica sobre a minha prática social. É aprofundando esse nível de implicação que se pode interpretar com o máximo de objetivação o impacto psicoafetivo e o impacto estrutural-profissional presentes na pesquisa-ação.

### *1.1.3. A Implicação Estrutural-Profissional*

O nível estrutural-profissional da implicação é por excelência o da mediação. De todas as mediações possíveis (família, religião, política, sexualidade, jogos, etc.) a atividade profissional e o seu princípio de realidade permitem avaliar a importância das duas dimensões já examinadas. Ser, numa sociedade capitalista, membro de um destacamento da polícia militar ou operário metalúrgico militante já indica bem as diferenças que existem na implicação psicoafetiva e histórico-existencial de cada um desses indivíduos. Como é fácil compreender, os marxistas ressaltaram a importância do fator trabalho na estrutura psicológica do indivíduo. Sobre o assunto, escreve Lucien Sève: "O trabalho, no sentido mais amplo do termo — e qualquer responsável com experiência do movimento operário sabe disso — é não apenas o melhor gradímetro das capacidades fundamentais do indivíduo mas também fornece, a quem sabe examiná-la, a radiografia minuciosa da estrutura de sua personalidade, de suas forças e de seus defeitos."[19] Toda abordagem psicanalítica fica incompleta no que diz respeito à implicação porque a psicanálise se elaborou considerando o ser humano fora da esfera do trabalho. Nunca se poderá compreender a psicologia do herói de "Accatone", filme de Pier Paolo Pasolini que retrata o círculo vicioso da pobreza no qual está encerrado um rapaz do subúrbio de Roma, se não se fizer intervir a noção marxista de sentido do trabalho social. A revolta do herói contra uma atividade laboriosa totalmente alienada e alienante, ou melhor, reificada pelo estado das relações de produção na sociedade capitalista italiana, herói que acaba escolhendo como único recurso o proxenetismo e o roubo, renunciando ao amor que tem por uma mulher, é algo que só uma análise marxista, baseada no trabalho e na sua significação social, pode explicar.

A implicação estrutural-profissional consiste, pois, na procura dos elementos que têm sentido com referência ao trabalho social do pesquisador e ao seu enraizamento sócio-econômico na sociedade contemporânea. Toda profissão apresenta um não-dito institucional que é a sua posição no campo das relações de produção e do sistema de valores que lhe dá coerência interna. A atitude individual do profissional depende do papel social de sua profissão dentro de um mercado de trabalho estruturado pelas relações de classe. Os psicossociólogos americanos mostraram que, ao mudar de papel, muda-se de atitude (S. Lieberman).[20] Fazer pesquisa-ação em ciências sociais é assumir o risco, que a sociologia acadêmica não conhece *concretamente,* de ser interrogado sobre o papel e a função que se exerce como pesquisador e "especialista" na sociedade, isto é, aceitar uma interpelação sobre o sistema de valores e de atitudes (do pesquisador) do qual depende o equilíbrio da personalidade. É chocar-se a cada instante com o muro da contradição entre o *projeto* histórico e existencial que é sempre "uma primavera inaudita espalhada entre as estações / e até sob as axilas da morte" (René Char),* e a realidade estrutural da ação profissional com suas injunções e seus limites econômicos, políticos e científicos. Pude observar muito bem o impacto dessa implicação estrutural-profissional junto aos colegas que animaram uma sessão de formação de monitores no âmbito do OFAJ: depois de terem pedido para deixar o trabalho não-remunerado e de tomarem as respectivas medidas (decisão de não fazer o estágio), voltaram atrás porque o OFAJ, como instituição, lhes oferecia meios excepcionais de experimentação pedagógica. Eu mesmo, durante uma discussão num estágio de análise institucional com Georges Lapassade e Rémi Hess em Vincennes, percebi que me autocensurei, ao fazer o relatório da referida sessão para o OFAJ, quanto a problemas vividos durante o estágio, que mostravam a homossexualidade latente de um dos participantes (e a reprimida de muitos outros, inclusive de alguns

---

* *"un printemps inouï éparpillé parmi les saisons
et jusque sous les aisselles de la mort"*

animadores). Falar disso não seria contribuir para apontar uma personalidade desviante segundo as normas da animação dos jovens e, assim, impedi-lo de ter acesso a essa atividade profissional? E, pelo interesse que eu tinha em trabalhar nas condições oferecidas ao pesquisador pelo OFAJ,* falar disso não seria arriscar-me a ser despedido por ter ido longe demais na análise das situações libidinais no interior do grupo? É claro que só posteriormente me ocorreram essas dúvidas sobre a implicação estrutural-profissional. Na hora, pensei ter dito tudo: desconhecia a ação inconsciente desse nível de implicação. Acontece o mesmo na universidade onde a minha atuação como professor "contestador" permanece sempre limitada por minha implicação profissional (sou professor universitário), ao contrário dos colegas que são animadores como eu (no CEPREG) e cuja verdadeira implicação está alhures.

Por conseguinte, na pesquisa-ação e na animação nossa única liberdade é a liberdade de *agir em contradição* porque está *metida* num túnel onde fica a encruzilhada do compromisso com o comprometimento; nesse sentido, como diz D. Hameline, "o agente de mudança é um agente duplo e sempre sujeito a ser passado para trás".[21]

É fácil perceber que os diferentes níveis de implicação se interpenetram e agem um sobre o outro. Assim, os níveis psicoafetivo e histórico-existencial transpassam o nível estrutural-profissional. A socialização nas classes populares tece uma rede de *habitus* de classe na qual a noção de *insegurança*** *social* assume lugar preponderante (desemprego na vida profissional, exclusão e bloqueio na escola). As relações com o dinheiro, com o saber e com o poder ficam profundamente marcadas e constituem pontos de referência, balizas, no campo dos possíveis profissionais. Daí resulta uma oscilação entre a obsessão por segurança, tipicamente pequeno-burguesa (o filho de operário torna-se professor-funcionário), e uma inclinação fundamental pela falta de segurança social que, ao impor o obstáculo a ser transposto a qualquer preço, favoreceu durante a

* Nessa época, 1974; de lá para cá, infelizmente, o peso burocrático do OFAJ imobiliza cada vez mais a equipe instituinte do grupo de pesquisa e de formação. Onde milhares de jovens se reúnem, a pesquisa pedagógica passa a ser considerada um perigo!

** *insécurité*, no original; jogo de palavras, pois a *Sécurité Sociale* é o sistema previdenciário francês. [N. da T.]

infância a emergência do campo existencial. Se, "a *segurança* proporcionada pela certeza íntima de poder contar com uma série de 'redes de proteção' está na base de todas as *audácias,* inclusive as intelectuais, que a insegurança ansiosa de segurança proíbe aos pequenos-burgueses" (P. Bourdieu),[22] o pesquisador-animador oriundo das classes populares, justamente por não vir da classe média, é capaz de dar o salto da segurança para a insegurança social com uma franqueza e rapidez que parecerão incompreensíveis a quem possui um outro *ethos* de classe. Para tanto, basta que se esboce um movimento social onde ele reative a "consciência possível" (L. Goldmann) da sua classe de origem (como, por exemplo, em maio de 1968). As relações com o dinheiro (logo, com a situação profissional "lucrativa") servem de ótimo exemplo. Nas classes populares, o fato de não se saber como vai ser o dia seguinte provoca uma prodigalidade "irracional": "a gente não é rica mas sabe viver bem"; "a gente não gosta de pão-durismo", "dia de pagamento a gente festeja sem esperar nem planejar o dia seguinte". Se "a vida não é um mar de rosas", sabe-se que "quem viver verá"; "A esse respeito, os membros das classes populares sempre foram os epicuristas da vida quotidiana" (R. Hoggart, p. 183). Quem viveu nesse ambiente sempre terá uma relação peculiar com o dinheiro e com a situação material. Nesse caso, o pesquisador-animador nunca será o pequeno-burguês tão bem definido por P. Bourdieu como "um proletário que se faz pequeno para tornar-se burguês" (nota 20, p. 25) e a sua implicação estrutural-profissional ficará severamente submetida à crítica corrosiva do seu *habitus* de classe.

## 1.2. Implicação, Instituição e Campo de Intervenção

### *1.2.1. Definição do Conceito de Implicação em Ciências Humanas Clínicas*

Os parágrafos precedentes me ajudam a formular agora uma definição de *implicação.* O dicionário não traz nada de especial. Implicar vem do latim *implicare*: envolver em, comprometer em, e significa, em sentido figurado, encerrar, conter implicitamente. Implicação (do latim *implicatio*) é um termo jurídico: ação de implicar uma pessoa numa ação. Em lógica, é o estado daquilo que implica contradição. Modernamente, o fato de que uma idéia (noção ou proposição) acarreta uma outra, ou sob a forma de uma conseqüência necessária, ou por ligação experimental (Larousse du XX siècle, t. IV). Vou considerar os elementos de *engajamento em* e de *conseqüência necessária.*

A *implicação,* no campo das ciências humanas, pode ser então definida como *o engajamento pessoal e coletivo do pesquisador em e por sua práxis científica, em função de sua história familiar e libidinal, de suas posições passada e atual nas relações de produção e de classe, e de seu projeto sócio-político em ato, de tal modo que o investimento que resulte inevitavelmente de tudo isso seja parte integrante e dinâmica de toda atividade de conhecimento.*

Diante do campo de intervenção com o qual ele forma um sistema, o pesquisador na pesquisa-ação precisa levar em conta a sua implicação. Seja o campo de intervenção um estabelecimento (escola, prisão, fábrica), um grupo informal (FHAR, MLF, comunidade *hippie*) ou bem mais amplo (bairro de uma cidade, vilarejo) ou ainda um grupo institucionalizado (os psicanalistas), o sociólogo institucional, que procura detectar nos campos de intervenção a ação latente ou manifesta das instituições, deve sempre admitir que ele também está *implicado,* como todos os atores sociais com os quais lida na sua prática profissional.

O perímetro de intervenção pode ser estudado sob duas dimensões essenciais: a dimensão sistêmica ou lógico-funcional e a dimensão libidinal, freqüentemente conflitantes (desejo de ordem e contra-ordem do Desejo), nas quais o tempo, a história, introduz a dialética do instituinte e do instituído. O estudo da dimensão sistêmica supõe a análise de vários níveis:

— os meios, os produtos (base material)
— os homens e suas práticas (base social)
— o código e as linguagens funcionais (base comunicacional)
— as práticas proclamadas (base ideológica)

dos quais se procura compreender, num conjunto necessariamente dinâmico e considerando-se a dialética do instituído e do instituinte sempre presentes mesmo no instante, a *estrutura significativa* no sentido do estruturalismo genético: "A coerência estrutural não é uma realidade estática mas sim uma virtualidade dinâmica no interior dos grupos, uma estrutura significativa para a qual tendem o pensamento, a afetividade e o comportamento dos indivíduos (...)."[23]

A instalação de analisadores construídos ou a descoberta de analisadores naturais pelo sociólogo institucional na sua pesquisa-ação são elementos importantes para o destaque dessa estrutura significativa do campo de intervenção. Os socianalistas, por exemplo, insistem no desvio organizacional, ideológico e libidinal, para captar o fenômeno instituinte no perímetro de intervenção.

A dimensão libidinal é a mais abafada pelos pesquisadores em ciências humanas porque representa o grão de areia que bloqueia a bela engrenagem arduamente elaborada pelo pesquisador para tornar racionais os elementos do campo. E, contudo, o analista institucional que persegue principalmente a constelação do *poder* que vai do centro à periferia não pode ignorar que o poder possui uma carga erótica. Somente levando em conta esse aspecto do problema é que ele poderá descobrir os analisadores da quotidianidade. Como relembra Michel Foucault a propósito da moda "retro" no cinema atual: "Todo o imaginário erótico medíocre se encontra atualmente sob o signo do nazismo (...) Essa espécie de ligação afetiva, erótica, esse desejo que temos do poder, o poder que se exerce sobre você, não existe mais. A monarquia e seus rituais foram feitos para suscitar essa espécie de relação erótica com o poder. Até os grandes aparelhos stalinistas e hitleristas também foram feitos para isso. Mas tudo virou ruínas (...) o que está acontecendo hoje em dia? Será um início de re-erotização do poder, levada a extremos ridículos, lamentáveis, pelas lojas pornô com insígnias nazistas, como se vê nos Estados Unidos?"[24] Numa organização, não é tanto o desviante ideológico (o contestador no nível do discurso da ordem estabelecida), nem o desviante organizacional (aquele que propõe uma outra estrutura de organização na ordem da racionalidade), mas sim o desviante libidinal (o que introduz o louco poder, o imaginário delirante, a realidade do irracional na irrealidade do racional) que mais amedronta o poder constituído. É que a loucura nas estruturas sociais revela as estruturas sociais da loucura: insuportável revelação!

### *1.2.2. Tipologia da Implicação do Pesquisador na Pesquisa*

Vamos tentar esboçar a tipologia das situações de implicação do pesquisador no seu perímetro de intervenção. Três situações fundamentais podem ser destacadas (cf. quadro à p. 123).

### 1.2.2.1. SITUAÇÃO DE FUSÃO (COLUNA A) E DE OPOSIÇÃO (COLUNA D)

A implicação do pesquisador, vista sob o ângulo dos três níveis — psicoafetivo, histórico-existencial e estrutural-profissional — é orientada positivamente em relação às duas dimensões sistêmica e libidinal do perímetro de intervenção. O pesquisador tem muita probabilidade de entrar num estado de fusão com o seu campo de pesquisa-ação. Uma situação que excluísse toda relação dialética entre o pesquisador e o seu campo de intervenção não seria ideal para se chegar à descoberta em ciências humanas. Toda descoberta não é uma explosão contra o hábito?

O máximo de relações antagônicas entre o pesquisador e o seu objeto de estudo caracteriza-se pela situação em que a implicação global do pesquisador se opõe ponto por ponto ao que ele percebe no campo de intervenção. Não é absurdo pensar que na pesquisa-ação essa situação é mais frutuosa que a precedente, apesar do trabalho e dos riscos serem maiores. Como exemplo, há a ação sociopedagógica conduzida por R. Lourau em sua universidade. Nesse caso, o pesquisador coletivo foi representado pelo departamento de sociologia com seus professores e alunos, e o campo de intervenção, pela Universidade de Poitiers com o seu reitor e seus "mandarins". O "caso Lourau" foi, sob esse ângulo, a crise-análise implicacional que revelou, no campo de intervenção local, a estrutura latente da violência simbólica de toda a universidade francesa.

### 1.2.2.2. SITUAÇÕES DE TENSÃO DIALÉTICA (COLUNAS B e C)

Na prática são as situações mais freqüentes. Convém distinguir duas fontes de tensão dialética.

a) *Situação de tensão por oposição à dimensão sistêmica do perímetro de intervenção (coluna B)*

A implicação do pesquisador, total ou parcial (se menos de três níveis de implicação forem considerados: b, b', b"), choca-se dialeticamente com a dimensão sistêmica do perímetro de intervenção. A lógica organizacional, econômica, política, ideológica do campo de intervenção perturba a implicação do pesquisador e principalmente o seu nível histórico-existencial. O pesquisador corre o risco de tornar-se desviante organizacional e ideológico e, como tal, "analisador" da situação. Mesmo assim, ele está em consonância com a dimensão libidinal do campo de intervenção e aí encontra benefícios secundários que tornam suportável a situação conflitante. Um sociólogo que faça uma pesquisa-ação nas "tribos efêmeras" do Movimento do Potencial Humano logo se encontra nesse quadro, como o demonstrou a presença ativa de socianalistas em um estágio franco-alemão (Le Meux) que fez explodir um dos múltiplos organismos do Potencial Humano (CENTRE) cujos membros foram imediatamente assimilados pelo Club Méditerranée.

b) *Situação de tensão por oposição à dimensão libidinal do perímetro de intervenção*

A implicação do pesquisador, total ou parcial (c, c' e c"), entra em conflito com a rede das relações libidinais que se manifesta no campo de intervenção, mas concorda com a dimensão sistêmica. O pesquisador é um desviante libidinal mas encontra benefícios secundários substanciais num acordo parcial ou total com a lógica organizacional, econômica, política e ideológica do campo de intervenção. Não é fácil assumir essa situação porque os analisadores surgem a cada passo, de tal modo a dimensão libidinal é repressiva (super-repressiva, diz H. Marcuse) nas organizações contemporâneas. Num estágio que animei numa organização chamada de educação popular e de criatividade, bastou que se começasse um "grupo de encontro" centrado no corpo, e que alguns estagiários mudassem de lugar uns colchões, para que o responsável pela hospedagem se pusesse a brandir as suas armas institucionais, desencadeando uma reação em todos os níveis hierárquicos da organização e me proibindo para sempre de fazer estágios no instituto onde habitualmente eu trabalhava.

A tipologia pode ser resumida no seguinte quadro:

Perímetro de intervenção

dimensão sistêmica

| implicações | fusão | | tensão | oposição |
|---|---|---|---|---|
| | A | B | C | D |
| nível psicoafetivo (a, b, c, d) | a | b | c | d |
| nível histórico-existencial (a', b', c', d') | a' | b' | c' | d' |
| nível estrutural-profissional (a", b", c", d") | a" | b" | c" | d" |
| | fusão | | tensão | oposição |

dimensão libidinal

Perímetro de intervenção

### *1.2.3. Casos Práticos de Implicação Dialética*

A atividade de pesquisa se exerce integralmente nas outras situações: sistema (A; D) ou (B; C) (cf. p. 123), ou qualquer outra combinação entre os extremos. Fornecerei alguns exemplos tirados da minha prática.

Uma firma multinacional, por intermédio de um amigo responsável da unidade de formação em ciências humanas, me pediu para fazer uma intervenção junto a altos executivos durante um seminário de cultura geral "à americana". O tema da minha "conferência" era o estudo crítico do sistema de ensino francês. Eu tinha posto como condição a ampla liberdade de palavra e de opinião, e todos conheciam os meus princípios filosóficos e políticos. A remuneração era alta, o que para um professor como eu não é sem importância. Por outro lado, enfrentar um público desse tipo pode ser de algum interesse no nível intelectual e profissional (a"). Mas o meu ceticismo quanto à eficácia dessa ação em relação à mudança social e minha ligação com a problemática marxista me levavam mais para as situações de tensão b e b' do que para os outros níveis de implicação. No plano libidinal do estágio, a ausência total de mulheres, a idade e a maturidade racionalizante dos diretores que estavam presentes, me orientaram para uma implicação de tipo oposicional (coluna D). O meu colega e amigo sociólogo que intervinha junto comigo estava ainda mais em oposição. Permanecer numa posição de pesquisadores neutralistas e weberianos que empanturram, com as últimas novidades, um grupo de executivos não era posísvel. Rapidamente o fato de estar nas situações de tensão e de oposição foi acentuando as diferenças de idéias entre nós e os estagiários e, depois, pouco a pouco, entre os próprios estagiários. Em vez de nos comportarmos como cientistas "ajuizados", demos a perceber quem éramos, sem esconder as nossas opções político-econômicas. Criticamos o sistema de ensino e sua função discriminatória, reprodutora das relações sociais entre classes, o que atingiu em cheio os executivos abalados intelectual e afetivamente. Eles também se sentiram atingidos pelo que estava sendo dito pois tinham filhos na universidade. Começaram a fazer perguntas uns aos outros. Apesar do entendimento, do "consenso da casa", deixaram escapar algumas discordâncias. Apareceram brechas. O momento universal da organização sofreu o choque da particularidade do nosso discurso. Também nós fomos interpelados pela sua fala empolada, expressão de um sistema sócio-econômico reificante.

Outro caso: num estágio de aperfeiçoamento de monitores, onde se combinavam animação e pesquisa pedagógica, achei-me mais ou menos na situação da coluna A. Entretanto, em certo momento do estágio, encontrei-me de repente colocado nas situações b e b', em oposição à situação a". O que aconteceu? Estavam fazendo um exercício de expressão corporal e eu, de fora, só observava. Cada participante devia inventar um gesto que os outros em seguida faziam junto com ele. Era um grupo franco-alemão de rapazes e moças de 20 a 30 anos. Ao chegar a vez de um rapaz alemão, o tipo do camponês forte, ele ergueu o braço na saudação hitlerista. Os outros fizeram de conta que não haviam entendido e levantaram o braço em qualquer direção. O rapaz corrigiu a posição e bateu os calcanhares. Reação imediata de todos. Pararam o exercício e passaram para outra coisa.

Não fiquei indiferente ao fato. Senti-me extraordinariamente atingido porque minha família sofreu muito com o nazismo. Sou absolutamente intolerante a essa forma de expressão política ou a qualquer coisa que se pareça com ela. Assim que ele ergueu o braço, entendi e tive vontade de gritar "chega"! Felizmente não fui o único a repudiar essa brincadeira grotesca que talvez pretendesse ser engraçada (?), e o grupo não aderiu. O caso ficou por isso mesmo. Não intervim imediatamente por motivos pedagógicos, mas guardei o fato na memória. Alguns dias depois, durante a análise das transversalidades do grupo, pude trazê-lo à discussão e ver então todas as conotações e os não-ditos passados e atuais.

Ainda um exemplo: na universidade, os alunos do Institut Universitaire de Technologie (IUT) onde sou professor decidiram fazer uma pesquisa por questionário junto aos ex-alunos que obtiveram diploma na área de Administração do Pessoal. Queriam saber o que havia acontecido com eles, se o IUT lhes tinha sido útil, se haviam encontrado emprego, etc. No início, a motivação era bem corporatista e a minha implicação bastante moderada. O assunto me interessava numa perspectiva mais política. No ângulo da autogestão pedagógica eu deveria dialogar com os alunos para que percebessem que a minha implicação na pesquisa podia ser diferente da deles, a qual nem por isso eu iria deixar de considerar. O resultado desse esclarecimento forneceu uma hipótese original de pesquisa. Num outro caso, fui chamado como consultor por uma associação de educação popular para discutir com um grupo de animadores de bairro que desejavam fazer uma pesquisa participante. Eu tinha que lhes explicar a técnica de pesquisa. Sem perceber, comecei a utilizar o meu saber e a minha linguagem universitária. Apesar da minha implicação nesse tipo de intervenção (coluna A) ser real e positiva, e de eu registrar a boa atmosfera libidinal que existia no grupo, minha implicação estrutural-profissional de professor interferiu negativamente no perímetro de intervenção. Muito lúcidos, os animadores logo interromperam minha exposição técnica e me explicaram que não se tratava bem de uma pesquisa "científica" cheia de testes estatísticos, mas sim de promover a animação do bairro pelos principais interessados, os moradores, a partir de uma pesquisa que os motivasse. Esse chamado à ordem me fez perceber a sonora inanidade de minhas técnicas quando o conhecimento do social (a sociologia) deve ser feito por todos. Como informação, é bom lembrar que não existem muitos livros publicados sobre pesquisa participante. O que mostra, mais uma vez, a verdadeira função social da sociologia erudita, feita de linguagem elitista e de rabiscos matemáticos: com certeza nem Raymond Boudon nem Raymond Aron escreveriam um livro claro e útil sobre a pesquisa participante. A ideologia científica oficial na ordem das ciências sociais prefere as pesquisas burocráticas sobre problemas mal formulados como o "Livro branco da juventude" de R. Haby e F. Missoffe: muito dinheiro jogado fora para nada, a não ser para despistar a opinião pública (100.000 questionários enviados, 7% de respostas).

Para concluir este assunto, convém insistir nas relações intrínsecas existentes entre a implicação do pesquisador e dos atores sociais, entre a animação e a pesquisa-ação. Os primeiros a perceberem isso foram alguns etnólogos contemporâneos como Laurence Wylie[25] que se instalou no local de sua intervenção juntamente com a família e não escondeu os motivos de sua presença. Para se integrar à estrutura social do vilarejo, tornou-se um animador. Wylie conta como foi: "Eu tirava fotos dos bombeiros durante as manobras de exercício no domingo de manhã. Durante a semana eu mandava revelar e depois entregava um conjunto de fotos para cada um dos bombeiros. Com isso, o meu papel ficou definido: eu era o fotógrafo do vilarejo (...) Posso garantir que a minha curta carreira de fotógrafo foi bem útil para o livro, pelos contatos naturais que através dela estabeleci com o pessoal de Peyrane." A análise das implicações no campo de pesquisa é essencial e deve ser feita pelo grupo em questão, considerado como pesquisador coletivo. O direito de todos a essa análise deve ser reconhecido na ação a fim de denunciar a pseudo-objetividade do erudito em ciências humanas que, indiferente ao trabalho dos outros, entra na sua torre de marfim. Como escreve Jacques Ardoino: "A indiferença com que cada um considera o trabalho do outro é chocante num mundo onde o pesquisador, o especialista ou o escritor deveriam estar junto com o homem de ação, ou seja, com o militante. Pois uma reforma não pode ser promovida apenas de fora, no patamar das superestruturas e dos decretos institucionais, se não for também feita de dentro, pelas aspirações daqueles que afinal vão efetuá-la."[26]

## REFERÊNCIAS BIBLIOGRÁFICAS


1. É no âmbito da pedagogia universitária, da pesquisa em sociopedagogia e em análise institucional, e da animação de grupos de formação, que exerço minhas funções. São tirados daí os exemplos que apresento neste estudo, referentes à minha ação como pesquisador consultor e animador de grupos de formação de animadores, junto ao Ofício Franco-Alemão para a Juventude (OFAJ). Esse organismo internacional, e principalmente o seu serviço de pesquisa e formação, tem o grande mérito de financiar pesquisas de vanguarda em psico-sociopedagogia (cf. o grupo de encontro, onde convergem a bioenergia e a análise institucional, animado por Georges Lapassade, Patrice Ville e Rémi Hess, no castelo de Meux, perto de Compiègne, em julho de 1974) apesar da resistência institucional às atividades de pesquisa. Cf.:
   — René Barbier: "Une expérience de pédagogie institutionnelle à l'IUT de Saint-Denis", rev. *Orientations*, 50: 217-226;
   — René Barbier: "Une analyse psychosociologique d'une formation pour des conseillers de séjour" in *Protocoles I — L'Intervention dans les organisations et les institutions* (obra coletiva), Paris, Epi, 1974 (nova coleção dirigida por J. Ardoino).
2. Erving Goffman, *Asiles,* Paris, Ed. de Minuit, 1968.
3. Ronald Laing, *Le moi divisé,* Paris, Stock, 1970, p. 27 ss. [Ed. bras.: *O eu dividido,* Petrópolis, Vozes, 1982].
4. Ver sobre o caso os documentos divulgados pelo comitê de defesa das liberdades pedagógicas e de apoio a René Lourau, aos cuidados de Gabillard, 20, avenue de l'Europe, Poitiers 86000. Sabe-se que a comissão de disciplina preferiu abafar o caso, sem discuti-lo, invocando a lei de anistia de julho de 1974. René Lourau não foi mais incomodado mas os problemas que surgiram são uma bomba-relógio numa universidade imóvel. O reitor apelou e Lourau foi transferido para Vincennes (Paris VIII) que, atualmente, funciona em La-Seine-Saint-Denis.
5. Michel Sapir, *La formation psychologique du médecin,* Paris, Payot, 1972.
6. "Service social et familles socialement handicapées", *Informations Sociales,* 11, 1969.

7. Fernand Oury e J. Pain, *Chronique de l'école-caserne*, Paris, Maspero, 1972.
8. Gérard Mendel, *Pour décoloniser l'enfant, sociopsychanalyse de l'autorité*, Paris, Payot, 1971, p. 245. [Ed. port.: *Para descolonizar a criança*, Lisboa, Dom Quixote, 1973].
9. Max Pagès, "La libération du corps", *L'Homme et la Société*, 29-30, 1974.
10. Pierre Bourdieu, *Esquisse d'une théorie de la pratique*, Genève-Paris, Librairie Droz, 1972, p. 163. Nesse livro fundamental para o nosso questionamento epistemológico, P. Bourdieu tenta situar a sua problemática entre o subjetivismo fenomenológico e o objetivismo positivista.
11. Richard Hoggart, *La culture du pauvre*, apresentação de J.-Cl. Passeron, Paris, Ed. de Minuit, 1970.
12. Jacques Destray, *La vie d'une famille ouvrière, autobiographies*, Paris, Seuil, 1971, p. 154.
13. Mao Tse Toung, "De la pratique", in *Quatre essais philosophiques*, Pequim, 1967.
14. Jean-Paul Sartre, *Question de méthode*, in *Critique de la raison dialectique*, Paris, Gallimard, 1960, p. 64.
15. Lucien Goldmann, *Marxisme et sciences humaines*, Paris, Gallimard. Col. Idées, 1970.
16. Cf. Rollo May, *Le désir d'être, psychothérapie existentielle*, Paris, Epi, 1972, Ludwig Binswanger, *Introduction à l'analyse existentielle*, Paris, Ed. de Minuit, 1971.
17. Jean-Paul Sartre, *Critique de la raison dialectique, op. cit.*, p. 180.
18. Lucien Goldmann, *Marxisme et sciences humaines, op. cit.*, p. 249, nota de pé de página.
19. Lucien Sève, *Marxisme et théorie de la personnalité*, 2.ª ed., Paris, Ed. Sociales, 1972, p. 208.
20. Seymour Lieberman, "Les effets du changement de rôles sur les attitudes des titulaires de ce rôle", traduzido em francês em Henri Mendras, *Eléments de sociologie, textes*, Paris, A. Colin, Col. U 2, pp. 353-382.
21. Daniel Hameline, "La créativité: fortune d'un concept ou concept de fortune?", *Orientations*, t. 13, 47: pp. 3-21, jul. 1973.
22. Pierre Bourdieu, "Avenir de classe et causalité du probable", *Revue Française de Sociologie*, XV, 3-42: p. 14, 1974.
23. Lucien Goldmann, *Recherches dialectiques*, Paris, Gallimard, 1959, p. 108
24. *Cahiers du Cinéma*, 25-252, jul. 1974.
25. Laurence Wylie, *Un village dans le Vaucluse*, Paris, Gallimard, 1948.
26. Jacques Ardoino, *Propos actuels sur l'éducation*, 5.ª ed., Paris, Gauthier-Villars, 1971, p. 317.

# 2

# Problemática e Metodologia da Pesquisa-Ação Institucional

## 2.1. Reflexões sobre o Conceito de "Instituição"

O conceito de instituição é impreciso, com duplo sentido:
— por um lado, como é empregado comumente, designa seja um estabelecimento (a instituição Joana d'Arc), seja um sistema honorífico (a instituição da Legião de Honra), seja um serviço público ou privado (a instituição do Serviço Social), seja um símbolo nacional (a instituição do hino nacional), seja uma nova disciplina científica (a instituição da psicanálise ou psicanalismo), seja um sistema jurídico (a instituição do direito judiciário privado), etc.;
— por outro lado, a instituição está em tudo, pois tanto se pode falar em nível geral (as instituições da república) como em nível pessoal (limitação psicológica e real da escolha de cônjuge pela instituição da proibição do incesto e sistema de parentesco). Mais precisamente, a instituição se encontra em filigrana e sem descontinuidade, do macrossocial ao microssocial, com um simbolismo quase sempre inconsciente e mesmo assim bastante impositivo.

### *2.1.1. Definição, Histórico e Enraizamento Social do Conceito*

Etimologicamente, instituição é a coisa estabelecida. Vem do latim *instituere,* colocar em; no sentido próprio e no figurado: estabelecer, construir, preparar, fundar, regulamentar, dispor, introduzir em uso; começar, iniciar, empreender, pôr-se a, resolver-se a; adestrar, ensinar, instruir.

Essa riqueza etimológica torna o conceito ambíguo. Só na Idade Média é que a língua francesa vai considerar mais especificamente o sentido político do termo, através da função de educação ou de instrução, apesar de instrução vir do latim *instruere*: estabelecer, cravar em, construir, elevar, erguer; arrumar, dispor; munir, prover, equipar, aparelhar, instruir, moldar. Como assinala J. Ardoino: "Assim é muito antiga a marca da relação entre o pedagógico e o político, sobre a qual insistimos."[1]

O dicionário Robert considera como instituição:

1) a — ação de instituir (v. estabelecimeento, fundação).
b — por extensão, se diz da *coisa instituída* (pessoa moral, grupo, fundação, regime legal, social). Absoluto: as instituições, o conjunto das formas de estruturas fundamentais de organização social tais como são estabelecidas pela lei ou pelo costume de determinado grupo humano, e mais especialmente as que são do domínio do direito público.
2) a — ação de instruir e de formar pela educação.
b — por extensão, estabelecimento privado de educação e de instrução.

O Littré acrescenta: "tudo o que é inventado e estabelecido pelo homem em oposição ao que é natural. O que é de instituição é sujeito à mudança."

É evidente que para o pesquisador em ciências sociais essa definição do conceito não adianta muito. A vontade é de deixá-lo cair no esquecimento do vocabulário da sociologia espontânea (como Gurvitch). Há no entanto pesquisadores persistentes que procuram conhecer a história e o perfil do conceito pois sabem que, deixá-lo cair no esquecimento, seria *esquecer* que o vocabulário do senso comum é *vivo,* isto é, instituinte.

Em sua tese, René Lourau procura explicitar a história do conceito.[2] Mostra, especialmente, que o sentido do conceito de instituição modificou-se muito de um século para cá. Foi com a Revolução Francesa que a instituição tomou impulso: as massas populares tiveram a palavra a respeito das instituições e o sujeito da história não é mais um Espírito absoluto, encarnado nas instituições-coisas, mas uma ação instituinte das massas contra a ordem estabelecida. Como sempre, a gênese social precede a gênese teórica, e a categoria de instituição torna-se a noção-chave da filosofia natural e da linguagem política. Apesar de tudo, a filosofia do direito tenta devolver ao conceito o conteúdo trans-histórico de invariante social, depois da Revolução Francesa (Hegel), com uma regressão conservadora que se encontra em Joseph de Maistre, em de Bonald e em Auguste Comte.

Marx não teve tempo para aprofundar a questão da ideologia embora a sua crítica radical da filosofia do direito de Hegel o tenha levado a propor um conceito de instituição muito calcado ainda nos aspectos jurídico e legislativo, colocando-a como parte integrante da superestrutura, ao lado da ideologia.

Os primeiros sociólogos (Spencer, Pareto, Weber, Durkheim) trataram o conceito na perspectiva clássica e conservadora. O instituinte revolucionário, recebido de Rousseau, escapou do cercado da sociologia acadêmica como um cavalo selvagem. Apenas uns poucos grupos de tendência libertária do Movimento Operário perceberam a força vital do conceito. Após Durkheim, que pensou a sociologia como ciência das instituições, Fauconnet e Mauss tentaram arrancar o conceito dos subsolos ideológicos e metafísicos. Injunções sociais e consciência coletiva foram, a partir de então, conceitos ligados ao de instituição. Max Weber chegou mais longe mostrando a *força nua* como suporte único, em dados momentos, da instituição. No entanto, a insignificância e o caráter ainda muito impreciso do conceito provocaram a reprovação de Gurvitch, enquanto, aos poucos, os conceitos de estrutura e de sistema fascinaram tanto os membros da confraria acadêmica, que, para eles, a instituição não passa de uma ruína conceitual que, no máximo, se visita como monumento histórico durante o curso universitário.

Mas felizmente nem todo o mundo se deixa cegar pela operação espetacular do estruturalismo. Cornelius Castoriadis (aliás, Paul Cardan) apresenta a instituição sob o aspecto revolucionário, a partir de uma leitura lingüística. Os textos que ele publicou na revista *Socialisme ou Barbarie,* nos anos 1964-65, foram editados em 1975 pelas Edições do Seuil, com o título de *L'Institution imaginaire de la société.* Para C. Castoriadis, não se deve representar a instituição de maneira unívoca, sob o ângulo econômico e funcional, mas sim procurar compreender a sua dimensão simbólica e imaginária. Uma dada organização da economia, um sistema de direito, um poder instituído, uma religião existem socialmente como sistemas simbólicos sancionados. Consistem em relacionar com símbolos (significantes) os significados (representações, ordens, injunções para fazer ou não fazer...) que cada membro da sociedade encontra quando nasce e que remetem a um imaginário social cujo caráter, no fim de contas *radical* e imprevisível, abre na sociedade vigente a brecha do distúrbio, da descontinuidade e da mutação. A ordem institucional simbólica torna-se uma linguagem que convém analisar como um sistema de significantes, que possui lógica própria e é levado pelo imaginário social. Assim, Castoriadis define a instituição como "uma rede simbólica, socialmente sancionada. na qual se combinam em proporções e relações variáveis um componente funcional e um componente imaginário. A alienação é a autonomização e o domínio do momento imaginário na instituição, que acarreta a autonomização e o domínio da instituição relativamente à sociedade. Essa autonomização da instituição se expressa e se encarna na materialidade da vida social mas também supõe sempre que a sociedade vive as relações com as suas instituições no modo do imaginário, ou seja, não reconhece no imaginário das instituições o seu próprio produto".[3]

Paradoxalmente, no momento em que o conceito desapareceu em sociologia, ele se implantou na prática clínica do hospital psiquiátrico. Desde 1952 Daumezon o retomou e a corrente da psicoterapia institucional (Tosquelles, Torrubia, Racine, Gentis, Guattari, J. Oury, etc.) atribuiu-lhe todo o peso teórico-prático do vivido. A ligação com a pedagogia institucional deu-se em 1963 quando R. Lourau e G. Lapassade se encontraram com F. Tosquelles em Marjeval (perto de Saint-Alban). Em fins de 1964, o grupo de pedagogia institucional — GPI — com Louran, Lobrot, Y. Janin, Fl. Ribon, B. Bessière, F. Fontvieille, se constituiu com um projeto de tipo autogestionário e psicossociológico, ao lado de uma outra corrente proposta por F. Oury, mais próxima da equipe de psicoterapia institucional e da psicanálise lacaniana. A tendência socianalítica de R. Lourau e G. Lapassade, onde se nota mais a influência decisiva de C. Castoriadis, deu nova vida teórica e prática ao conceito de instituição nas ciências sociais, apesar da hostilidade declarada de grande parte da sociologia erudita.[4]

### *2.1.2. A Dialética do Conceito de Instituição*

No decorrer de sua história, a instituição perdeu, pois, a sua substância viva: a negatividade em ato, o potencial contestador. Tornando-se esquelético, moribundo, o conceito foi rejeitado do campo científico mas retomou novo vigor ao cair nos jardins circulares das práticas psiquiátricas e pedagógicas, enquanto Castoriadis ia-lhe fornecendo uma fundamentação teórica e definindo as dimensões de instituinte e instituído.

R. Lourau desenvolveu o pensamento de Castoriadis e tornou-se o mais conhecido teórico da instituição. Publicada em 1970, a sua tese de doutoramento foi muito bem recebida pela corrente de opiniões resultante dos acontecimentos de maio de 1968: a contestação radical de todas as instituições sociais. O conceito de instituição tornou-se a partir de então a panacéia do discurso de educadores e outros trabalhadores sociais, sem contudo receber um tratamento teórico com o indispensável rigor epistemológico. Já R. Lourau havia insistido na polissemia, na ambigüidade e na problemática do conceito descrito numa perspectiva dialética.

Ao examinar as diversas acepções do conceito em sociologia (pessoalmente, encontrei mais de dez no seu livro), René Lourau destaca três características:

#### 2.1.2.1. A POLISSEMIA DO CONCEITO

Ela é evidente, desde as primeiras definições propostas pelos filósofos do direito até as últimas novidades da sociologia contemporânea. Os três momentos do conceito: universalidade, particularidade e singularidade são ora destacados, ora esquecidos.

O momento da universalidade, o da unidade positiva do conceito, de sua verdade geral e abstrata (por exemplo: a Família, o Salário) é acentuado, a partir de Hegel, pelos filósofos do direito. O Direito, a Constituição, as Leis recebem a função de tornar evidente e sagrado o que é contingente e arbitrário. Com o pensamento antropológico, o momento da particularidade foi valorizado. Ele expressa a negação do momento precedente. Toda verdade geral, ao se encarnar, perde o caráter universal: o trabalho assalariado é um fenômeno universal nas sociedades industriais, mas não é um fenômeno total. É possível ser não-assalariado num mundo cheio de burocratas. O momento da particularidade mostra a ausência de similitude entre universalidade e totalidade. Para todos os psicossociólogos e antropólogos, de Talcott Parsons a B. Malinovski e Lévi-Strauss, esse momento do conceito é essencial.

O momento da universalidade foi questionado com violência pela ciência da história e pelo marxismo em particular. Já se afirmou e demonstrou que as instituições não são invariantes sociais mas sim formas singulares estruturadas por relações de força, de classes, de produção. O momento da universalidade surge evidentemente como o momento privilegiado do ideológico, marcado pelos traços cambiantes e dialéticos das formas sociais da singularidade. Com o marxismo, foi o momento da singularidade que se firmou.

Se o momento da particularidade corresponde à ação da negatividade sobre a unidade positiva da norma universal, o momento da singularidade, como negação do momento da particularidade, traduz a superação institucional.

### 2.1.2.2. A AMBIGÜIDADE DO CONCEITO

É resultante do fato do termo "instituição", o significante instituição, apresentar dois significados: o instituído e o instituinte, em relação dialética.

Isso corresponde ao essencial das idéias de C. Castoriadis retomadas por R. Lourau. Para Castoriadis, seria impensável a "sociedade", sem considerar a sociedade instituída e a sociedade instituinte. Para o autor de *A instituição imaginária da sociedade,* a sociedade instituinte é constituída pelo desenvolvimento do imaginário social que remete, no plano da psique/soma, à *imaginação radical.* Desse modo: "Enquanto instituinte como enquanto instituída, a sociedade é intrinsecamente história — isto é, auto-alteração. A sociedade instituída não se opõe à sociedade instituinte, como um produto morto à atividade que lhe deu existência; ela representa a fixidez/estabilidade relativa e transitória das formas-figuras instituídas nas e pelas quais somente o imaginário radical pode existir e se fazer existir como social-histórico. A auto-alteração perpétua da sociedade é o seu próprio ser, que se manifesta pela posição de formas-figuras relativamente fixas e estáveis e pelo estilhaçamento dessas formas-figuras, que forçosamente será posição-criação de outras formas-figuras" (p. 496).[3] As idéias herdadas quanto à lógica e à ontologia como identificadoras, segundo as quais *ser* significa *ser determinado,* ignoram completamente a ação criadora da história. As idéias herdadas não conseguem imaginar o campo dialético que dá vida ao conceito de instituição. Dos filósofos do direito a Althusser, essas idéias hipostasiam o instituído como se fosse instituição, fixando-lhe a rede de significações de acordo com a doutrina estruturalista. É fácil compreender que esse "novo eleatismo" — a ideologia estruturalista — assim denominada por Henri Lefebvre, represente o cavalo de batalha epistemológico do pensamento herdado. É fato que o pensamento pseudomarxista, essa "metafísica do devir", tem alguma culpa no caso já que "acabou esquecendo que o devir constitui, antes de dissolvê-los ou de quebrá-los, 'seres', logo, coerências, estabilidades provisórias, equilíbrios precários, em uma palavra: estruturas".[5] Aliás, é esse esquecimento que atira para os abismos da dispersão e da atomização individualista a corrente institucional de Lourau e Lapassade, que não está conseguindo encontrar uma coerência durável nem a mínima organização.

### 2.1.2.3. A PROBLEMÁTICA DO CONCEITO

Não é de imediato que a instituição se deixa observar: "presente-ausente, ela envia falsas mensagens explícitas através de sua ideologia, e mensagens verdadeiras em código, através do seu tipo de organização" (R. Lourau, p. 143).[2] É por isso que o observador deve indagar às formas aparentes da instituição, qual é o seu caráter essencial, considerando-a através do seu dinamismo, ou seja, através das relações entre a racionalidade estabelecida (regras, formas sociais fixas, etc.) e os desenvolvimentos sociais que se apóiam e/ou questionam tudo o que há de instituído na instituição. Na perspectiva dessa problemática, a instituição permanece opaca à primeira vista. Encontra-se aí uma das constantes de toda questão sociológica: a discussão sobre o "senso comum" cujos estereótipos sempre confirmados representam os óculos da ideologia dominante. Somente os "analisadores", com a sua ação mediadora e provocadora da realidade social, agem como o banho de ácido que revela a imagem fixada na placa fotográfica: os analisadores são os "reveladores" da face negativa das contradições sociais e das relações de força entre as classes sociais, sempre presentes embora ocultas, que existem nos grupos e organizações.

### 2.1.2.4. OS MOMENTOS DIALÉTICOS DO CONCEITO

Enfim, pode-se resumir o conceito de instituição, de acordo com R. Lourau, através da caracterização dos três momentos dialéticos.

1) *O momento da universalidade* ou da unidade positiva. O seu conteúdo é a ideologia, os sistemas de normas, os valores estabelecidos de socialização (*instituído*).

2) *O momento da particularidade* ou da unidade negativa. Constituído pelo conjunto de determinações materiais e sociais que vêm negar a universalidade imaginária do primeiro momento (*instituinte*).

3) *O momento da singularidade* ou da negação cujo conteúdo são as formas organizacionais, jurídicas ou anômicas, que são necessárias para atingir dado objetivo (a produção de uma mercadoria) ou dada finalidade (educação, assistência) (*a institucionalização*).

A hipóstase de cada momento dá uma imagem truncada da realidade em movimento.

— A hipóstase do momento da universalidade faz com que se entre no campo da sociologia idealista e das "idéias herdadas" (Castoriadis) incrustada no princípio de identidade e de reprodução do mesmo.

— A hipóstase do momento da particularidade conduz ao dogmatismo "marxista" que defende o economismo como uma fortaleza e subestima a ação recíproca entre superestrutura e infra-estrutura. No outro extremo desta tendência, encontramos o subjetivismo psicológico, a diluição no individualismo separado do campo sóciohistórico para o qual "as instituições não são coisas" (J. Monnerot). Uma de suas formas chama-se Movimento do Potencial Humano.

— A hipóstase do momento da singularidade representa o triunfalismo tecnocrático da sociologia das organizações. A afirmação "da mudança com ordem e sem riscos". A crença quase mágica nas virtudes de uma "inovação" puramente mecânica e combinatória que autonomiza a racionalidade e a positividade das formas sociais, às custas da história das contradições e da luta de classes. A dialetização do conceito de instituição leva, portanto, com Lourau, à sua imbricação dinâmica e tridimensional. Pensar a *instituição* em ciências humanas, hoje em dia, é pensar simultaneamente em: "instituído/universalidade", "instituinte/particularidade" e "institucionalização/singularidade".

### 2.1.3. *A Instituição como Convergência das Instâncias do Econômico, do Político e do Ideológico*

Pode-se considerar os diversos componentes do campo social: pessoas, grupos, organizações, como "caixas pretas" onde entra e sai "instituição", quase sempre reforçada, no seu poder coercitivo, por essa passagem. De fato, a instituição deve ser percebida como o ponto de convergência das instâncias econômica, política e ideológica, ponto de junção simbólico entre infra-estrutura e superestrutura de uma formação social, da qual ela representa o *no man's land* difícil de situar. As relações sociais de produção na sociedade capitalista são instituídas por esse modo de produção: estão elas do lado da superestrutura ou do lado da infra-estrutura? Instituições do capitalismo, elas são o ponto de convergência de instâncias tradicionalmente consideradas como pertencentes a uma ou a outra estrutura; mas, na realidade, elas se articulam para introduzir no campo social a palavra imaginária, no duplo sentido do termo, tanto mistificadora quanto criadora, *logos* invisível da história, resultado efervescente e quase sempre inconsciente da luta de classes. **Assim, a instituição pode ser comparada a uma página de história escrita com tinta invisível cujo sentido só vai aparecer com a química agitada dos grandes conflitos sociais.**

### 2.1.3.1. DO SISTEMA SOCIAL À INSTITUIÇÃO

É a *transversalidade* da luta de classes, na sua tripla dimensão econômica, política e ideológica, que define a instituição.[6] Como o indicam os institucionalistas contemporâneos, esse remanejamento do conceito de instituição tem conseqüências práticas importantes no nível da mudança social. A rigor, não se pode mais separar, na ação sindical, a luta econômica (reservada aos sindicatos) da luta política (reservada aos partidos). Ora, "os partidos e sindicatos de inspiração marxista vivem oscilando entre o economismo (que define as instituições como puros reflexos) e a tendência anarco-sindicalista que, ao contrário, privilegia a contestação das instituições e uma certa problemática institucional".[7]

A luta de classes estrutura as relações sociais institucionalizadas que, por sua vez, se refletem nos grupos e organizações sob a forma de *lutas institucionais* com autonomia relativa. O *percurso institucional* da luta de classes nega, a cada instante, a universalidade imaginária dos pontos de vista nos grupos e organizações, e, ao mesmo tempo, revela, por meio dos analisadores históricos, a *violência institucional*, forma organizacional da violência simbólica.

Tentando explicar melhor: toda sociedade pode ser entendida como um sistema de trocas sociais provenientes de três componentes fundamentais que levam a uma *produção sócio-criadora* e a uma *equilibração sócio-reprodutora.*

Na linha de Lévi-Strauss, Ginette Michaud lembra que é preciso estudar a modalidade das trocas tridimensionais (econômicas, sexuais, simbólicas) para analisar a estrutura de uma sociedade ou de um grupo. Qualquer bloqueio no circuito das trocas acarreta a degenerescência do grupo considerado. Numa sociedade, troca de bens e de serviços, troca de mulheres, troca de idéias, não se articulam mais e geram fenômenos de alienação quando "o capital está nas mãos de uma classe dirigente; quando os homens trocam pelo salário não o produto de seu trabalho mas sim a sua força de trabalho, quando uma burocracia dirige a planificação de uma produção sem que os produtores sejam consultados; quando a palavra não circula e as decisões não são o fruto de uma troca de idéias" (G. Michaud).[8]

A produção de estruturas novas e/ou o equilíbrio entre regulações diversificadas constituem o resultado tangível do funcionamento deste sistema de trocas sociais. Segundo essa concepção piagetiana um pouco esquerdizada,[9] o próprio movimento das trocas sociais cria uma dinâmica necessariamente dialética entre um fenômeno de produção instituinte e um fenômeno de reprodução instituída, uma luta incessante entre a ordem e a desordem necessárias à vida, e cuja instituição representa, no domínio da vida social, o ponto de encontro das contradições. Alain Touraine tentou teorizar a função de produção da sociedade por ela mesma. O que ele chama de *historicidade*, isto é, "a ação exercida pela sociedade, a partir de sua atividade, sobre as práticas sociais e culturais, pela combinação de três componentes: o modo de conhecimento, que constitui uma imagem da sociedade e da natureza; a acumulação que retira uma parte do produto disponível; e o modelo cultural que apreende e interpreta a capacidade de ação da sociedade sobre si mesma".[10]

A historicidade, enquanto domínio das práticas sociais e culturais (sistema de ação histórica), é o jogo da dupla dialética das classes sociais. A classe *dirigente* identifica-se com o sistema de ação histórica mas também identifica este último com os seus interesses particulares, e estabelece a sua *dominação* sobre a sociedade. A classe popular adota uma atitude *defensiva* contra essa ação e *contesta* a apropriação privada da historicidade.

Apesar de não concordar com a representação que Touraine se faz das classes sociais, considero aceitável a sua noção de historicidade, de produção da sociedade por ela mesma e de jogo para chegar a controlá-la. Se relacionada com o pensamento de C. Castoriadis sobre a história como criação coletiva sustentada pelo imaginário social, essa noção resulta num campo de investigação teórica cujos conceitos ainda não foram explorados. A reflexão sobre a instituição pode representar o momento desse esclarecimento conceitual.

No modo de produção capitalista, as contradições no nível da infra-estrutura geraram classes sociais que, a longo prazo, se estruturam em dois pólos antagônicos. As classes dominantes-dirigentes se apropriam das riquezas nacionais e exercem o poder de decisão. As classes populares, executoras da produção, são extorquidas da maior parte dos valores sociais e econômicos que elas produzem, enquanto a chamada classe "média" — cuja estrutura é inconsistente e solicitada pelos dois pólos sociais que permanecem como ponto fixo da luta de classes — organiza as decisões dos poderosos, transmite as informações e controla os resultados, recebendo como recompensa a distribuição de uma parte da expropriação da mais-valia.

O sistema de trocas sociais é forçosamente estruturado pela luta de classes que se condensa, por isso mesmo, na tensão dinâmica entre reprodução e produção da sociedade (ver esquema abaixo): o seu ponto de condensação fundamental está no sistema institucional da sociedade, rede simbólica onde se efetua a tensão dialética do campo social. O momento da sigularidade da instituição representa assim o elemento sincrônico e organizacional onde o cruzamento dialético aparece quando emergem os analisadores naturais que revelam, ponto por ponto, a apropriação privada da historicidade pelos grupos dominantes-dirigentes.

É como se a classe social dominada, ao discutir a apropriação privada da historicidade, produzisse o instituinte no nível da sociedade global (movimento social), o qual, face à ação de reprodução das classes dominantes-dirigentes e à sua vontade de controlar a historicidade pelo exercício da violência simbólica institucionalizada, ainda acentuasse a tensão dialética e estrutural entre produção e reprodução de toda sociedade moderna.

Enquanto os aparelhos ideológicos de Estado funcionam para gerar *habitus* conformes aos privilégios garantidos da classe dominante-dirigente, as contra-instituições, resultado da práxis contestadora e defensiva das classes populares, produzem *habitus* específicos que exercem um efeito de filtragem da ideologia vigente. As classes dominadas e dominantes são, dessa forma, protagonistas da história e impõem às ligações estruturais um peso determinante e imprevisível. A classe operária, enquanto grupo-sujeito [11] e classe ascendente, isto é, classe para si, consciente do papel que desempenha na contestação da apropriação privada da historicidade, torna-se capaz de ação e de reflexão autônomas. A análise institucional pretende, pois, dar oportunidade a grupos-objeto mais ou menos vastos, de tornarem-se grupos-sujeito, pela recuperação da autonomia de ação e de reflexão, através do desvelamento dos mecanismos gerais de violência simbólica

## SOCIOLOGIA INSTITUCIONAL

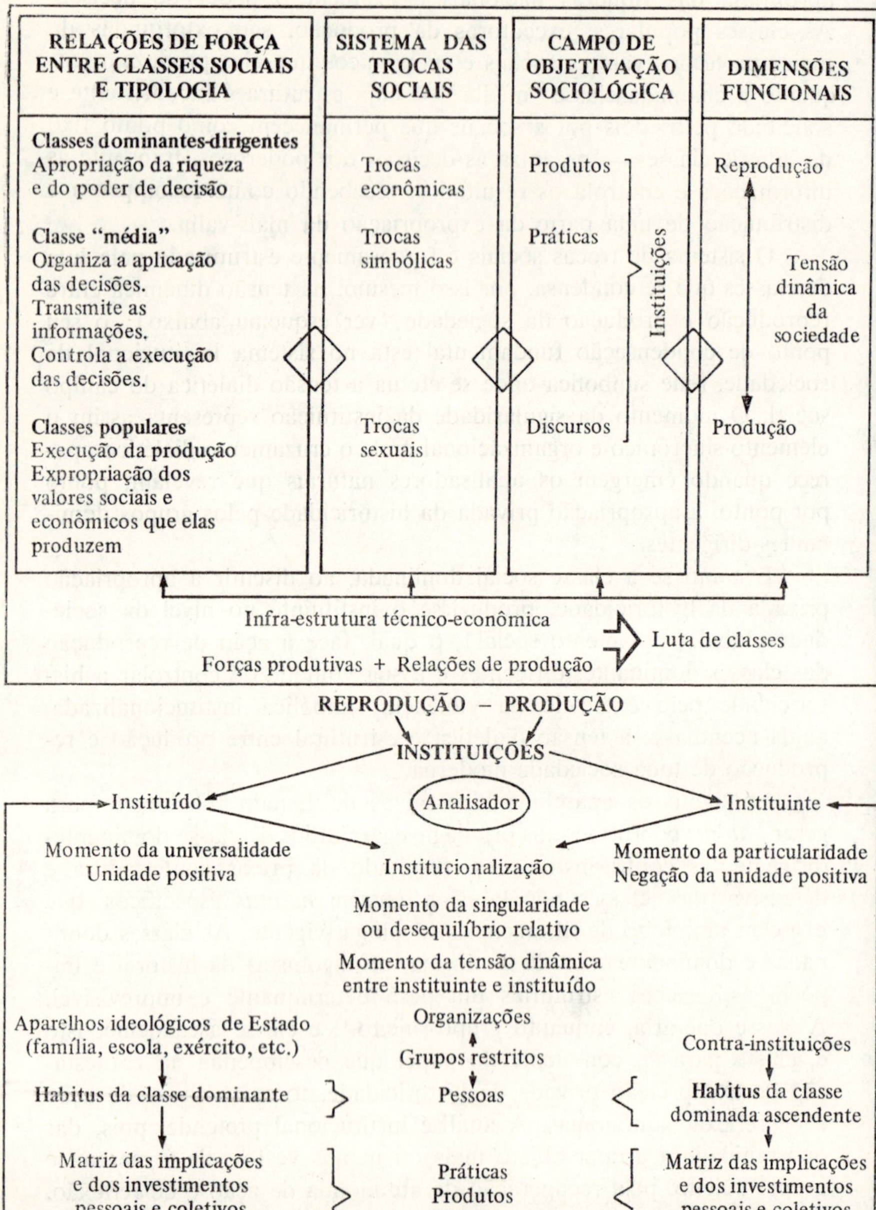

da sociedade, e da inserção nas instâncias particulares em termos de violência institucional.

### 2.1.3.2. LUTA DE CLASSES E VIOLÊNCIA INSTITUCIONAL

A implacável violência social é efeito direto da luta de classes. É exercida, antes de tudo, fisicamente, por meio dos aparelhos repressores do Estado: exército, polícia, tribunais, etc., como força direta, que se impõe de forma drástica e geral, quando a violência social não consegue mais se metamorfosear sutilmente em violência simbólica. A burguesia que detém o poder delega a sua autoridade à ditadura militar, e as instituições sociais entram na sua fase totalitária.

No caso das chamadas democracias liberais, a violência social transforma-se em violência simbólica através do *prisma institucional* dos aparelhos ideológicos de Estado (família, escola, igreja, exército "democrático", sindicatos reformistas, aparelhos culturais e artísticos, etc.). A sociologia marxista da educação (principalmente Baudelot e Establet) mostrou a interiorização das normas dominantes efetuada através do aparelho escolar que auxilia a família e que se prolonga no exército, conduzindo à fábrica capitalista, a qual é pensada como uma sistema simbólico cujas regras do jogo são as da manutenção da ordem burguesa. Todos os aparelhos ideológicos de Estado têm por função a reprodução das relações de produção capitalistas, de acordo com a especificidade de cada um: "O Aparelho político, que impõe aos indivíduos a ideologia política do Estado, a ideologia 'democrática', 'indireta' (parlamentar) ou 'direta' (plebiscitária ou fascista). O Aparelho de informação que, através da imprensa, rádio, televisão, empulha quotidianamente o cidadão com nacionalismo, chauvinismo, liberalismo, moralismo, etc. O mesmo acontece com o Aparelho cultural (o papel do esporte no chauvinismo é primordial). O Aparelho religioso, que lembra nos sermões e nas cerimônias do nascimento, casamento e morte que o homem é apenas cinzas, a não ser que ame os seus irmãos a ponto de estender a outra face a quem o esbofeteia. O Aparelho familiar (...) nem é preciso continuar" (L. Althusser).[12]

Por trás de cada aparelho ideológico de Estado percebe-se a figura guardiã do aparelho repressor do Estado. Por exemplo, por trás do Serviço Social (AIE) encontram-se os tribunais e a polícia (ARE), o que traz como conseqüência:

1) que toda relação humana no âmbito de um AIE entre agentes sociais de classes antagônicas é, no fundo, uma relação de tipo "conluio", baseada no mal-entendido;[13]

2) que qualquer explicitação do "mal-entendido" provoca uma reação imediata do AIE, com a intervenção, às vezes revelada, do seu par, o ARE.

Ultimamente, o jogo das relações de força nas diversas instituições mostrou o caráter ambíguo e mecanicista do conceito de *aparelho* em ciências humanas. Sem desfazer da importância teórica do artigo de Althusser,[12] é evidente que o meu sistema teórico e a problemática que considero neste estudo não combinam muito com o modelo de aparelho. Se é possível arrumar e azeitar a engrenagem de um aparelho para melhorar o seu funcionamento, é impensável que esse mesmo aparelho possa modificar-se por si mesmo de modo radical e, principalmente, usar a imaginação criadora diante de situações imprevistas (não programadas). O conceito de aparelho remete necessariamente a uma interpretação estrutural-funcionalista do sistema social, bem diferente da lógica do vivente (*vivant*). Conceito envolvido, como todo conceito, no arbitrário dos sinais, ele pode levar ao desconhecimento da hipercomplexidade do vivente. Como tal, e apesar de aceito pelas ciências sociais, não concordo com ele. Como diz J. Ardoino com pertinência: "Ao contrário do que é mecânico, cuja tendência é sempre para a simplicidade linear, o biológico caracteriza-se duplamente de modo ambíguo: pelo *vivente* (*vivant*) e pelo *vivido* (*vécu*). O vivente reintroduz, como dimensões essenciais, a subjetividade e a irracionalidade. O vivido produz o inconsciente." [14]

É por esse motivo que usarei a expressão *células simbólicas* para me referir às dimensões macrossociais (Ministério da Educação) ou microssociais (sistema familiar), diretamente ligadas ao poder do Estado (igreja, escola, exército) ou de forma mais indireta (campo artístico).

### 2.1.4. *A Instituição como Célula Simbólica e sua Estruturação Dialética: A Formação do* Habitus *Instituído e Instituinte*

A *célula*, unidade fundamental dos seres vivos, estrutura necessária e suficiente para o aparecimento de todas as funções vitais, é o conceito que melhor exprime o sistema social concebido como sistema vivo e dinâmico. A célula precisa manter trocas com o seu meio para sobreviver e desenvolver-se. Ela sabe se defender e se adaptar a diversos tipos de agressão. Marcada pela temporalidade, ela nasce, desenvolve-se e morre.

O *simbólico* é mais adequado do que o conceito de ideologia que, na linguagem marxista, tem uma conotação muito unívoca. A ideologia é apenas um aspecto do simbólico. Claude Lévi-Strauss introduziu o conceito de simbólico em sua célebre definição de cultura: "Toda cultura pode ser considerada como um conjunto de sistemas simbólicos dentre os quais os principais são: a linguagem, as regras matrimoniais, as relações econômicas, a arte, a ciência, a religião. Todos esses sistemas procuram expressar certos aspectos da realidade física e da realidade social, e principalmente as relações que esses dois tipos de realidade mantêm entre si, assim como as relações que os próprios sistemas simbólicos mantêm entre si."[15] Se as instituições forem apenas simbólicas, só poderão existir no simbólico, isto é, no conjunto de representações concretas e de relações de sentido socialmente aceitas em determinada formação social.

Nessa perspectiva, a *instituição é uma célula simbólica* que concorre para as trocas sociais com fins de produção, de reprodução e de tensão dinâmica do sistema social.

— Sob o ângulo da reprodução, a sua dimensão universalista, imaginária e instituída está sempre presente.

— Sob o ângulo da produção, a sua dimensão particular, real e instituinte vem negar o equilíbrio reprodutor do instituído.

— Sob o ângulo da tensão dinâmica produção/reprodução sociais, a sua dimensão singular, simbólica, de institucionalização realiza o estado de totalização parcial e de auto-regulação conflituosa, sempre inacabado, da dialética instituinte/instituído.

Dessa forma, a instituição enquanto célula simbólica analisada num nível de abstração superior é estruturada dialeticamente e pode ser considerada como um *sistema aberto*. Mas nesse processo de abstração científica nunca se deve esquecer que a instituição é antes de tudo uma célula simbólica que *se incorpora* nas pessoas e nos grupos sociais, permanecendo-lhes exterior, assim como o oxigênio passa através dos pulmões.

O conhecimento científico da instituição é, portanto, o conhecimento do **processo de interiorização da exterioridade instituída e a** exteriorização da interioridade instituinte das pessoas e dos grupos sociais ou das classes sociais de determinada sociedade.

#### 2.1.4.1. O MECANISMO DE INTERIORIZAÇÃO DA EXTERIORIDADE INSTITUÍDA: A FORMAÇÃO DO *HABITUS* INSTITUÍDO

Enquanto célula simbólica instituída, a instituição procura a interiorização do sistema de regras, de injunções inconscientes, de normas, de valores que constituem a normatividade dominante de uma sociedade. Marcada e sustentada pelo inconsciente político da sociedade, a instituição reproduz no pensamento coletivo esquemas de percepção, de representação e de ação conformes, afinal, aos interesses e à manutenção dos privilégios da classe dirigente-dominante. Na sua teoria da violência simbólica, Bourdieu e Passeron descrevem esses mecanismos fundamentais no seio da instituição escolar.

##### *2.1.4.1.1. AÇÃO PEDAGÓGICA E VIOLÊNCIA SIMBÓLICA*[16]

Esse termo significa "todo poder que consegue impor significações e impô-las como legítimas, dissimulando as relações de força que são a base de sua força" e que "acrescenta a sua própria força a essas relações de força".[16] Trata-se, pois, de um processo de imposição duplamente arbitrário:

a) É um poder *arbitrário*.

É arbitrário porque o que o fundamenta na escolha das significações possíveis (arbitrárias no sentido saussuriano) são as relações de força entre os grupos ou classes constituintes de uma formação social; o sistema simbólico escolhido nunca pode ser atribuído a um princípio universal, físico, biológico ou espiritual.

b) É um poder arbitrário *cultural* porque delimita, objetivamente, significações consideradas como dignas de serem impostas, inculcadas e reproduzidas legitimamente, com exclusão das outras. Numa determinada formação social, esse arbitrário cultural expressa completamente, embora mediatizados, os interesses objetivos, materiais e simbólicos, dos grupos ou classes dominantes.

Para que o processo possa se desenrolar normalmente, é indispensável um *desconhecimento instituído* do seu mecanismo interno e das relações de força que fundamentam o arbitrário cultural dominante, o que traz como resultante o aumento da própria força. Bourdieu e Passeron, ao induzir a teoria da violência simbólica a partir de uma pesquisa sobre o sistema de ensino, procuram examinar os diferentes momentos do processo.

Todo poder de violência simbólica, isto é, toda relação social que se transforma num reforço das relações de força entre grupos ou classes por um processo de inculcação de significações legítimas, supõe certas condições elementares e sociologicamente necessárias.

Essas condições são:

*a*) Um emissor (instância pedagógica) dotado de autonomia relativa.

*b*) Um receptor (destinatário).

*c*) Unidos por uma *relação de comunicação pedagógica* que apresenta as seguintes características:

— é logicamente imposto pela *ação pedagógica* (AP) que, por sua vez, é sustentada por um direito legítimo de imposição (*autoridade pedagógica* = AU P);

— permite o exercício do *trabalho pedagógico* (TP) cuja produtividade se mede pela durabilidade, pela transponibilidade, e pela exaustividade do *habitus* final, garantia do desconhecimento interiorizado do conjunto do processo (por exemplo, do sentido e da função própria da AU P que é a fonte de legitimidade do TP e que por ele é irreversivelmente confirmada e consagrada).

*d*) O *habitus final* surge como resultante da interiorização de um conjunto limitado de significações consideradas como legítimas, ou seja, de um conjunto legítimo de normas, valores, regras, sinais e símbolos que gravitam em torno das práticas sociais. O *habitus* será definido por Bourdieu e Passeron como um princípio gerador de esquemas de pensamento, de percepção, de apreciação e de ação, produto das estruturas, produtor de práticas conformes e reprodutor de estruturas objetivas.

*e*) O conjunto do fenômeno pode funcionar graças à *dissimulação* necessária e totalmente interiorizada por e no *habitus*, da natureza do poder de imposição e da função das significações impostas.

Como se chega à institucionalização desse desconhecimento?

— Uma instância pedagógica emissora nunca obtém de si mesma o seu poder de imposição; ela o tira de uma *delegação de poder* do grupo ou da classe cujo arbitrário cultural ela inculca. Essa delegação de poder delimita objetivamente a autonomia relativa da instância emissora sem a qual a dissimulação do arbitrário cultural não poderia acontecer.

— A instância pedagógica só dispõe do poder de imposição na medida em que, pelo modo de inculcação e de imposição *legítima*, ela impõe e inculca nos *destinatários legítimos* o arbitrário cultural que ela tem o mandato de reproduzir.

— Essa delegação limitada de poder (*autonomia relativa*) permite, por um lado, dotar do direito de imposição legítima (AU P) uma instância encarregada do trabalho pedagógico (TP) e, por outro, a camuflagem: 1) da origem do seu poder legítimo, e 2) da relação entre o arbitrário cultural inculcado e a situação, no sistema das relações de força, do grupo ou da classe social correspondente.

Isso leva ao seguinte esquema:

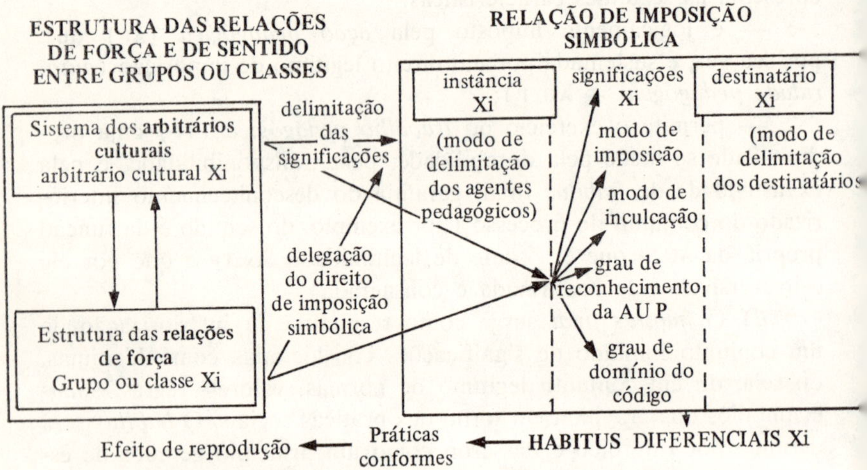


segundo André Petitat".[17]

O fio condutor que une a ação, a autoridade e o trabalho pedagógicos pode ser descoberto e seguido dentro do *sistema de ensino institucionalizado* (SE) no qual o trabalho e a autoridade pedagógicos (TP e AU P) se manifestam sob a forma de *trabalho* e *autoridade escolares* (TE e AU E) legitimados pela instituição. Isso dispensa os agentes da instância pedagógica emissora, especificamente recrutados e homogeneizados pelo sistema, de demonstrar a pertinência da AU E, ao mesmo tempo que lhes garante uma relativa autonomia, necessária ao desenrolar institucional do desconhecimento.

A conclusão que se segue permite sintetizar o que acaba de ser exposto e dá uma idéia da difícil linguagem e teoria dos autores de *La Reproduction*:

*"Numa formação social determinada, o Sistema de ensino institucionalizado dominante pode constituir o Trabalho pedagógico dominante como Trabalho escolar sem que os que o exercem como aqueles que o suportam deixem de desconhecer a sua dependência quanto às relações de força constituintes da formação social onde ele se efetua, porque:*

1) *ele produz e reproduz, pelos meios que são próprios à instituição, as condições necessárias ao exercício de sua função interna de inculcação, que são ao mesmo tempo as condições suficientes da realização de sua função externa de reprodução da cultura legitimada e de sua contribuição correlativa à reprodução das relações de força;*

*e porque:*

2) *pelo simples fato de que ele exista e subsista como instuição, supõe as condições institucionais do desconhecimento da violência simbólica que exerce, isto é, porque os meios institucionais de que dispõe enquanto instituição relativamente autônoma, detentora do monopólio do exercício legítimo da violência simbólica, estão predispostos a servir por acréscimo, logo, sob a aparência da neutralidade, os grupos ou classes dos quais reproduz o arbitrário cultural ('dependência pela independência')"* (*La Reproduction*, pp. 83-84).

### *2.1.4.1.2. O CONCEITO DE* HABITUS *E DE* ETHOS *DE CLASSE*

O *habitus* consiste no resultado do mecanismo de interiorização da exterioridade instituída e, ao mesmo tempo, indica como esse mecanismo se perpetua pela ação e pela organização inconscientes dos agentes sociais. Refiro-me à exterioridade *instituída* e, por isso, vou falar de *habitus* instituído (Bourdieu e Passeron não chegam a essa precisão porque para eles o *habitus* não é dialetizado). Resultante do trabalho das instituições dominantes sobre o indivíduo e sobre os grupos, os *habitus* instituídos são "sistemas com disposições duráveis, estruturas estruturadas predispostas a funcionar como estruturas estruturantes, ou seja, como princípio gerador e estruturador de práticas e de representações que podem ser objetivamente 'reguladas' e 'regulares', sem serem por isso produto de obediência a regras, objetivamente adaptadas à sua finalidade sem supor a intenção consciente dos fins e o controle expresso das operações indispensáveis para atingi-los e, sendo tudo isso, coletivamente orquestradas sem serem o produto da ação organizadora de um maestro" (P. Bourdieu).[18]

Pela ação dos sistemas de *habitus* e pelos princípios inconscientes do *ethos* realizado, isto é, a "disposição geral e transferível que, sendo o produto de todo um aprendizado dominado por determinado tipo de regularidades objetivas, determina os comportamentos 'razoáveis' ou 'insensatos' (as 'loucuras') para qualquer agente sujeito a essas regularidades" (P. Bourdieu, p. 177),[18] as aspirações dos agentes sociais são estruturadas por uma "*dupla negação* que leva a recusar o recusado e a amar o inevitável" (P. Bourdieu, p. 177).[18]

Esses *habitus* são específicos de cada faixa etária e de cada classe social, apesar do *habitus* da classe dominante-dirigente constituir o *habitus* generalizado da sociedade. Como age o *habitus* na prática social?

A prática é o produto, relativamente autônomo e necessário, de uma relação dialética entre uma situação e um *habitus*. Em cada um de nós, o homem de ontem, o homem do *habitus,* predomina sem que tenhamos muita consciência disso: "Cada agente, que ele o saiba ou não, quer queira ou não, é produtor e reprodutor de sentido objetivo: como suas ações e obras são o produto de um *modus operandi* do qual ele não é o produtor e do qual não tem o controle consciente, elas contêm uma 'intenção objetiva', como se diz na escolástica, que sempre ultrapassa as suas intenções conscientes" (P. Bourdieu, p. 185).[18]

Para que um acontecimento se torne revolucionário, é preciso uma relação dialética entre o sistema dos *habitus* e esse acontecimento, de tal forma que "se constitua a conjuntura capaz de transformar em *ação coletiva* as práticas objetivamente coordenadas porque ordenadas a necessidades objetivas parcial ou totalmente idênticas" (P. Bourdieu, p. 185).[18]

O esquema dessa proposição seria:

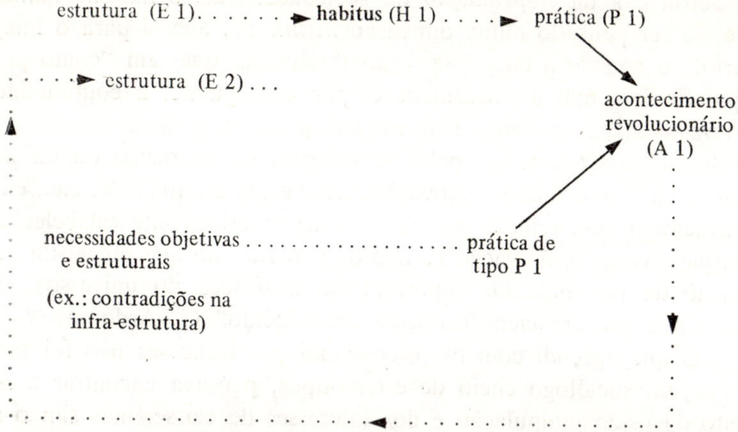


Mas, como observa Luís Pinto, o recurso ao conceito de *habitus* explica o *fato* da conformidade da prática à estrutura, mas não mostra *como* o *habitus* se forma; essa questão, "assim como a da durabilidade, da irreversibilidade, etc. concerne essencialmente à psicologia social: remete às características antropológicas sobre as quais o sociólogo não se pronuncia".[19] Apesar do grande interesse do trabalho de P. Bourdieu,[18] esta observação mostra os limites insuperáveis que contém para explicar as práticas humanas socializadas. P. Bourdieu não dialetiza o seu conceito de *habitus:* interiorização da exterioridade e exteriorização da interioridade, o *habitus* é concebido sob a forma cibernética da "caixa preta": seja no ser humano, seja num grupo, entram estruturas e saem práticas conformes inconscientes. Ficamos no universo da geometria plana da racionalidade aplicada que, necessariamente, reduz a hipercomplexidade do real ao modelo teórico refinado.

### 2.1.4.2. O *HABITUS* INSTITUINTE E O IMAGINÁRIO SOCIAL

O meu conceito de instituição, célula simbólica instituinte e instituída, leva-me a retomar o termo de *habitus* sob outro ângulo.

#### *2.1.4.2.1. AS DUAS FACES DO IMAGINÁRIO SOCIAL*

A meu ver, a análise do conceito de *habitus* de P. Bourdieu resume-se ao *habitus instituído,* e a teoria da violência simbólica de Bourdieu e

Passeron é a da *Reprodução* da sociedade. Mas o *habitus* também precisa ser pensado numa dimensão *instituinte,* aberta para o imaginário, ao contrário da organização tradicional que tem "como princípio fundamental a linearidade e, por conseguinte, a continuidade. Inversamente, a mudança real, radical, profunda (não confundir com os sucedâneos oferecidos pelas tecnologias da formação ou da pesquisa e desenvolvimento: inovação, renovação, criatividade, etc., etc.) é irracional (em relação à racionalidade anteriormente estabelecida) porque é *criação,* inovação (e não descoberta) do que preexistia (em função da racionalidade supostamente intrínseca do universo) mas que ainda não era cientificamente reconhecido" (J. Ardoino).[20]

O que aprendi com os psicossociólogos franceses não foi tanto o que eu, sociólogo cheio de estereótipos, pensava encontrar a respeito da psicomanipulação e dos interesses de classe, mas sim o reconhecimento do *direito ao imaginário* em ciências sociais, do qual eu acreditava dever me afastar *positivamente* (em ambos os sentidos do termo, isto é, no nível da problemática e no nível da prática científica). Esse distanciamento era, de fato, uma mutilação do real geral (e do meu real particular) e um desconhecimento instituído (pela confraria acadêmica) da totalização teórico-prática em ciências humanas, sempre em ato, nunca conquistada. Creio que nunca se chegará a compreender de fato o *habitus* das pessoas e dos grupos sociais se forem omitidos os seus projetos utópicos cuja realização, sempre parcial e "insignificante" (para os estatísticos), tece uma teia de rachaduras no muro circular do *habitus* instituído.

Se o homem é este fenômeno episódico hipercomplexo da natureza, resultante de um processo de complexificação da matéria viva que surgiu há três bilhões e duzentos milhões de anos, como se chegará a compreendê-lo, em sua totalização desconhecida, sem um questionamento radical da epistemologia da repartição real entre as regiões teórico-práticas das ciências humanas? A unidade das ciências humanas supõe uma revolução copernicana da epistemologia. Como afirma E. Morin: "Não é mais tempo de teorias fechadas, fragmentárias e simplistas sobre o homem. A era da teoria aberta multidimensional e complexa já começou."[21]

Se o sistema institucional de uma sociedade contribui para criar um *habitus* estruturado, a sua estruturação, a meu ver, só pode ser dialética. Os elementos relativamente estáveis e essenciais, assim como o arranjo das relações entre eles, que caracterizam uma estrutura, precisam ser compreendidos numa perspectiva de instabilidade dinâmica. Como pesquisador em ciências humanas, não posso, evidentemente, ignorar o *conceito de estrutura,* mas a minha definição segue a linha de Gurvitch e de Goldmann:

**— "a estrutura é uma esquematização científica do arranjo real dos elementos de um meio e a apreensão das inter-relações elementares, relativamente estáveis embora precárias quando os períodos se alongam, as quais, sob o efeito do movimento de estruturação, de desestruturação, de reestruturação ou de explosão, resultado da ligação perturbadora da estrutura com a sua totalidade englobante, se transformam acarretando, seja mudanças subseqüentes que garantem a persistência da estrutura em ato, seja uma perturbação fundamental desta e, por isso, na medida em que esta estrutura é essencial a um dado sistema considerado como sua totalidade englobante mais significativa, uma mutação correlativa desse sistema."[22]**

Um *sistema aberto* é o arranjo de estruturas desse tipo. Se o *habitus* possui uma dimensão instituinte, é porque a sua "caixa preta", o ser humano, é antes de tudo um "homem imaginante" (H. Laborit) que realiza um "imaginário radical" (C. Castoriadis) não-causal e criador de um universo sempre renascente de significações que escapam à elaboração estritamente racional dos dados. O imaginário é bífido, como diz E. Enriquez:[23] possui um lado *mistificador,* porque o prazer de imaginar está ligado a fenômenos cuja ausência de pertinência em relação ao real é evidente, mas também possui um lado motor, uma abertura. Sem esse aspecto do imaginário, não haveria nem projeto, nem sonho a realizar, nem utopia a construir. É até provável que, sem o imaginário motor, a espécie humana já tivesse há muito desaparecido da terra, varrida pelos fenômenos naturais que nenhuma imaginação teria alcançado. Simultaneamente fora do real e fecundando o real, o imaginário traz em si o núcleo vivo da violência simbólica *e* do instituinte mito-poético. O homem permanece e alimenta-se do seu imaginário que é para ele como um campo de trigo que o isola e o reúne ao mundo da alteridade. O motor do imaginário é o *desejo.* Desejo de preencher a distância e de reduzir a diferença em nome de uma totalidade vivida como linha de fuga. Perigoso no seu sucesso felizmente impossível (a redução das diferenças!), o desejo é benéfico por sua tensão que anima o imaginário no sentido do projeto e da práxis. Ligado ao desejo imprevisível, não se consegue circunscrever o imaginário: ele está sempre onde não se espera e some quando se pensa havê-lo pegado. Apenas permanecem as brasas do simbólico que acendem no real o incêndio perceptível dos sinais ainda cheios do passado mas já portadores do futuro. Assim como o branco é a síntese de todas as cores, o imaginário — essa brancura da totalidade em marcha — abre todas as comportas do simbólico, principalmente na sua dimensão de *imaginário radical.* O simbólico torna-se então o campo social onde se desenham todas as contradições: o projeto e a práxis, o êxtase material e a ausência de deus, o instante e a duração, a aventura e a estabilidade, a natureza e a cultura.

Pela interiorização inconsciente das estruturas objetivas, o imaginário se esboça como uma espectrografia do quotidiano das pessoas e dos grupos sociais. Ao analisar o imaginário de uma sociedade, veremos em negativo o conjunto das contradições e das violências sociais que nela imperam. Mas, por seu aspecto motor, por seu poder de diferir, por sua refração novadora, também encontraremos o horizonte de um possível-impossível para o qual se dirige, por caminhos tortuosos, a comunidade social sempre inacabada no seu dilaceramento. É que o imaginário decorre da *categoria do diferido,* como o explica tão bem E. Enriquez:

"*a*) diferido como introdutor da *diferença* (ao contrário da *repetição*), mudança contínua das modalidades onde se apresenta o desejo, deslocamento do desejo para os objetos, invenção de imagens no intuito de modelar a realidade, fantasia transformadora da matéria (que Bachelard procurou apreender e louvar), instauração de uma dinamologia, ao passo que a repetição instaura estruturas estabilizadas.

*b*) diferido como *dife-rença* e como *adiamento* para mais tarde. O imaginário é da ordem do *projeto,* da construção lentamente edificada. Está na base das utopias, dos fantasmas que percorrem os programas, as teorias, a vontade de fazer e de agir (*imaginari, agiri*). É o que faz surgir a ação e a prática sociais.

*c*) diferido porque é continuamente (já que nunca se esgota) criador de uma *distância diferencial,* sempre presente e estritamente irredutível, que solicita a ação para completá-la e que desnorteia a ação porque coloca a *ruptura* entre sonho e realidade.

*d*) diferido, enfim, porque instaura uma diferença entre o que se passa *realmente* e as imagens que os homens dão dessa realidade. Donde, a sua função de *máscara,* de construção de um corte entre relações reais e relações imaginárias. Foi essa função que Marx apontou no estudo sobre o caráter fetiche da mercadoria" (p. 71).[23]

Em última instância, o homem permanece o ser, ao qual já se referia Hegel, que tem o poder, na sua noite interior, de produzir imagens. Com elas, cheias de imaginário, ele tece uma rede simbólica cujo elemento essencial se chama instituição. Ponto de confluência das instâncias econômica, política e ideológica da sociedade, a instituição também é a encruzilhada onde se dá o choque do desejo e do imaginário contra o real maciço e silencioso. Como um boneco de sal se funde no oceano, a instituição, no fundo, não passa da transparência simbólica do imaginário, o seu reflexo nos confins do real.

### 2.1.4.2.2. *O IMAGINÁRIO SOCIAL E A FORMAÇÃO DIALÉTICA DO* HABITUS: *ESQUEMATIZAÇÃO DO PROCESSO*

Considerar apenas a dimensão instituída da instituição, isto é, apenas a dimensão mistificadora do imaginário, para construir uma teoria da violência simbólica e do *habitus* leva necessariamente à escotomização do real e à visão truncada de sua complexidade. Reconhecer a parte dinâmica do imaginário, sua dife-rença, ajuda a distinguir também a face instituinte da instituição e a *imaginar* o *habitus* como instituinte. O seu impacto sobre o real deve então ser buscado nos aspectos, lugares e momentos em geral desconhecidos ou rejeitados pelos sociólogos acadêmicos. Essa outra ótica mistura-se à visão tradicional de uma sociologia dos sistemas ideológicos situados em totalidades diferentes. Assim, o fenômeno religioso em certas regiões do mundo, em vez de ser "o ópio do povo", é uma manifestação do imaginário motor e pode transformar-se em messianismos revolucionários (os "Cristos negros" no Congo, por exemplo, suscitam uma resistência popular contra o etnocídio colonialista).

Não há dúvida de que a ordem vigente impõe um sistema de *habitus* instituídos generalizados, que garante a manutenção dos privilégios da classe dirigente-dominante; mas é também verdade que há o sistema de *habitus* instituintes suscitado pela interiorização da "cultura do pobre" nas classes operárias e populares, classes ascendentes no conflituoso processo de socialização da sociedade industrial.

O *habitus real* é sempre a resultante dialética e instável das duas dimensões, instituída e instituinte, e remete ao imaginário social bífido e à luta de classes concretizados em toda situação singular. Finalmente, o *habitus* é sempre o do momento da *singularidade* onde entram, em relações e proporções variáveis, o instituinte e o instituído, isto é, a transversalidade dialética da luta de classes. A análise das implicações histórico-existenciais das pessoas e dos grupos sociais *in situ* mostra quase sempre as falhas do *habitus* instituído, por menos que se queira proceder como analista dialético. O que aparece com clareza é a dissonância cognitiva e a marginalidade sócio-cultural em relação à ordem vigente. A cada momento o imaginário motor introduz a *falha* no mecanismo aparentemente bem lubrificado dos "aparelhos ideológicos de Estado". Essas "falhas" assumem uma dimensão macrossocial quando resultam do imaginário social das classes populares. Elas estruturam pouco a pouco, na vida quotidiana, uma rede de *habitus* instituintes, implícitos em certas práticas sociais, que apenas uma sociologia *qualitativa* e institucional pode distinguir. Esse reconhecimento não exclui a *realidade* do processo de inculcação da violência simbólica dominante e seu resultado, o conformismo axiológico pela racionalização elitista (hipóstase da universalidade) ou pela "libertação" dos dominados no imaginário (hipóstase da particularidade) (cf. a esquematização do processo na p. 155).

O *habitus* real nunca fica estabilizado porque contém, no nível das pessoas e dos grupos, a dialética dos seus dois elementos. Enquanto *dialética,* o *habitus* é, como diria G. Lapassade, "*uma lógica do inacabamento*" [24] que suscita necessariamente uma práxis e um projeto incessante de totalização. Esquema (dialético) de pensamentos, de percepções, de representações e de ações, o *habitus* é então o que nos permite o *entrismo,* esse "movimento permanente pelo qual o homem se esforça, até o fim da sua existência, para entrar na vida" (G. Lapassade, p. 244).[24]

A reificação é o bloqueio inconsciente do mecanismo dialético do *habitus,* sua escotomização universalizante (pelo instituído) ou particularmente (pelo instituinte), que conduz no nível dos grupos sociais ao etnocentrismo e, por conseguinte, ao etnocídio. No nível da pessoa, o *habitus* de classe "bem-sucedido", isto é, bloqueado e bloqueante, acarreta o conformismo axiológico da "personalidade sub-realista" (J. Gabel).[25]

Os distúrbios do *habitus,* ou seja, um funcionamento ontológico dramático de sua dialética, em conseqüência de uma desaculturação e de uma aculturação ao *ethos* de outra classe social, abrem o cami-

## ESQUEMA DO PROCESSO DE DIALETIZAÇÃO DO *HABITUS*

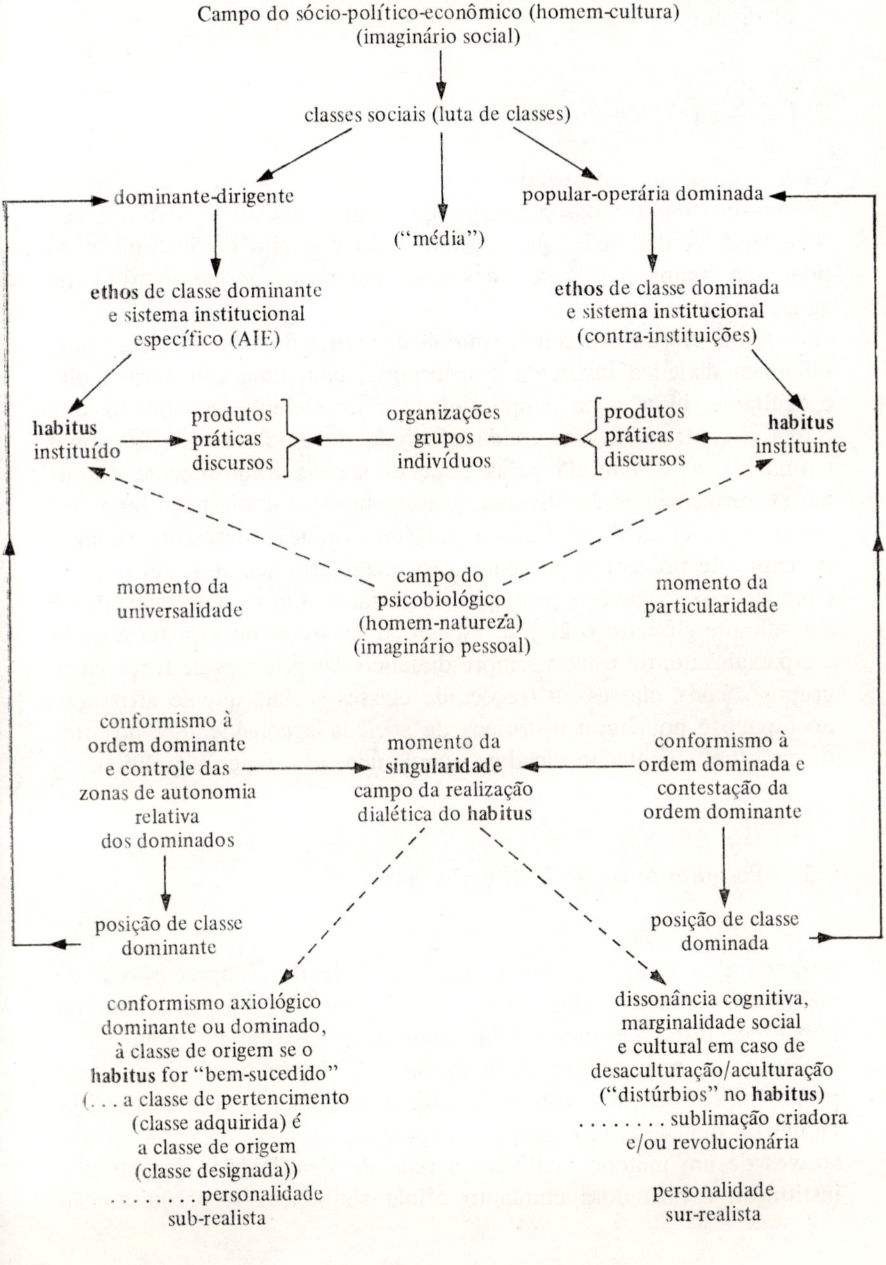

nho para a dissonância cognitiva e para a marginalidade social e cultural, fatores que geram "personalidade sur-realista", criadora e/eu revolucionária.

### 2.1.5. *Definição do Conceito de Instituição*

Célula simbólica dialetizada, a instituição é a matriz essencial do sistema dos *habitus* das pessoas e dos grupos sociais de determinada sociedade. A definição que proponho do conceito de instituição só pode ser compreendida se for levado em conta o que foi dito até agora neste estudo.

A *instituição* é a célula simbólica, matriz dos *habitus,* com uma dinâmica dialética instituída e instituinte, com uma estrutura oculta e ocultante, inscrita na temporalidade e socialmente sancionada, que busca o controle da historicidade agindo de uma maneira funcional e imaginária, instaurada pelas relações sociais forçosamente conflitantes, provenientes da atividade transformadora dos grupos humanos (com o princípio de realidade), da sua produção desejante (com o princípio de prazer) e do seu duplo imaginário social (com o princípio de esperança e o princípio de ilusão). Ela é simultaneamente a resultante global e o âmbito específico, quase sempre materializado e espacializado, do estado sempre dialético das relações de força entre grupos sociais, classes ou frações de classes sociais que se afrontam, no espaço e no tempo históricos da sociedade considerada, nos três níveis estreitamente imbricados: econômico, ideológico e político.

## 2.2. Pesquisa-Ação e Instituição

Para mim, a pesquisa-ação é uma atividade de compreensão e de explicação da *práxis* dos grupos sociais por eles mesmos, com ou sem especialistas em ciências humanas e sociais práticas, com o fito de melhorar essa práxis. A *pesquisa-ação institucional* é um tipo particular de pesquisa-ação cujo objeto refere-se ao campo institucional no qual gravita o grupo em questão. Trata-se de desconstruir, através de um método analítico, a rede de significações das quais a instituição é portadora enquanto célula simbólica. A pesquisa-ação institucional é levada a empregar conceitos fundamentais como os de transversalidade, implicação, analisador, grupo-sujeito e grupo-objeto.

### 2.2.1. *A Estratégia Institucional na Organização*

A análise da práxis dos grupos sociais procura "trabalhar" as estruturas sociais ocultas que contribuem para determinar a orientação de uma prática. Seu lugar privilegiado é a organização no interior da qual a pesquisa-ação institucional destacará o desconhecimento instituído e o dinamismo instituinte dos diferentes grupos sociais.

#### 2.2.1.1. GRUPO-OBJETO E GRUPO-SUJEITO

O *grupo-objeto* (ou dominado) é o da verticalidade social, piramidal e hierárquica, e também o da horizontalidade uniformizada (os estratos no sistema hierárquico), cega às mediações, assustada com a implicação.

O grupo-objeto adere completamente às instituições determinadas pelos "outros, pelos superiores, figurões, intelectuais". Afasta qualquer análise que lhe pareça capaz de produzir divisões. Evita os conflitos e se abriga no centralismo, na rigidez normativa e no caráter unívoco dos rituais unificadores. A universalidade é a categoria-mestra de seu pensamento: daí ele tira um conjunto de instituições que procura impor pela força ou pela astúcia. O seu imaginário é um planetário de estereótipos e de preconceitos do senso comum. Estruturado militarmente, o seu imaginário gera um campo fantasmático constituído pelos chavões do maniqueísmo social: para ele, sempre existem os "inimigos externos" e os "cidadãos respeitadores da ordem". Fascinado pela centralidade, o grupo-objeto tenta circunscrever, e mesmo aniquilar, todas as polarizações periféricas: a sua obsessão é a emergência do louco, do vagabundo, do homem erótico, do fracassado feliz. Ele entrega medalhas ao policial, ao psicótico e ao mandarim erudito da burocracia acadêmica. O capitalismo de organização, conhecido por "democracia liberal" ou então por "socialismo de Estado", é a matriz que gera em cadeia os grupos-objeto, assim como produz os objetos de grande consumo.

O *grupo-sujeito* é o da revolta, e também o do esforço e da perseverança, isto é, da temporalidade. Separar-se do coletivo dominado para tornar-se um grupo-sujeito de sua práxis e de seu projeto não se consegue espontaneamente: é uma conquista no tempo, no espaço e na adversidade sobre a mentira planificada, sobre a violência imposta, sobre o racionalismo mórbido dos grupos no poder. Essa conquista, jamais completa, é o fruto da criação que é a força principal do grupo-sujeito. Suas categorias essenciais são a mediação e a singularidade de tipo instituinte. Ele assume os riscos e as contradições no interior de estruturas inacabadas de trocas igualitárias e de comunicações horizontais. O seu incessante trabalho analítico refere-se à instância da transversalidade, isto é, à apresentação das contradições incontornáveis, das diferenças inelutáveis, dos determinismos sociais que se imprimem no ser do grupo. A análise — imperfeita — do seu coeficiente de transversalidade permite ao grupo-sujeito aproveitar a sua expressão mais rica e mais complexa: para ele *a liberdade de palavra é como a maré viva.*

O grupo-sujeito vai, pelo imaginário, até o ziguezague de sua própria morte. Confronta-se com a angústia da divisão e com as portas blindadas do *non-sense.* Mas a sua liberdade não é um riso delirante. É a reconciliação conflituosa, em e através de uma práxis coletiva, da lucidez questionadora do sábio, da atitude imprevisível do poeta, e do desejo, do militante, de transformação da natureza e dos homens. O grupo-sujeito é o lugar onde se pratica constantemente a perlaboração do desejo coletivo de revolução e da revolução do desejo pessoal. A emergência da transversalidade no grupo-sujeito é marcada pelos sinais de advertência dos analisadores e pelos dilaceramentos da implicação. Se o grupo-objeto condena a cada momento os analisadores da sua prática reificada, o grupo-sujeito reconhece na aparição desses analisadores os fracassos relativos da sua pesquisa-ação institucional e o peso sociológico das sobredeterminações sociais.

Com o incêndio iluminador dos analisadores, o grupo-sujeito não se recusa a perseguir a sombra guardiã do instituído. Sabe parar para analisar as falhas da sua prática, as regiões movediças da sua ideologia vacilante. A sua rede de implicações diferentes torna-se então um acorde no ritmo da ação coletiva, e não um vazio melódico. Com um andar hesitante, contraditório, angustiado, a práxis do simbólico é uma verdadeira operação cata-minas do institucional.

Em busca incessante, sempre a meio caminho da sua totalidade, o grupo-sujeito é a estrela polar de toda práxis coletiva realmente instituinte.[6]

### 2.2.1.2. O GRUPO-SUJEITO E A AÇÃO INSTITUCIONAL ESTRATÉGICA

O grupo-sujeito, na sua pesquisa-ação institucional, não confunde *analisador* com *integrador*. O grupo-sujeito procura ser estratégico na organização que só funciona na base dos aspectos mistificadores e repetitivos do imaginário social. Procura distinguir *amplitude instituinte* e *amplitude instituída* (permitida ou tolerada) do campo institucional produzido e reproduzido em e pela organização. Haverá, no caso, dois limites críticos que permitem situar a amplitude institucional: o limite de *intolerância institucional* e o limite de *anergia institucional.*

#### *2.2.1.2.1. O LIMITE DE ANERGIA INSTITUCIONAL*

Por *anergia* (do grego *an* = privação, e *ergon* = ação), o dicionário designa a ausência de reação de um organismo à aplicação externa ou interna de determinada substância. As organizações não vivem nas nuvens. Elas evitam a mudança, insistem na repetição e no poder: eficácia, rentabilidade, crescimento, hegemonia, são os seus dogmas preferidos. Pesquisas antropológicas mostram que as sociedades "sem história" não passam de um mito forjado por nosso etnocentrismo. Como qualquer sociedade, as organizações não escapam à história, isto é, à mudança, à desestruturação e à reestruturação. Mas a dose instituinte necessária à mudança pode ser tão ínfima, tão localizada, abafada na uniformidade reprodutora da ordem estabelecida, que a mudança não se torne visível num período curto. Ela vai aparecendo pouco a pouco, num processo lento e combinatório que evita as rupturas agitadas.

Chamo de *limite de anergia institucional* o momento além do qual o impulso instituinte na organização começa a aparecer através de certos índices.

Aquém do limite de anergia institucional, o sistema institucional da organização não sofre muitas alterações, porque as forças latentes do instituinte ainda não conseguem perturbar a ordem existente.

*2.2.1.2.2. O ESPAÇO-TEMPO DOS ALARMES INSTITUCIONAIS*

É preciso tempo para que o questionamento do sistema institucional se manifeste. É preciso haver também lugares de relativa autonomia onde a tensão dialética entre instituinte e instituído possa se afirmar. O limite de anergia institucional é ultrapassado quando se "acendem" e "apitam" os *alarmes institucionais.* Essa palavra, tirada do vocabulário da economia política, é usada por mim para designar toda espécie de fatos que representam o impacto da atividade instituinte dos grupos sociais na organização e quase sempre ligados à interação da organização com a sua totalidade social englobante, isto é, ao fenômeno da transversalidade. Qualquer ato que, de um ou outro modo, conteste a situação dos grupos-objeto, constitui um alarme institucional. Por exemplo: numa classe, um professor decide renovar a sua pedagogia por ter compreendido a proposta das correntes de autogestão pedagógica. A atividade ou passividade explícita dos alunos provoca comentários dos outros professores, uma entrevista "amigável" com o conselheiro pedagógico, uma convocação oficial da parte do reitor, etc.; tudo isso são elementos que funcionam como alarmes institucionais, que põem de sobreaviso a organização quanto ao questionamento, mesmo em parte, do seu sistema institucional.

Assim que há um "ruído" na instituição, os alarmes institucionais com alguma potência começam a ressoar (os ressonadores). Entre eles estão o *analisador* e o *integrador.*

Defino o analisador institucional como um alarme institucional, ressonador com certa potência: o alarme tem tal intensidade, que há polarização do campo institucional da organização sobre ele e reação do instituído que revela, dessa forma, a sua violência simbólica intrínseca. A estrutura opressiva do instituído é clareada pelo *flash* do analisador, mas este não faz a análise, apesar do que acham os institucionalistas como Lourau e Lapassade; o analisador simplesmente cria as condições e são os atores sociais que a farão (talvez) numa tomada de consciência coletiva e analítica da estrutura do instituído, da ordem vigente implícita, tendo em vista a sua transformação radical.

Todo alarme importante na organização não é necessariamente um analisador: também pode ser um *integrador.* Assim que o limite de anergia institucional é ultrapassado, os alarmes institucionais aparecem e, ao mesmo tempo, a reação da organização.

Contudo não se pode esquecer a relativa autonomia da organização necessária ao funcionamento dos mecanismos de dissimulação e de imposição de sua violência simbólica (cf. as teses de Bourdieu e Passeron): por isso existe uma *amplitude do instituído,* uma flexibilidade do sistema simbólico reprodutor da ordem social.

Uma organização sólida, dinâmica e marcante no sistema da concorrência, não reage, em geral, de modo draconiano e imediato, ao fato instituinte. Contando com a amplitude do instituído, ela vai instalar um sistema de integradores.

O *integrador,* na física, é um aparelho que efetua e totaliza indicações contínuas. Em ciências sociais, define-se o integrador como todo fato, todo acontecimento, toda situação ou pessoa que permite a um sistema social auto-regular as suas contradições institucionais sem provocar mudanças estruturais.

A inovação pedagógica permitida e institucionalizada é, geralmente, o integrador por excelência na organização escolar. Como afirma J. Ardoino: "A noção de inovação é uma noção puramente combinatória, no interior de um universo imutável (como, por exemplo, em matemática). A inovação é uma mudança menor, em dose infinitesimal, e não radical."[26] Um dos exemplos disso é, no ensino francês de 2º grau, a concessão de 10% do tempo pedagógico para serem usados pelo professor como ele quiser. Mas o melhor exemplo de integrador a partir da inovação pedagógica foi uma experiência de autodisciplina realizada num importante internato do sul da França, um Colégio de Ensino Técnico (CET). Os professores desse CET, depois de haverem feito um trabalho de sensibilização a fenômenos grupais,[27] expressaram no momento da avaliação de sua ação educativa a satisfação que sentiam pelos resultados (?) da autodisciplina bem-sucedida dos alunos do CET. Como animador da reunião, pedi que explicassem melhor. Percebeu-se então que a prática inovadora levou a:

— o surgimento de um bando de alunos brutamontes que instauraram um poder fascista no estabelecimento, evitando ao poder docente de se revelar como tal;
— a exclusão, em surdina, dos verdadeiros analisadores: alunos recalcitrantes, bagunceiros, autores de furtos e refratários a qualquer organização escolar.

É possível mostrar a instalação de integradores em todos os grandes sistemas institucionais ameaçados. No caso da instituição militar, por exemplo, o aumento do soldo, o porte de traje civil fora das instalações militares, a possibilidade de sair até meia-noite para os soldados solteiros, e a noite toda para os casados ou para os soldados vivendo em concubinato. Mas quando surge um elemento analisador, logo se percebe a diferença entre ele e o integrador, e estreitam-se os limites da amplitude do instituído: foi o que aconteceu em novembro de 1975 quando os reservistas de um regimento de Besançon constituíram uma seção sindical.

### *2.2.1.2.3. OS DOIS TIPOS DE INTERFERÊNCIA INSTITUCIONAL*

O aporte teórico da noção de integrador permite compreender os dois tipos de interferência na dialética do instituinte e do instituído.

1) A *interferência institucional instaurativa* é o momento da singularidade em que, no campo simbólico da organização, a dialética entre instituinte e instituído leva, *in situ,* através do jogo dos analisadores, à mudança fundamental mais ou menos rápida das estruturas institucionais.

Uma organização constituída de grupos-sujeito é aquela onde se pode encontrar a interferência institucional instaurativa mais forte.

2) A *interferência institucional restaurativa* é o momento da singularidade em que, no campo simbólico da organização, a dialética entre instituinte e instituído leva, *in situ,* através do jogo dos integradores, ao deslocamento e ao reforço dissimulados das estruturas do instituído.

As organizações burocráticas onde os grupos são objetos podem apresentar uma interferência institucional restaurativa máxima.

Logo, toda *estratégia* institucional na organização supõe uma apreciação, a mais exata possível, no setor dos alarmes institucionais, dos analisadores e dos integradores. Afinal, a natureza desses elementos depende da autonomia relativa da organização considerada no sistema geral das instituições que ela deve reproduzir e fazer. Um descuido nesse nível pode provocar grandes equívocos, e mesmo institucionalistas competentes como G. Lapassade já se enganaram com isso (por exemplo, na sua defesa, em nome do analisador, do Caso da Sexologia em Vincennes, em 1975, cuja dimensão de integrador era bem mais evidente, já que, depois de muita discussão, a disciplina de M. Meignant, que havia causado tanto escândalo, acabou sendo completamente institucionalizada).

### 2.2.1.2.4. *O LIMITE DE INTOLERÂNCIA INSTITUCIONAL E A ZONA DOS DETONADORES*

Quando a ação dos analisadores se torna mais firme, pode-se chegar ao *limite de intolerância institucional.* A surpresa pode ser absoluta pois toda organização é, por natureza, intolerante aos fenômenos de contestação interna que possam limitar o seu poder (tornando-o mais claro) ou que possam desintegrá-la. Os grupos sociais que dominam a organização exercem um controle cerrado e só recuam o limite de intolerância institucional diante de um movimento social que os abale gravemente. Como observa E. Enriquez: "As organizações instalam os indivíduos diretamente no interior da problemática da busca de identidade e de afirmação de uma *unidade compacta* e sem fissura, e do temor da divisão, isto é, no coração do imaginário."[23] Ora, o analisador revela a fissura e estilhaça o mito da universalidade na organização. Se na zona dos alarmes a ação instituinte dos grupos sociais se passa entre analisadores e integradores, o limite de intolerância institucional transposto implica uma repressão física ou simbólica suficiente para aniquilar ou afastar realmente o fenômeno instituinte perigoso.

O analisador que ultrapassa o limite de intolerância institucional torna-se logo um *detonador,* gerador de antagonismos violentos e factuais, e de angústia de divisão na organização. Ele não pode perdurar nem se repetir. Ele não analisa mais; destrói, às vezes, o que deve ser destruído. *Detonador natural,* é o elemento de ruptura necessário à vida social. *Detonador construído* pelos socianalistas ou militantes bem intencionados, pode ser fruto do desconhecimento da complexidade das relações sociais e da dialética sutil da instituição.

2.2.1.2.5. *RECAPITULAÇÃO ESQUEMÁTICA*

zona dos *detonadores*

instituído totalitário — (violência física e simbólica) radical

*limite de intolerância institucional*

| amplitude do instituído | ação dos *integradores* | zona dos *alarmes* institucionais | ação dos *analisadores* | amplitude do instituinte |
|---|---|---|---|---|
| | instituído liberal | (espaço-tempo da análise estratégica dos grupos) | forças instituintes | |
| | (*interferência institucional restaurativa*) | | (*interferência institucional instaurativa*) | |

*limite de anergia institucional*

zona do consenso ou do conformismo relativo dos grupos sociais com relação à instituição

## 2.2.2. *Princípios Gerais da Pesquisa-Ação Institucional*

Toda organização "detesta o movimento que desloca as linhas". Muito arraigada nesse tipo de atitude, ela não poderia no entanto sobreviver se agisse sempre assim no quotidiano. Se "as organizações canalizam, represam, controlam, enfim, domesticam as forças sociais" (Y. Stourdzé),[28] é necessário que elas fracassem para se manterem vivas: é sabido que a aplicação integral das normas de trabalho numa empresa a levaria à paralisia total.

A pesquisa-ação institucional situa-se radicalmente na fragilidade desse dilema. Ela explora essa contradição essencial de todo sistema burocrático na esperança de inventar um outro modo de relações sociais menos contraditórias entre a vida e a organização.

Os princípios gerais da pesquisa-ação institucional apresentados neste livro não se confundem com a concepção anglo-saxônica de pesquisa-ação, forçosamente decorrente da axiologia dos sistemas políticos da Inglaterra e dos Estados Unidos.[29] Nessa axiologia, se o pesquisador em ciências sociais se pretende "um agente de mudança" (Bennis, 1966), a dinâmica social é concebida de modo combinatório e não supõe o questionamento fundamental das estruturas sociais estabelecidas: a perspectiva de uma mutação profunda ou de uma revolução é quase sempre excluída da estratégia institucional, e todo o incentivo vai para a evolução que desperta os retardatários da mudança social e recompensa os inovadores. A sobrevivência do capitalismo exige isso e é claro que, na sua dimensão internacional, ele continua muito forte. O reconhecimento do valor do *conflito* pela sociologia americana recente não significa mudança desse ponto de vista: o conflito torna-se funcional para a organização que não corre o risco de explodir mas se auto-regula pelas desordens externas.[30] Ao lado da tradicional tendência à "estratégia consensual" da organização, encontra-se agora uma "estratégia conflituosa". Em certos casos essa "estratégia conflituosa" torna-se realmente instituinte, como para Saul Alinsky, um pesquisador isolado que tenta organizar o poder potencial de contestação das minorias,[31] sem falar da sociologia radical que se desenvolve cada vez mais. Como toda instituição, a pesquisa social nos Estados Unidos tem que ser examinada na sua dupla dimensão, instituída e instituinte.

Na França, a pesquisa-ação, que é essencialmente fruto da psicossociologia aplicada, divide-se em duas correntes opostas embora complementares: uma abordagem mais voltada para os fatores psíquicos e emocionais para captar os fenômenos psicossociais, e outra abordagem bem mais sócio-política. "É a consideração das estruturas de organização social — escreve J. Ardoino — e a análise das linhas de força do campo institucional que vão mostrar as novas formas, cada vez mais epifenomênicas, das relações humanas e do jogo intersubjetivo: aqui a psicossociologia não está de acordo com a orientação inicial da psicologia social (...) Se invertida a polarização, convirá falar de uma sociopsicologia das organizações e das instituições."[32]

### 2.2.2.1. O PRINCIPAL PROBLEMA DA PESQUISA-AÇÃO INSTITUCIONAL

Consiste na dificuldade do pesquisador analisar a práxis dos grupos sociais com o máximo de objetivação e de rigor indispensáveis a qualquer ciência, estando ao mesmo tempo muito implicado nessa ação. Objetivação e implicação são elementos aparentemente contraditórios e sabe-se que Max Weber chegou a uma solução inacabada ao evitar o problema da implicação (postulado da neutralidade axiológica do pesquisador).[33] Bachelard não subestimou a questão, porém atribuiu a sua solução progressiva não à própria ciência mas à filosofia da ciência: "Em particular — escreve ele — é sem dúvida a ela que incumbe mostrar a importância do caráter intersubjetivo, do caráter histórico e social, em reação mesmo contra os próprios hábitos do pensamento filosófico: a filosofia da ciência tem a missão de pôr em evidência os valores da ciência."[34] Assim, na comunidade científica, há os sábios especialistas que fazem a ciência e, mais além, os filósofos que refletem sobre ela. As duas linguagens não coincidem. A linguagem da ciência, em particular, está em estado permanente de revolução semântica e, mesmo usando imagens, distingue-se da linguagem científica anterior ou anexa e, com mais razão, da linguagem do senso comum. Bachelard dá o exemplo da "gota d'água" de Niels Bohr, que representa algumas leis do núcleo atômico e de sua "temperatura".[35] A linguagem científica põe entre aspas o vocabulário do senso comum. Nessa perspectiva, a pesquisa-ação sempre será feita por uma elite de pesquisadores especializados, com um discurso específico e quase sempre esotérico. Mas não é assim que a entendo nas ciências humanas, talvez porque a certa altura da sua exposição sobre a epistemologia das ciências da natureza, Bachelard diz uma "frasezinha" que ele sempre aplicou nas relações da sua vida: "Se se trata de examinar homens, semelhantes, irmãos, o fundo do método é a simpatia."[36] Se o *risco* está, como pensava Bachelard, no fundo de qualquer método científico, é preciso saber assumir o risco da aventura *coletiva* na pesquisa-ação em ciências humanas. O quadro conceitual que corresponde ao seccionamento da realidade social nas diferentes regiões do saber tradicional é questionado na perspectiva da totalização pela própria práxis dos grupos sociais, como pesquisador coletivo. Todo grupo sujeito tem que ser um grupo de pesquisadores cuja reflexão compreende três níveis essenciais: a pessoa, o grupo e a sociedade em interação. Nesse caso, a filosofia, quer dizer, a reflexão sobre o sentido da vida pessoal e coletiva através da meditação sempre inacabada sobre a morte, nunca pode estar, em relação à cientificidade, noutro lugar ou num momento posterior. Ela está no coração da edificação pertinente de uma representação simbólica da realidade humana. É verdade que as coisas existem fora do homem:

o Arquipélago do Gulag existiu independentemente da consciência que dele tiveram os seus contemporâneos, mas desde que se trate de estudar, de *teorizar* os aspectos desligados da realidade social na esperança de uma coerência relativa, a *implicação* do pesquisador é parte inerente e dinâmica do conhecimento. Trata-se de reconhecer a dialética do sistema dos *habitus* do pesquisador com a pertinência do real social. Se existe uma "fronteira indemarcável" (J.-Cl. Passeron) entre ciência e ideologia nas ciências humanas, a questão é de natureza idêntica à que se coloca em física a respeito da luz, corpuscular e ondulatória, ou do elétron que, diz a física quântica, num dado momento, não pode ser determinado em sua posição e em sua velocidade.[37] Onde houver ciência humana, haverá necessariamente a colagem da implicação do pesquisador em sua multidimensionalidade simbólica e imaginária. As instituições são de fato estruturas objetivas que se impõem ao nosso espírito, mas o seu futuro é sempre incerto porque elas são ao mesmo tempo reproduzidas *e* produzidas pela ação humana. Estudar as instituições simultaneamente tão exteriores e tão interiores a nós mesmos faz parte do mesmo núcleo que une ciência e filosofia da existência. A cientificidade das ciências humanas é a *arte de precisão* que, pela perlaboração racional, torna o menos confuso possível o que é perpetuamente contraditório e dinâmico. O *trágico epistemológico* das ciências humanas está nisso: *à exigência de clareza racional se opõe a exigência inelutável da totalidade em atos.* Com o reconhecimento da totalização, a cientificidade muda de maneira radical, mergulhando na hipercomplexidade da natureza e da cultura. As regiões parceladas do saber se ressecam como palha ao sol: o homem voltando a ser natural compreende que a natureza é cultural e que a cultura não pode estar separada da natureza.

Essa concepção não exclui a necessidade da especialização mas exige uma nova categoria de pesquisadores-poetas, aventureiros da totalidade em marcha, sintetizadores do conhecimento diversificado e parcelar. Esses homens conectores, capazes de estabelecer a ligação entre as diferentes regiões do saber erudito e da vida quotidiana, verão os acertos e os erros da ciência constituída e da vida instituinte. Distingo três tipos característicos entre esses novos inventores:

— os sintetizadores das diferentes esferas do saber (entre disciplinas diferentes e, no interior de cada disciplina, entre as diversas especializações);

— os sintetizadores entre o saber científico e o saber mítico-poético;
— os sintetizadores entre o saber científico e o saber do senso comum (vulgarização científica escapando ao achatamento das diferenças pela comercialização do saber; fecundação do campo científico pela riqueza sempre a descobrir no "senso comum" [o bom senso]).

É de desejar que os grupos-sujeito do futuro sejam compostos principalmente de homens conectores e que o século XXI tenda mais para o espírito de síntese do que para o espírito de análise. É nessa perspectiva que situo as *ciências da educação*, ciências-encruzilhada que, em nome da exigência de clareza, procuram a abordagem global do fato educativo sem reduzi-lo a cinzas apesar dos múltiplos fogos das ciências utilizadas.

Há esse horizonte utópico entre os melhores representantes da psicossociologia francesa que reconhecem que a sua disciplina, na prática concreta dos grupos, "oferece um 'lugar' e um 'tempo' para a descoberta, a adoção e a aprendizagem do jogo concreto das contradições num nível em que este ainda é suportável e controlável, assim como o reconhecimento do inconsciente com imbricação complexa do fantasmático e do real mediada pela função simbólica" (J. Ardoino, p. 71).[32]

### 2.2.2.2. OS SETE PRINCÍPIOS BÁSICOS DA PESQUISA-AÇÃO INSTITUCIONAL

A partir do que foi exposto até agora podem ser formulados alguns princípios da pesquisa-ação institucional.

*Primeiro princípio*:

A pesquisa-ação institucional tem por objeto o conhecimento preciso e esclarecido da práxis institucional do grupo (e pelo grupo) a fim de dar-lhe a possibilidade de saber mais e de poder agir melhor sobre a realidade.

*Segundo princípio*:

Toda pesquisa-ação institucional supõe uma relação dialética entre o grupo — pesquisador coletivo — e o objeto de sua pesquisa, bem como o esclarecimento da sua rede de implicações.

*Terceiro princípio*:

A necessária pesquisa da objetivação na pesquisa-ação institucional está subordinada à práxis do grupo, pesquisador coletivo na instituição. O objeto de conhecimento é construído, conquistado e constatado no rasto da práxis institucional e em função dela. O material a ser analisado é, pois, reconstituído posteriormente de todos os elementos heteróclitos instituídos continuamente pela práxis coletiva e conservados pelos mais diversos meios técnicos.

*Quarto princípio*:

Sem excluir o material clássico da pesquisa em ciências humanas e sociais — como, por exemplo, a estatística — o material simbólico ou prático (geralmente rejeitado pela sociologia acadêmica positivista), tal como os fenômenos marginais, os casos clínicos, etc. é considerado de modo privilegiado na pesquisa-ação institucional.

*Quinto princípio*:

A análise é diacrônica e dialética: supõe uma epistemologia clínica da temporalidade para poder apreender a tendência geral da evolução da práxis coletiva (ou TREND* da práxis).

*Sexto princípio*:

O conhecimento do *trend da práxis* impõe o reconhecimento de "momentos" significativos, totalidades parciais dialéticas suscetíveis de serem analisadas sincronicamente (decodificação). Esses "momentos" analisados em sua complexidade horizontal não são o ponto essencial da pesquisa-ação mas constituem "marcos" indispensáveis à compreensão da dialética evolutiva da práxis. Cada "momento" é concebido na análise como uma *trama de contradições dinâmicas*, estruturada principalmente pelas contradições de uma totalidade englobante significativa, que o olhar do pesquisador coletivo implicado fixa, através de uma convenção epistemológica e um procedimento de "desdobramento" (como se práticas e discursos, objetos de análise, não viessem dele).

---

* Em inglês significa *tendência*. Palavra empregada em economia para designar uma força subjacente que percorre (sob e através) os ciclos econômicos. *Trend* serve também para caracterizar o desenvolvimento fundamental de um ramo ou setor determinados. (Cf. R. Baudhuin, *Dictionnaire de l'économie contemporaine*. Verviers, Belgique, Ed. Gérard et Cie., Col. Marabout service, série "Économie moderne").

*Sétimo princípio*:

O resultado provisório de uma pesquisa-ação institucional só pode ser *explicado* por sua inserção numa estrutura englobante significativa, que é por sua vez elemento de um conjunto em via de totalização. O conhecimento do *trend* da práxis de um elemento A supõe, portanto, o conhecimento paralelo do *trend* de uma práxis de um elemento B ao qual pertence A.

## 2.3. Análise Diacrônica e Dialética do Campo Institucional nos Grupos e nas Organizações: A Socianálise Institucional

A metodologia que vai ser aqui apresentada em duas partes baseia-se nos princípios de pesquisa-ação institucional acima propostos.

A análise diacrônica e dialética do campo institucional nos grupos mais ou menos organizados socialmente pode ser desdobrada em cinco fases fundamentais:

2.3.1. Da serialidade do coletivo à fraternidade duvidosa da instância da universalidade: o momento da unidade positiva.
2.3.2. A ação implícita das implicações dos membros do grupo.
2.3.3. A confrontação das diferenças: o momento da particularidade ou da unidade negativa.
2.3.4. O esclarecimento do "incontornável": a rede de contradições.
2.3.5. A articulação dinâmica do "incontornável": o momento da singularidade.

### *2.3.1. Da Serialidade do Coletivo à Fraternidade Duvidosa da Instância da Universalidade: O Momento da Unidade Positiva*

Todo grupo, ao nascer, sai da serialidade no sentido sartriano do termo. A *serialidade,* segundo J.-P. Sartre, é o agrupamento de pessoas que esperam o ônibus na praça Saint-Germain, simples reunião de pessoas de idade, sexo e origem social diferentes que "realizam na banalidade quotidiana a relação de solidão, de reciprocidade e de unificação pelo exterior (e de massificação pelo exterior), que caracteriza os moradores da cidade grande enquanto estão juntos, sem estarem integrados pelo trabalho, pela luta ou por qualquer outra atividade no grupo organizado que lhes é comum".[38]

Um exemplo que ilustra essa análise diacrônica e dialética é o caso do grupo de pesquisa no qual trabalhei: o *grupo de inovação pedagógica do* OFAJ (Ofício Franco-Alemão para a Juventude), cujos principais animadores eram Max Pagès, da Universidade de Paris-Dauphine, e Bürckhard Müller, da Universidade de Tübingen. Formado no intuito de efetuar uma pesquisa-ação quanto à melhoria e invenção de novos métodos de animação de grupos de encontro internacionais, especialmente franco-alemães, o grupo de inovação teve a vantagem da permanência (a pesquisa-ação se estendeu por vários anos e se desenrolou por meio de sessões trimestrais com a duração de vários dias), da diferença (composto por umas trinta pessoas de idade, sexo, origem social e organizações diferentes, mas ligadas ao OFAJ de modo mais ou menos direto) e da pesquisa quanto à conjunção possível-impossível do institucional e do psicocorporal, que atualmente divide a psicossociologia clínica.

A primeira vez que nos reunimos na França, tratava-se mesmo de um pseudo-grupo ainda aglomerado na serialidade, no qual faltavam muitos membros potenciais; suas motivações eram bem obscuras, o único interesse claro sendo o de encontrar o caminho que leva ao questionamento pedagógico e institucional. Quem éramos nós, uns para os outros, com os nossos sorrisos de fachada e com as nossas personalidades apontadas como a proa de um navio de guerra? Qual era o nosso *grau de massificação* (J.-P. Sartre) nos primeiros momentos do encontro? Isolados uns dos outros, extraídos de nossos respectivos meios sociais, de nossos grupos de referência, nossos comportamentos e atitudes pessoais já começavam a mostrar a marca da relação de reciprocidade e do sentimento ainda vago de pertencer a algo chamado "grupo de inovação".

A segunda sessão na Alemanha nos levou a sair da instância da serialidade para nos constituir de fato enquanto grupo, mas grupo-dependente, grupo-objeto. Percebemos nesse momento que havíamos realizado um ato e que, por isso, havíamos saído do coletivo para tornarmo-nos um grupo. Foi surpreendente perceber que já éramos um elemento autônomo em relação a nossos grupos de referência exteriores. Momento de fusão do grupo pela festa, pela dança, pela invenção de formas gráficas ou corporais, concomitante ao afastamento de qualquer conflito e da angústia de divisão (recusou-se a vinda de G. Lapassade; evitou-se o problema da autogestão financeira do grupo). "De fato, o grupo em fusão ainda é a série que se nega reinteriorizando as negações exteriores ou, melhor dizendo, não há diferença nesse momento entre o positivo mesmo (grupo em via de constituição) e esta negação que se nega (série em dissolução)" (J.-P. Sartre, p. 391).

### 2.3.2. *A Ação Implícita das Implicações dos Membros do Grupo*

Já nesse encontro na Alemanha, havia começado o trabalho a respeito das implicações, decorrente da discussão sobre a presença de analisadores (Lapassade, a autogestão financeira), mas ainda não muito nítido. Quem éramos, o que desejávamos, o que podíamos pôr mesmo em comum para pretendermos fazer juntos uma pesquisa-ação? A questão permanecia implicitamente formulada, sob o efeito do grupo em fusão e do que então chamei a nossa "fraternidade duvidosa", isto é, o sentimento de, ao mesmo tempo, fazer parte do grupo e não ser bem do grupo; sobre tudo isso reinava um calor humano evidente demais para ser autêntico. Já começava a se colocar o problema da *permanência* do grupo, de sua *sobrevivência*. Sartre escreve: "A tensão da sobrevivência manifesta para cada estranho (*tiers*) o duplo perigo que ameaça o grupo: resumir-se numa síntese passiva do campo prático-inerte (o 'monumento aos mortos'), dissolver-se num novo agrupamento serial. A tensão, vivida pelo estranho, é precisamente a tomada de consciência, na medida em que descobre o grupo em perigo e se supera: ao descobrir uma nova finalidade, ou seja, a construção do grupo como unidade prática e livre contra esse duplo perigo" (p. 437).[38] A "fraternidade duvidosa" do momento da universalidade expressava e recobria o perigo da diferença reconhecida. Assim se dava a dialética entre a necessária emergência das implicações e o risco de divisão do grupo. Valsa-hesitação entre o "sou um outro" e o "sou membro do grupo", com as variações melódicas fáceis de reconhecer (o institucional, o psicológico) e com os cantores preferidos (os líderes formais e informais do grupo). Período em branco em que o passo a dar é o do risco de agressividade real, não formalista, porque atinge a região ontológica da pessoa e acerta em cheio na estrutura essencial da personalidade. Parar neste nível, não ultrapassar o ponto do conflito real e aberto, é condenar-se à sobrevivência emaranhada do grupo, à práxis diluída no óleo das relações, à finalidade microscópica. A isso J.-P. Sartre responde que a dialética do grupo encaminha-se então para o juramento e para a fraternidade-terror na ação mediadora: determinação inerte do futuro, o juramento é "negação da dialética no coração da dialética" (p. 440).[38] Essa visão trágica da dialética dos grupos leva à fraternidade-terror onde a liberdade de cada um "exige a violência de todos contra ela e contra a de qualquer estranho como defesa contra si mesma (enquanto livre poder de secessão e de alienação) (...) Assim a inteligibilidade do juramento vem do fato dele ser redescoberta e afirmação da violência como estrutura difusa do grupo em fusão, e dele transformá-la reflexamente em estrutura estatutária das relações comuns" (p. 449). Ela leva à organização (p. 460) e à criação de aparelhos especializados e burocráticos. É claro que se podem encontrar muitos exemplos históricos dessa visão trágica da dialética do grupo; mas o interesse do grupo de inovação na sua práxis psicossociológica e institucional talvez seja o de situar-lhe a relatividade, mostrando que um grupo pode evoluir para a aprendizagem das contradições reais sem passar pela fraternidade-terror e pela exclusão ou aniquilamento dos "desviantes".

### 2.3.3. *A Confrontação das Diferenças: O Momento da Particularidade ou da Unidade Negativa*

Somente essa confrontação permite ao grupo-objeto o início da sua passagem para a categoria de grupo-sujeito. A afirmação do "inteiramente outro" que despedaça o pseudo-consenso do momento da universalidade é o resultado lógico da ação implícita das implicações no grupo quando um grupinho não decidiu, por seu papel organizacional, matá-lo em embrião através do juramento. As organizações, com seus mecanismos burocráticos, fazem o possível para que o juramento seja rapidamente institucionalizado e assimilado nos ritos e códigos rígidos. Elas retardam ao máximo o aparecimento do momento da particularidade, isto é, da confrontação com o real, e só retêm, na melhor hipótese, o conflito funcional, a disfunção necessária para o crescimento do poder. Por exemplo, numa firma multinacional os executivos selecionados puderam seguir anualmente um super-seminário de "cultura geral contemporânea" na Abadia de Royaumont. Os interventores vindos de fora, com curso superior, tinham a missão de atualizá-los nos conhecimentos em ciências humanas e sociais. Por isso a organização assumiu um certo risco. Mas o controle foi bem firme e a minha intervenção crítica sobre o sistema de ensino, que favoreceu a emergência do momento da particularidade no grupo dos executivos (dissonância cognitiva entre os diretores dos laboratórios de pesquisa e os diretores das seções comerciais e de contabilidade), logo foi percebida pelo Diretor-Geral, sempre atento aos boatos que circulam no seu estado-maior. Considerado exageradamente "crítico", o seminário foi mera e simplesmente suprimido em 1976. Isso é lógico e faz parte da estratégia da classe dominante-dirigente na luta empreendida no interior do campo simbólico. O momento da particularidade na fábrica é no entanto afirmado quotidianamente pelo desenvolvimento ou emperramento da produção, pelo absenteísmo e rotatividade do pessoal, pela ocupação dos locais pelos grevistas ou pelo roubo de documentos que cristalizam a violência simbólica dos dirigentes sobre a classe operária (cf. o Caso Lip). Na escola, é a presença muito notada do mau aluno feliz ou do aluno erótico. Na cidade industrializada, é a existência do "louco" em liberdade. Na prisão, o momento da particularidade aparece com a recusa da violação homossexual (especialmente nos Estados Unidos) e a rejeição das gangues. No exército, pelo sindicato dos soldados.

No grupo de inovação, no momento do terceiro encontro, na Bretanha, a contestação violenta da fraternidade duvidosa e da religiosidade latente do grupo teve como resultado acentuar ainda mais as diferenças entre os que "acreditavam" e os que "não acreditavam": os que "acreditavam" afirmaram a sua diferença organizando uma missa ecumênica num quarto, e revelaram assim a presença até então desconhecida de um padre no grupo. O último encontro na Alemanha, na ilha de Sylt, foi o momento de uma confrontação ainda mais radical das diferenças entre subgrupos institucionalizados, bem como de uma produção simbólica cheia de riqueza. (O grupo de inovação orientou-se para o *juramento* sem terror, no ano de 1976, e decretou sua autogestão financeira e pedagógica [juramento como contrato coletivo de direitos e de obrigações, cf. adiante]).

### 2.3.4. *O Esclarecimento do "Incontornável": A Rede de Contradições*

O reconhecimento das diferenças do momento da particularidade permite ao grupo de pesquisa-ação, pesquisador coletivo, analisar de fato a sua rede de contradições institucionais como um fenômeno "incontornável", inelutável, que o grupo deve assumir com pleno conhecimento de causa. A riqueza social e humana de um grupo-sujeito não resulta do sentimento agudo de portar (e suportar) um núcleo inquebrantável de elementos contraditórios e caóticos? Isso serve de ilustração para a bela imagem de Nietzsche: "É preciso ter um pouco de caos em si para dar nascimento a uma estrela que dança."

Considero que se podem destacar cinco tipos de contradições:

— contradições elementares
— contradições dos clãs
— contradições horizontais
— contradições verticais
— contradições transversais

#### 2.3.4.1. CONTRADIÇÕES ELEMENTARES

São as contradições que se situam no nível de cada indivíduo do grupo, e que resultam da distância entre o seu desejo e as possibilidades de realização desse desejo. Contradições entre o imaginário e o real por análise do simbólico como instância mediadora. De modo menos psicanalítico e mais existencial, contradições entre o projeto imaginado e a prática concreta de uma pessoa, fazendo a distinção entre o *discurso do ideal* (o projeto inicial), a *linguagem da instituição* (sistema significante que, num grupo organizado, atrai e canaliza de acordo com o seu próprio código, projetos e práticas individuais) e *discurso da ilusão* (o projeto rebaixado e transformado pelo peso institucional em projeto reificado e reificante que racionaliza as práticas conformes).

#### 2.3.4.2. CONTRADIÇÕES DOS CLÃS

O momento da particularidade na dialética do grupo faz nascer subgrupos ou clãs. Mas cada clã tem suas próprias contradições que interferem na rede de contradições do conjunto do grupo. No grupo de inovação, por exemplo, na época da análise (junho de 1975), foi possível distinguir como clãs mais ou menos bem constituídos:

a) os animadores oficiais;
b) o pessoal permanente do secretariado IV do OFAJ;
c) o pessoal da organização, membros delegados pelas grandes organizações de educação popular, leigas ou religiosas, que faziam parte integrante do OFAJ, tanto na França como na Alemanha;
d) os animadores de formação e pesquisadores universitários do OFAJ, não-permanentes e, na maioria, especialistas em ciências humanas aplicadas;
e) os marginais: estudantes, pesquisadores ou pessoas sem ligação aparente com organizações reconhecidas.

Foi possível analisar, após o terceiro encontro, as contradições surgidas em cada clã. Por exemplo:

No clã a), o peso psicoafetivo e social de Max Pagès em relação ao seu colega alemão, apesar do aspecto recíproco do fenômeno.

No clã b), as contradições elementares e o peso institucional do responsável pelo setor "pesquisa e formação" em relação ao seu assistente alemão (que era dionisíaco, que era apolíneo?), assim como do aspecto corporal e político em cada um desses responsáveis.

No clã c), a divisão entre "religiosos" e "leigos", entre alemães e franceses, entre "pedagogos" e "políticos".

No clã d), os "institucionalistas" e os "rogerianos", os homens e as mulheres.

No clã e), aqueles que procuram se ligar a um clã e os que se marginalizam cada vez mais, etc.

### 2.3.4.3. CONTRADIÇÕES HORIZONTAIS

São o resultado da oposição entre as coerências relativas de cada clã e de sua estratégia específica. Por exemplo: no clã d) motivado pela formulação do projeto de pesquisa como síntese possível entre o aspecto institucionalista e o aspecto psicocorporal na animação de grupos, uma oposição vai se desenvolver e criticará o estilo pedagógico dos animadores oficiais do grupo de inovação, julgado incoerente face ao projeto de pesquisa. No clã c) os "pedagogos" fazem aliança com o clã d) e se separam ainda mais dos "guardiães do político".

Como o grupo foi atingido na sua própria dinâmica, é fácil compreender que as coerências fossem relativas e flexíveis, sempre em via de desestruturação a médio prazo.

#### 2.3.4.4. CONTRADIÇÕES VERTICAIS

A longo prazo, são o resultado da história do grupo global: por exemplo, contradições entre o projeto inicial, a sua realização e o resultado em dado momento. Essas contradições levam, quando analisadas, a um reajustamento ou a um contra-projeto que, discutido pelo grupo e posto em prática, constitui a tentativa de articulação do momento da singularidade.

#### 2.3.4.5. CONTRADIÇÕES TRANSVERSAIS

São as contradições que provêm da ação da transversalidade no grupo, isto é, do conjunto de ônus técnicos, econômicos, políticos, culturais e sociais onde agem as relações sociais de um dado modo de produção, e que constitui o imaginário social de uma sociedade. Marca inconsciente do macrossocial no microssocial, essa transversalidade fecunda as contradições dos outros níveis, pelo menos no essencial, sem com isso fazer das contradições elementares, dos clãs, horizontais ou verticais, mero reflexo da ação da transversalidade no grupo. Essas contradições transversais aparecem quando o não-dito do grupo é esclarecido na própria estrutura, isto é, quando as implicações e as diferenças podem se confrontar abertamente. Quando o grupo as analisa, essas contradições representam a consciência esclarecida de um grupo saído da dependência e que assume o risco sempre presente da própria morte. O enfoque analítico das contradições transversais representa o que se poderia chamar *qualidade sócio-ontológica* de um grupo-sujeito que descobre não só a sua estruturação histórica numa totalidade em ato, mas também a finalidade certa de sua própria história. Para um grupo, viver essa qualidade sócio-ontológica supõe o reconhecimento da instância da temporalidade, da resistência do real à maré do imaginário e da incontornável rede de contradições e de complexidades na trama do simbólico mediatizante, no cerne mesmo da ação e das metamorfoses.

### 2.3.5. *A Articulação Dinâmica do "Incontornável": O Momento da Singularidade*

É o momento ambíguo da superação das contradições assumidas pelo grupo-sujeito na sua dinâmica evolutiva. O juramento, como já foi dito, não é uma superação mas sim um bloqueio da ação dialética. Se o momento da singularidade se estrutura em torno do juramento, ele fica preso na burocracia emergente com a sua sucessão de instituições totais. Somente um grupo-sujeito pode dar a esse momento uma outra dimensão: o de um *contrato social sinalagmático e provisório* onde as contradições reconhecidas e assumidas agem, durante certo tempo, como uma unidade positiva reencontrada.

#### 2.3.5.1. O CONTRATO SOCIAL E O PRINCÍPIO DA AUTONOMIA DA VONTADE

É só neste momento da dialética do grupo que se pode retomar o velho problema jurídico do "princípio da autonomia da vontade". Esse princípio está na base do direito contratual. Segundo ele, a vontade é ao mesmo tempo fonte e medida das obrigações e dos direitos. Consiste em dizer que, para além da lei, toda obrigação se apóia, em última instância, na vontade individual dos contratantes. Situado no momento da universalidade na dialética dos grupos, no centro do imaginário social mistificador cujo direito é um elemento de escol, ele é sem dúvida um discurso da ilusão idealista e o desconhecimento instituído das relações de força entre classes ou frações de classes sociais que se encontram na base do contrato na legislação atual dos países capitalistas. O mito da autonomia da vontade se desvanece, evidentemente, na conclusão do contrato de trabalho em período de recessão econômica, entre um trabalhador imigrante desempregado e o chefe de pessoal de uma multinacional. Ele também se desfaz no "contrato pedagógico" cujo mal-entendido implícito foi analisado por Janine Filloux,[39] ou nas pesquisas de M. Gilly,[40] e nas da equipe de Bourdieu e Passeron.[41]

Seria necessário fazer toda a história de classe do Código Civil para conseguir apreender a gênese teórica do princípio da autonomia da vontade. O aumento dos interesses e do poder da burguesia comercial e industrial nos séculos XVIII e XIX, numa luta encarniçada contra a aristocracia decadente e contra a classe operária emergente, vem envolvido num discurso filosófico racionalizante e individualista. Kant afirma: "uma pessoa não pode ser sujeita a outras leis além daquelas que ela se dá. Toda obrigação da qual ela não fosse a própria fonte seria contrária à dignidade do indivíduo." Os filósofos e juristas franceses pensam da mesma forma; Fouillé: "quem diz contratual, diz justo"; Gounot, no início do século XX: "as vontades criam elas próprias o que é justo"; e o Código Civil francês nos artigos 1.134 e 1.156 inscreve no direito positivo o princípio filosófico. Como escreve A. Vachet em sua tese sobre o assunto: "o liberalismo vê, pois, de preferência, a liberdade na afirmação da autonomia e da independência do indivíduo em relação à autoridade política e social e na dependência dessa autoridade em relação às vontades individuais. Ele tende a privilegiar a eliminação das injunções voluntárias e pessoais — e portanto políticas — e a subestimar as injunções materiais das coisas e as injunções morais das convenções sociais e dos costumes".[42] Uma análise estrutural do Código Civil francês confirma que esse texto expressa perfeitamente a regra do jogo da paz burguesa, a perpetuação da dominação da burguesia e do seu modo de vida baseado na economia.[43]

### 2.3.5.2. EM BUSCA DE NOVA DEFINIÇÃO DO PRINCÍPIO DA AUTONOMIA DA VONTADE DOS GRUPOS-SUJEITO, DE SUA PRÁXIS E DE SEU PROJETO

Passar do indivíduo alienado ao grupo-sujeito, da autonomia da vontade individual para a autonomia coletiva, contraditória, efêmera e dialética do grupo, mestre de sua práxis e do seu projeto, faz com que se dê vida a uma teoria moderna da autonomia da vontade do grupo-sujeito.

Esse princípio consistiria na formação de um contrato provisório de ação social após discussão e elucidação das implicações e das diferenças dos membros e clãs do grupo-sujeito. Difícil mas não impossível de realizar, como se pode depreender dos ensaios sempre insatisfatórios das comunidades de trabalho e outras associações cooperativas operárias de produção. Um exemplo é o trabalho de análise institucional que realizei na SCOP Avel Nevez, na Bretanha (em agosto de 1976), onde há uma séria tentativa de se chegar ao grupo-sujeito no interior de uma pesquisa-ação institucional permanente (cf. *Le Monde* de 14-15/11/76, p. 7). Também no mesmo sentido e no âmbito de uma organização de pesquisadores engajados na prática das ciências humanas, o exemplo do CEPREG (Centro de Estudos e de Aperfeiçoamento dos Responsáveis de Grupo), em Paris, merece ser conhecido,[44] bem como o da comunidade agrícola de Longo Mai fundada em 1973 perto de Forcalquier, onde 120 jovens de várias nacionalidades fazem uma experiência de vida comunitária concentrada em torno do trabalho de lavoura e de criação, sem salário e sem direito de propriedade. Lá, a terra pertence a quem trabalha e os muros a quem os reconstrói (cf. *Nice-Matin* de 22/11/75). Não há dúvida de que, para aprofundar a problemática desta nova teoria da autonomia da vontade dos grupos-sujeito, seria necessário trabalhar não as formas instituídas da vida social onde os códigos já estão cimentados pelo juramento, sala de espera da burocracia, mas sim as formas instituintes, atomizadas e efêmeras da "França marginal", segundo a denominação de Irène Andrieu.[45]

## 2.4. Análise Sincrônica do Campo Dialético da Instituição nos Grupos e nas Organizações: A Sociologia Institucional

### *2.4.1. Ligações com a Pesquisa-Ação Institucional*

Já se viu que, na pesquisa-ação institucional, detectar *marcos,* totalidades parciais e precárias, é indispensável para conseguir apreender o *trend da práxis* (sexto princípio). A *sociologia institucional* procura justamente estudar essas totalidades parciais na perspectiva dialética da ação social. Esta parte do meu trabalho teórico deve muito às diversas teorias apresentadas no capítulo sobre as origens da sociologia institucional, especialmente ao grupo de Bourdieu e Passeron, ao de Lukács e de Lucien Goldmann, e ao de Lourau e Lapassade.

A sociologia institucional é uma análise institucional sincrônica do momento dialético da singularidade de um grupo ou de uma organização considerada na sua rede de objetivação, isto é, em ordem decrescente: seus produtos, práticas e discursos sociais. Indispensável à pesquisa-ação institucional do grupo que pretenda ser pesquisador coletivo de sua práxis, ela procura ser um instrumento de intervenção e de transformação da realidade social. A sociologia institucional é portanto uma sociologia radical da ação humana.

— Enquanto elemento de pesquisa-ação institucional, ela procura ser coletiva e engajada.
— Enquanto análise dialética, ela não deixa de trabalhar o instituinte, o instituído e a institucionalização.
— Enquanto análise sincrônica, ela está sociologicamente situada nos seus métodos de objetivação e de interpretação que fixam, por convenção epistemológica, a estrutura contraditória do real.

Por ser elemento de um conjunto teórico-prático e dialético, a sociologia institucional não poderia se tornar autônoma sem uma ruptura teórica e sem deslocamento de suas finalidades totalizadoras. Se, como escreve A. Nicolaï, um sistema é "um conjunto coerente específico e dinâmico de estruturas e de comportamentos que permitem realizar atividades sociais"[46] e levando em conta a definição de estrutura que proponho neste livro, direi que a sociologia institucional procura compreender e explicar o sistema institucional de determinado conjunto social na sua dinâmica dialética no momento da sua singularidade.

Isso significa que a metodologia da sociologia institucional não convém ao estudo do grupo em fusão, que ainda não encontrou os meios e os caminhos para sobreviver. A sociologia institucional implica a temporalidade estruturante dos grupos e organizações, e nesse ponto ela difere da socianálise institucional que se compraz no grupo em fusão a ponto de, às vezes, até chegar a criá-lo. A sociologia institucional é mais apolínea e revolucionária do que dionisíaca e lúdica, apesar de ser integrante de um procedimento de totalização dialética cuja incerteza poética é o firmamento. Seu objetivo é o reconhecimento, a decodificação e a decifração do campo institucional singular. Sua intenção é de contribuir para o conhecimento (imperfeito) da hipercomplexidade da prática num determinado ponto da ação. Para melhor entender esse assunto, vou explicar o que chamo de *teoria do triângulo* em ciências humanas clínicas.

### *2.4.2. A Teoria do Triângulo em Ciências Humanas Clínicas*

Pode ser assim resumida: todo grupo social, em dado momento (singularidade) de sua realidade dinâmica, inscreve-se num triângulo delimitado ao menos por três possíveis campos de análise que interferem entre si. Esses campos são:
— o campo histórico-social
— o campo estrutural-grupal
— o campo psicobiológico

#### 2.4.2.1. O CAMPO HISTÓRICO-SOCIAL

É, por excelência, o campo de ação da transversalidade dos níveis econômico, político e ideológico da sociedade global que constitui o campo institucional do grupo, sua célula simbólica, como ponto de encontro das contradições incontornáveis, por serem macrossociais.

O grupo expressa suas contradições transversais num campo simbólico diretamente ligado a determinada cultura (no sentido de Lévi-Strauss) e principalmente à sua dimensão ideológica dominante. É dentro e através desse campo que mais se afirma *o homem da existência hermenêutica,* da interpretação do que ele vive, sente, percebe e pensa em função de um sistema de *habitus* cuja natureza dialética já procurei definir. O marxismo e a antropologia cultural e social são as disciplinas científicas atualmente dominantes para a explicação desse campo histórico-social. A primeira disciplina pergunta ao seu objeto de investigação: "a quem serves, que interesses de classe defendes?"; a segunda pergunta: "qual é a tua coerência interna, para que eu possa te comparar com a coerência de outros conjuntos sociais de natureza idêntica?"

#### 2.4.2.2. O CAMPO ESTRUTURAL-GRUPAL

Todo grupo social é mais do que o reflexo mecânico da totalidade englobante por ser, em si, um sistema vivo. Apresenta uma real autonomia relativa, necessária ao seu funcionamento e desenvolvimento, que é estudada pela análise de sistemas e, numa perspectiva específica, pela sociopsicologia (que investiga o lado histórico-social) e pela psicologia social (que investiga o lado psicobiológico).

O campo estrutural-grupal é o do enraizamento social do homem: o homem da vida familiar, da oficina, da célula política ou sindical, da paróquia, da comunidade. Poucos homens são capazes de viver afastados dos grupos e organizações contemporâneos que apagam, fantasmaticamente, a angústia da morte. A maioria vive mesmo completamente fechada nos seus papéis e *status* sociais que pontilham o campo estrutural-grupal sobredeterminado pela transversalidade. Aí se encontra principalmente *o homem da existência genésica,* retomando uma distinção que Michel Lobrot faz entre homem erótico e homem genésico; este último é o homem da reprodução e da organização: "o genésico compreende todas as atividades que visam explícita e primordialmente à geração" (M. Lobrot, p. 50).[47] Deve-se entender a palavra no seu sentido amplo, geração não só física mas também simbólica, reprodução e produção sociais e culturais que sempre supõem a mediação do grupo organizado, com os seus circuitos de legitimação e de reconhecimento sociais. O homem apolíneo-societal situa-se na interferência dos dois grupos anteriores.

### 2.4.2.3. O CAMPO PSICOBIOLÓGICO

Corresponde ao enraizamento do homem na natureza onde imerge o réptil do seu cérebro. O homem do instinto, das pulsões essenciais, da *existência libidinal* que se imaginou (ó Século das Luzes!) poder dominar, e até utilizar. Psicanálise e psicologia humanista, de um lado, neuropsicobiologia, de outro, foram pouco a pouco desgastando esse projeto ilusório. O que restou: a brecha do desejo que corre atrás de sua sombra, o reconhecimento da potencialidade criadora da agressividade humana e a volta do homem ao sistema natural. Entre o grupo genésico e o indivíduo instintivo surge o homem dionisíaco, libidinal — Baal — entregue à festa e a Eros, à violência e à solidão, como tão bem o descreveu Bertold Brecht na sua peça de teatro, "Baal"; o homem mítico-poético, porém, estabelece a ligação — por ele criada — entre a mitologia da sociedade global e o imaginário radical da pessoa.

## 2.4.2.4. RECAPITULAÇÃO ESQUEMÁTICA: A TEORIA DO TRIÂNGULO E OS IMAGINÁRIOS

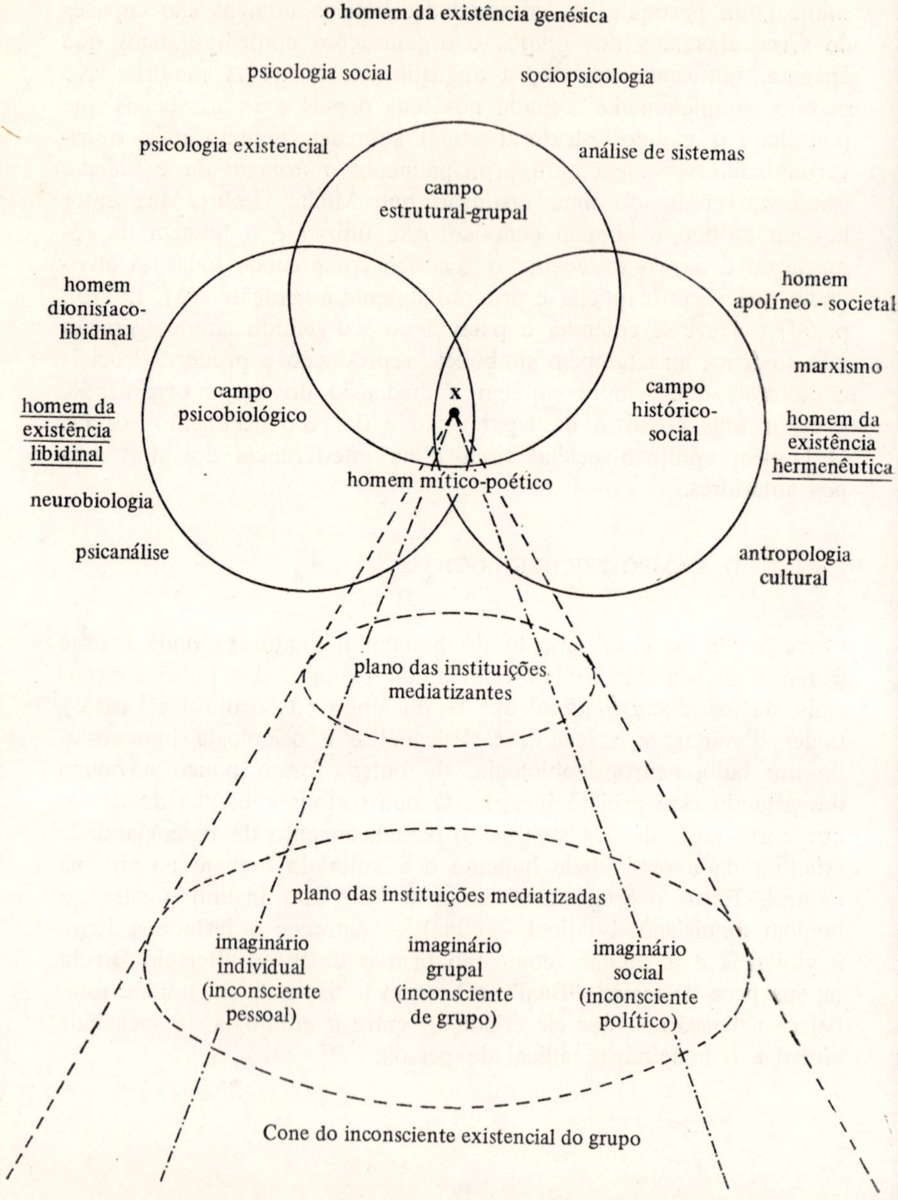

O grupo real está, evidentemente, na interferência instável, complexa, contraditória, desses três campos. Pode pender mais para um desses três tipos característicos, dependendo de sua prática, dos seus homens conectores e da dinâmica fundamental da totalização social em curso, para a qual é elementar. O esquema da p. 184 tenta resumir o essencial dessa teoria.

### 2.4.3. *Reconhecimento e Decodificação do Campo Institucional Mediatizante*

Análise sincrônica, método privilegiado do reconhecimento dos "marcos" e estabilidades provisórias da práxis institucional de determinado grupo, a sociologia institucional é uma sociologia intervencionista, elemento da pesquisa-ação, que na ótica da mudança social profunda analisa o campo institucional, mediatizante e mediatizado, produzido e reproduzido, de modo funcional e imaginário, nos grupos e organizações. Ela procura antes de mais nada apreender como e com que força o imaginário social povoado de instituições mediatizadas se "projeta" num grupo X por meio de instituições mediatizantes (cf. o esquema da p. 184). Duas instâncias devem ser destacadas nessa análise:

— a instância do reconhecimento/decodificação do campo institucional mediatizante,
— a instância da decifração do campo institucional mediatizado.

Entre os três momentos existentes na dialética da instituição (universalidade-imaginário-instituído / particularidade-real-instituinte / singularidade-simbólico-institucionalização), o momento da singularidade é aquele em que a práxis do grupo cria seus próprios patamares provisórios, seus equilíbrios precários, antes de destruí-los num novo ímpeto cujo *trend* permanece como objeto da pesquisa-ação. É o momento do campo institucional mediatizante.

Chama-se *campo institucional mediatizante* o conjunto de instituições intermediárias que estabelecem sempre de modo provisório o estado das relações de força entre instituinte e instituído num determinado grupo e que são identificáveis pelos objetos, práticas e discursos sociais que elas produzem. Esta conceptualização remete por analogia à da semiologia da comunicação, tal como a elaborou Luís J. Prieto em *Pertinence et pratique*.[48] Esse autor distingue no mecanismo da indicação dois universos do discurso: o universo do discurso *indicante* e o universo do discurso *indicado*. Assim, a cor que o céu apresenta de fato ao entardecer e todas as outras que ele pode apresentar formam o universo do discurso indicante; o estado no qual o mar se encontrará de fato no dia seguinte e todos os outros que ele poderia ter constituem o universo do discurso indicado (p. 18).

Da mesma forma, o campo institucional mediatizante se explica virtualmente por um *campo institucional mediatizado,* campo oculto da dialética entre os outros dois momentos da instituição: o momento da universalidade (instituído) e o momento da particularidade (instituinte), bem como do sistema de relação de forças daí decorrente. A metodologia da sociologia institucional supõe o reconhecimento mais objetivo possível dos produtos, práticas e discursos sociais constitutivos do campo institucional mediatizante a fim de perceber a sua *lógica interna,* ou seja, de decodificá-lo. Três vertentes podem ser consideradas:

### 2.4.3.1. A VERTENTE DA ESTRUTURA DAS BASES (OS COMPONENTES)

Quais são, no grupo em questão, as diferentes bases onde circula a instituição?

— base técnico-econômica (capital financeiro, técnico, material, móveis e imóveis, etc.),

— base espaço-temporal (o tempo e o espaço do grupo organizado),

— base jurídico-política (o direito, o poder, a autoridade),

— base social (os empregados, os clientes, os dominantes, os excluídos, os relegados, os homens, as mulheres, os jovens, os velhos, etc.),

— base comunicacional (as relações sociais de comunicação tanto formais quanto informais). Para um grupo industrial, por exemplo, há um excelente esquema de coleta de informações na obra de Alain Meignant *L'intervention sociopédagogique dans les organisations industrielles,*[49]

— base libidinal, freqüentemente ignorada, que é também preciso saber apreender (o lugar do corpo, do desejo e de sua realização, da transgressão dos interditos, do jogo, da festa espontânea, da "loucura", etc.).

### 2.4.3.2. A VERTENTE DA PRÁXIS (A AÇÃO)

Quais são os tipos de práticas sociais que existem no grupo e que instituições mediatizantes nele se encontram?

— as práticas "assinaladas" (no sentido semiológico)
— as práticas toleradas
— as práticas encorajadas
} ordem do instituído

— as práticas escondidas
— as práticas cercadas
— as práticas abafadas
— as contra-práticas
} ordem do instituinte

### 2.4.3.3. A VERTENTE DO PROJETO (O SENTIDO ATRIBUÍDO NA HISTORICIDADE)

Quais são os discursos e as ideologias que acompanham e tecem a coerência relativa das práticas; o que se pode dizer de suas instituições?

— os discursos de acompanhamento mais ou menos institucionalizados
— os discursos do ideal (do projeto instituinte)
— os discursos da ilusão (aplicação do projeto instituinte sobre uma realidade social que lhe desvia completamente o sentido)
— os discursos do *non-sense* (que não se inserem na lógica das práticas)
— os discursos da ambigüidade
— os discursos com base simbólica e mítica.

A instituição é um objeto de conhecimento que deve ser conquistado, construído e constatado. Não surge espontaneamente. No nível da instância do reconhecimento, o primeiro elemento da análise consiste em decodificar ou destacar, pelo estudo transversal das três vertentes indicadas, a lógica interna, a coerência relativa do campo institucional mediatizante. Essa coerência só pode ser relativa porque dialetizada (percebe-se um equilíbrio frágil e provisório entre estruturação e desestruturação institucionais).

Chega-se, nesta parte do trabalho, ao ponto que Lucien Goldmann chama a *compreensão* do fato social estudado em relação a um segundo momento que ele denomina *explicação*. A busca da estrutura mais ou menos em desequilíbrio do campo institucional mediatizante remete, de fato, à noção de compreensão do estruturalismo genético. Convém lembrar que para L. Goldmann, que aplica o seu modo de questionar aos fatos literários, é necessário fazer uma distinção entre a estrutura estudada e a estrutura englobante. A compreensão não é um processo afetivo ou intuitivo mas sim uma operação intelectual que permite destacar as relações constitutivas essenciais de uma estrutura significativa, operação influenciada pela atitude do pesquisador relativamente ao seu objeto de pesquisa. A explicação é então definida pela "inserção de uma estrutura significativa em outra mais ampla da qual ela é um dos elementos constitutivos".[50]

Longe de se excluírem, explicação e compreensão são apenas duas fases complementares e recíprocas da investigação científica. A funcionalidade explicativa da estrutura englobante mais apta, entre todas as estruturas englobantes possíveis, para situar a estrutura estudada, é a que o pesquisador deve escolher: "o estudo deve portanto parar no estágio em que o pesquisador tiver posto em evidência a relação entre a estrutura estudada e a estrutura englobante, a ponto de mostrar a gênese da primeira enquanto função da segunda."[51]

Trata-se, pois, através das três vertentes dos produtos, das práticas e dos discursos sociais de determinado grupo, de procurar no seu campo simbólico, uma ordem institucional escondida, latente, um modelo estrutural de inteligibilidade de elementos aparentemente diversos que a perspicácia do pesquisador vai tornar coerente. Situando-se no eixo das simultaneidades na lógica dos fatos sociais, o pesquisador imobiliza convencionalmente a realidade dialética dos acontecimentos, assim como a máquina fotográfica fixa a imagem sempre um pouco imprecisa de um cavalo a galope. Assim detido no seu campo simbólico, pode-se decodificar a instituição mais significativa do fenômeno observado, isto é, revelar a sua coerência mais acentuada. Mas, assim como na foto se percebe o galope do cavalo no movimento parado das patas, a coerência decodificada do campo simbólico na sua rede institucional também deve anunciar a evolução potencial desse campo. Para isso, é preciso ir mais longe na pesquisa institucional e decifrar o campo institucional mediatizado.

### *2.4.4. A decifração do Campo Institucional Mediatizado*

Se o verdadeiro trabalho sociológico começa com a fase de decodificação, a análise do campo institucional mediatizado constitui o seu ponto culminante. Nesse segundo momento, o pesquisador examina o que ele julga ser a estrutura institucional englobante mais significativa (campo institucional mediatizado) da instituição mediatizante que ele acaba de decodificar, e isso em função de um imaginário social ao mesmo tempo mistificador e motor.[23] A organização que procura controlar para produzir por meio da repetição é, como explica E. Enriquez, a instância que mais valoriza o imaginário social mistificador sem jamais conseguir reduzir à inação o imaginário social motor. Assim se expressa "a presença do imaginário como mistificação (e por conseguinte como mola da ideologia) na organização: a distinção dirigentes-dirigidos mostra a autoridade e oculta o poder; a divisão do trabalho mostra a necessidade de uma estrutura de relações estabilizadas e disfarça a alienação e a reificação; a palavra 'em liberdade vigiada' mostra a capacidade de tratar os problemas numa certa rede de comunicações e esconde o bloqueio da palavra criadora" (E. Enriquez, p. 85).[23]

Na sua dimensão de imaginário social motor, resultante da função de imaginação criadora do ser humano, a lógica do campo institucional mediatizado é mais difícil de ser percebida por causa da natureza inesgotável, sempre em ato e imprevisível da imaginação ligada ao desejo.

O campo institucional mediatizado expressa de maneira sempre dissimulada a luta entre o momento (imaginário) da universalidade e o momento (bem real) da particularidade da instituição. A resultante dessa luta invisível se encarna nos homens e nos grupos sociais, se concretiza nos objetos e nas práticas, se pensa e se afirma nos discursos sociais, que produzem um feixe simbólico cujos elementos mais característicos são as instituições mediatizantes, objeto de conhecimento conquistado, construído e constatado pelo pesquisador no momento da decodificação, instituições essas estruturadas de acordo com esquemas explicáveis no "outro palco" do imaginário social. A decifração desse "outro palco", o campo institucional mediatizado, onde se manifestam as dimensões contraditórias (mistificadora e motora) do imaginário social, permite uma *nova leitura* da instituição mediatizante decodificada. De certo modo, o pesquisador lê nas entrelinhas da lógica interna do seu assunto de conhecimento e segundo uma *dupla visão* instituída (em função do imaginário social mistificador) e instituinte (em função do imaginário social motor). Ele pode perceber a homologia estrutural entre a instituição mediatizante e o campo institucional mediatizado e, assim, *explicar*, no sentido de L. Goldmann, como a autonomia relativa da instituição mediatizante serve, no fim das contas, à reprodução e à produção do imaginário social bífido.

## 2.5. Conclusão

A pesquisa-ação institucional representa uma problemática e uma metodologia específicas em ciências humanas aplicadas cujo objeto de conhecimento é a tendência geral de evolução permanente da práxis institucional do grupo de ação considerado como pesquisador coletivo. A análise desse *trend* da práxis institucional se efetua segundo dois momentos complementares:

1º) uma socianálise institucional que acompanha o grupo na sua história, a fim de realizar a *avaliação* contínua da rede de implicações, de diferenças e de contradições que a sua práxis social gera e oculta a cada instante; a ênfase é dada à instituição que esta práxis social do grupo de ação produz e reproduz (instituinte e instituído);

2º) uma sociologia institucional que se dedica à *análise de momentos dialéticos* singulares da práxis institucional, patamares provisórios e relativamente estáveis de elementos co-existentes apesar de "trabalhados" pelas contradições internas e externas. A sociologia institucional, num primeiro tempo (*compreensão*):
— coleta os dados (produtos, práticas e discursos dos atores da práxis social);
— a partir desses dados, situa o campo simbólico e as instituições mais significativas que aí se encontram (campo institucional *mediatizante*);
— decodifica, isto é, delimita e esclarece a coerência interna e a autonomia relativa desse campo institucional mediatizante, procurando apresentar a instituição mediatizante mais evidente. Num segundo tempo (*explicação*):
— põe em destaque a estrutura institucional englobante mais significativa (para a instituição mediatizante) e mostra que esse campo institucional *mediatizado* expressa ao mesmo tempo um imaginário social motor e um imaginário social mistificador (decifração).
— O que permite *reler* a autonomia relativa da instituição mediatizante.

## REFERÊNCIAS BIBLIOGRÁFICAS


1. Jacques Ardoino, prefácio a *Socianalyse et potentiel humain*, de Georges Lapassade, Paris, Gauthier-Villars, Col. Hommes et organisations, 1975, p. IX, nota 8. Também, Jacques Ardoino, *Education et Politique*, Paris, Gauthier-Villars, Col. Hommes et organisations, 1977.
2. René Lourau, *L'Analyse institutionnelle*, Paris, Ed. de Minuit, Col. Arguments, 1970.
3. Cornelius Castoriadis (aliás, P. Cardan), "Marxisme et théorie révolutionnaire" in *Socialisme ou Barbarie*, 39/40, 1965, reproduzido em *L'Institution imaginaire de la société*, Paris, Seuil, 1975, p. 184. [Ed. bras.: *A instituição imaginária da sociedade*, Rio, Paz e Terra, 1982].
4. Para mais explicações a respeito do histórico do movimento de análise institucional, cf. J. Ardoino, *op. cit.* nota I, pp. IX a XI.
5. Henri Lefebvre, *L'Idéologie structuraliste*, Paris, Seuil, Col. Points, 1975, p. 23.
6. Sobre a origem do conceito de grupo-sujeito/grupo-objeto, transversalidade, cf. Félix Guattari, *Psychanalyse et transversalité*, Paris, Maspero, 1972.
7. Na rev. *Pour*, t. I, 32, 1973, "L'analyse institutionnelle et la formation permanente" (cf. le mouvement institutionnaliste, p. 33).
8. Ginette Michaud, "Psychothérapie de groupe en institution", resumo da sua dissertação (DES) em *Bulletin de Psychologie*, 6-9/XII: 158-161, 1959. N.º especial sobre grupos.
9. Piaget escreve: "Todo funcionamento é ao mesmo tempo produção, troca e equilíbrio; isto significa que ele supõe continuamente decisões ou escolhas, informações e regulações", in "Le problème des mécanismes communs dans les sciences de l'homme", *L'Homme et la Société*, Anthropos, 2: 5, out./dez., 1966.
10. Alain Touraine, *Production de la société*, Paris, Seuil, Col. Sociologie, 1973, p. 531.
11. Cf. Félix Guattari, nota 6 supra.
12. Louis Althusser, "Idéologie et appareils idéologiques d'Etat: sur la reproduction des conditions de la production", *La Pensée*, p. 3-21, jun. 1970. [Ed. bras.: *Ideologia e aparelhos ideológicos de estado*, Rio Graal, 1983].
13. René Barbier, "Une analyse institutionnelle du Service Social, *Sociologie du Travail*, Seuil, 1, 1973.
14. Jacques Ardoino, "Place et importance d'une dimension temporelle pour une épistémologie clinique", in *La recherche en éducation*, obra coletiva de Y. Guyot, Cl. Pujade-Renaud, D. Zimmerman, Paris, Ed. ESF, Col. Sciences de l'éducation, 1974.
15. Claude Lévi-Strauss, introdução a *Sociologie et anthropologie*, de Marcel Mauss, 5.ª ed., Paris, PUF, Col. Sociologie d'aujourd'hui, 1973, p. XIX.
16. Pierre Bourdieu e Jean-Claude Passeron, *La Reproduction, éléments pour une théorie du système d'enseignement*, Paris, Ed. de Minuit, 1970. [Ed. bras.: *A reprodução*, Rio, Francisco Alves, 1975].

17. André Petitat, "Notes critiques à propos de *La Reproduction* de P. Bourdieu et J.-Cl. Passeron", in *Revue Européenne des Sciences Sociales* (Genève) 25, 1971.
18. Pierre Bourdieu, *Esquisse d'une théorie de la pratique, précédée de trois études d'ethnologie kabyle,* Genève-Paris, Librairie Droz, 1972, p. 175.
19. Luís Pinto, "La théorie de la pratique", comentário sobre o livro de P. Bourdieu, *in La Pensée,* 178 (54-76): 61, dez. 1974. Nota de pé de página.
20. Jacques Ardoino, "Du changement social", apresentação da obra de R. Likert, *Le gouvernement participatif de l'entreprise,* Paris, Gauthier-Villars, 1974.
21. Edgar Morin, *Le paradigme perdu: la nature humaine,* Paris, Seuil, 1973, p. 213.
22. São conhecidas as inúmeras exegeses do conceito de estrutura. Um dos artigos mais pertinentes na perspectiva dialética é o de Lucien Nizard, "Théorie des systèmes, reproductions et mutations", *Cahiers Internationaux de Sociologie,* PUF, LIII: 275-288, 1972.
23. E. Enriquez, "Imaginaire social, refoulement et répression dans les organisations", *Connexions,* Epi, 3, 1972. E n.º 4, "Problématique du changement".
24. Georges Lapassade, *L'Entrée dans la vie; essai sur l'inachèvement de l'homme,* Paris, Ed. de Minuit, 1963, p. 43.
25. Joseph Gabel, *La fausse conscience,* Paris, Ed. de Minuit, Col. Arguments, 1962.
26. Jacques Ardoino, *Psychologie sociale et nouvelles approches pédagogiques,* VI Congrès International des Sciences de L'Education, Commission 12, Paris, Epi, Col. Protocoles, 1974, p. 91.
27. A esse respeito, ver J.-Cl. Rouchy, "Désir d'innovation et élaboration des résistances: une intervention en milieu enseignant" *in Psychologie sociale et nouvelles approches pédagogiques, op. cit.*
28. Y. Stourdzé, *Organisation, anti-organisation,* Paris, Mame, Col. Repères, 1973, p. 7.
29. R. N. Rapoport, "Les trois dilemmes de la recherche-action" (com referências especiais à experiência de Tavistock), *Connexions,* Epi, 7, 1973.
30. Lewis Coster, *The Functions of Social Conflict,* N. York, Free Press, 1956.
31. J. F. Médard, "Communauté locale et organisation communautaire aux États-Unis", *Cahiers de la Fondation Nationale des Sciences Politiques,* Paris, A. Colin, 172: 136-160, 1969. Saul Alinsky, *Manuel de l'animateur social,* Paris, Seuil, 1976.
32. Jacques Ardoino, "Du psychosociologue, essai sur les ambiguïtés et les significations d'une pratique", *Connexions,* Epi, 13: 55-76.
33. Max Weber, *Essai sur la théorie de la science,* Paris, Plon, 1965, p. 477.
34. Gaston Bachelard, *L'Activité rationaliste dans la physique contemporaine,* Paris, PUF, 1951, pp. 9-10.
35. Gaston Bachelard, *Le matérialisme rationnel,* Paris, PUF, 1953, p. 209 ss.
36. ———, *La psychanalyse du feu,* Paris, Gallimard, Col. Idées, 1949, p. 9.

37. A. Einstein e L. Infeld, *L'Évolution des idées en physique,* Paris, Payot, Col. Petite bibliothèque, 1963.
38. Jean-Paul Sartre, *Critique de la raison dialectique,* ed. de 1972, Paris, Gallimard, 1960, p. 308.
39. Janine Filloux, *Du contrat pédagogique, ou comment faire aimer les mathématiques à une jeune fille qui aime l'ail,* Paris, Dunod, Col. Sciences de l'éducation, 1974.
40. M. Gilly, "A propos des rapports enseignants-enseignés: la représentation réciproque maître-élève repose-t-elle sur un malentendu?" in *Psychologie sociale et nouvelles approches pédagogiques, op. cit.,* pp. 43-47 (nota 26).
41. Pierre Bourdieu, Jean-Claude Passeron e Monique de Saint-Martin, *Rapport pédagogique et communication,* Cahiers du Centre de Sociologie Européenne, Paris, Mouton, 1965.
42. A. Vachet, *L'Idéologie libérale,* Paris, Anthropos, 1970, p. 195; cf. "Sur le contrat social", p. 182 ss.
43. André-Jean Arnaud, *Essai d'analyse structurale du code civil français. La règle du jeu dans la paix bourgeoise,* Paris, Ed. Pichon et Durand-Auzies, 1973, prefácios M. Villey e G. Mounin.
44. CEPREG, *Situations de formation,* Paris, Ed. Universitaires CEPREG, Col. Formation et institution, 1974.
45. Irène Andrieu, *La France marginale,* Paris, Albin Michel, 1975.
46. A. Nicolaï, "Structures, comportements, fonctionnement, évolution économique", in *L'Economique et les sciences humaines,* Paris, Dunod, 1967, p. 450.
47. Michel Lobrot, *La libération sexuelle, Paris, Payot,* Col. Petite bibliothèque, 1975.
48. Luís Prieto, *Pertinence et pratique, essai de sémiologie,* Paris, Ed. de Minuit, Col. Le sens commun, 1975.
49. Alain Meignant, *L'Intervention sociopédagogique dans les organisations industrielles,* Paris, Mouton, 1972, pp. 187-209, annexe I.
50. Lucien Goldmann, "Le structuralisme génétique en sociologie de la littérature", in *Littérature et société, problème de méthodologie en sociologie de la littérature,* Ed. Institut de Sociologie de Bruxelles, 1967, p. 207.
51. ———, *Marxisme et sciences humaines,* Paris, Gallimard. Col. Idées, 1970, p. 67.

TERCEIRA PARTE

# Aplicações Práticas: Pedagogia Institucional e Novas Psicoterapias de Grupo

# Introdução:
# O Instituído e o Instituinte no Ensino Superior Curto: Os Institutos Universitários de Tecnologia (IUT)

A pedagogia em ato constitui a minha práxis social dominante no âmbito universitário pois sou professor de sociologia há vários anos. Sem essa dimensão prática que me insere nos grupos sociais reais e contraditórios, eu não poderia propor nada teoricamente, como acabo de fazer nos capítulos anteriores, porque a fonte de conhecimento primordial é a práxis dos atores sociais.

Para o sociólogo da educação que como eu se interesse particularmente pelo conceito de instituição, parece indispensável a prática em animação e formação de grupos que procuram a Formação Permanente. Trabalho nesse setor há bastante tempo e os grupos sociais bem diversificados que conheci nessa atividade profissional me ajudaram a desenvolver um conhecimento social no campo educativo que a universidade, meio desatualizada, não consegue promover. As questões levantadas pelos trabalhadores sociais de todo tipo com quem trabalhei — assistentes sociais, animadores de bairro, educadores de rua, responsáveis por centros de jovens trabalhadores, animadores da formação, responsáveis das comunidades de Emaús, etc. — foram fontes de informação de primeira ordem não só quanto à dura realidade social mas também quanto às minhas capacidades de adaptação pedagógica a grupos exigentes, porque responsáveis.

Como qualquer instituição, o ensino hoje também é questionado. Segundo a afirmação de Gérard Lévy e Claire Rueff, os professores franceses não sentem nenhuma satisfação no exercício de sua profissão.[1] Todo professor lúcido, e mais ainda o sociólogo, se pergunta o QUÊ e COMO ensinar. A maioria logo reprime essas perguntas. Outros procuram afogá-las no conservadorismo reprodutor da ordem social ou, inversamente, no revolucionarismo de um futuro promissor. O pesquisador dialético vai encará-las como um sistema de contradições em movimento.

O QUÊ ensinar em sociologia significa discutir o *corpus* teórico dominante na sociologia.

COMO ensinar a sociologia é decorrência da pergunta anterior, lembrando a relação dialética, no próprio processo de conhecimento, entre a prática e a teoria. Essas interrogações incidem, é claro, na análise institucional da relação pedagógica, com as suas questões de fundo: a quem, para quem, com quem; com o quê; onde (isto é, em qual espaço social ligado a outros espaços sociais); e quando (em que momento do processo de institucionalização do ensino)?

Assim, paradoxalmente, a práxis pedagógica do professor-sociólogo, por um lado, reforça a sua convicção de que o ensino da sociologia é indispensável a todos para saberem como *se situar* num sistema de relações sociais perpassado pela luta de classes e estruturado pela lógica dos lugares e pela lógica das forças; e, por outro, condena todo ensino sociológico que não seja conduzido (e condutor) por uma práxis social mais ampla do que o grupo-classe e, mesmo, do que a instituição universitária.

Esse momento inelutável do processo do sistema de contradições aplicado à pedagogia sociológica — no caso preciso, dos Institutos Universitários de Tecnologia franceses — foi se tornando cada vez mais nítido para mim no decorrer da práxis pedagógica cujas questões traziam elementos de conhecimento social e político. Por isso vou tentar fazer um balanço e re-situar o que fiz num conjunto englobante significativo: a instituição da mudança pedagógica nos IUT do setor terciário.[2]

A análise do sistema de valores que eu adotava quando transmitia o saber sociológico levou-me a destacar um tipo-ideal, no sentido weberiano, da relação pedagógica contemporânea, a qual denominei *relação de educação instituinte* e que recobria as teorias e práticas mais radicais da inovação educativa.

Mas essa noção de relação de educação instituinte pretendia ser mais do que um mero tipo-ideal: para mim ela era e ainda é um *projeto* revolucionário em ato no sistema de ensino, que se insere num conjunto de lutas contra a ordem estabelecida e contra os privilégios da classe dirigente-dominante no campo do simbólico.

Esse projeto de utopia concreta na relação a outrem no interior de um grupo institucionalizado, de um possível-impossível onde o sistema de contradições inevitáveis deixa de ser um processo de guerra fria entre docentes e discentes, supõe um compromisso para a mudança fundamental da ordem econômico-política capitalista e se modela de acordo com a categoria do Princípio-Esperança (E. Bloch), uma das chaves de compreensão para o marxismo atual, dinâmico e questionador, aberto para o imaginário motor e para a criação humana.

Levando em conta o sistema de reificação no qual se acha presa toda instituição universitária pertencente à atual ordem econômico-política e, em particular, o ensino técnico superior curto (os IUT), a *relação de educação instituinte* pode ser considerada como um *analisador* construído com a finalidade de destacar a transversalidade econômica, política e ideológica que "trabalha" a relação pedagógica real nos IUT.

Em função da problemática geral da sociologia institucional e da noção de relação de educação instituinte como analisador, procurei situar a mudança pedagógica em dois níveis complementares:

— no nível da minha prática profissional entre 1969 e 1975;
— no nível do sistema dos IUT, do qual fiz uma análise estrutural.

1) Primeiro, efetuei uma análise sociológica da instituição IUT dentro da qual a institucionalização da mudança pedagógica era o meu objeto preciso de pesquisa.

A partir de diversas fontes documentais (estatísticas nacionais, regionais ou locais; pesquisas da OCDE (Organização de Cooperação e de Desenvolvimento Econômico), do CNRS (Centro Francês de Pesquisa Científica); publicações e informações administrativas oficiais ou oficiosas; documentos de imprensa, etc.), procurei traçar o contorno da instituição IUT do setor terciário considerada como a mediação estrutural da relação pedagógica no interior de qualquer IUT desse tipo. Técnica e metodologicamente isso consistiu em analisar profundamente:

— as bases de funcionamento (espaço-temporal; organizacional; material);
— as bases de enquadramento (base social, base simbólica).

A análise das *práticas* e dos *projetos* dos professores, em função da minha problemática inicial: sociologia institucional e relação de educação instituinte, foi executada através de uma *enquête* por questionário bem longa (80 perguntas), que vou apresentar rapidamente.

A hipótese inicial era de que as transversalidades sócio-econômicas e sócio-culturais que se imprimem nos circuitos do sistema IUT exigem uma relação pedagógica de tipo diferente da relação pedagógica tradicional, sem com isso perturbar a ordem das coisas. Para tal, utilizei o método tipológico bem conhecido em sociologia como em ciências humanas, distinguindo duas dimensões principais e três níveis em cada dimensão:

a) a dimensão da *mudança institucional*, que reflete o sistema de poder e de relações de força entre docentes-discentes, docentes-hierarquia administrativa, etc., na organização universitária;

b) a dimensão da *mudança pedagógica* (principalmente nas atividades e métodos de ensino).

Cada dimensão compreendia três níveis: instituído (ou a ordem da reprodução); o instituinte (ou a ordem da novação radical); e a inovação (forma híbrida das duas outras, que leva a uma relativa continuidade do sistema pedagógico sob a aparência de mudança). O meu questionamento procurava determinar a instituição dominante da relação pedagógica supostamente nova nos IUT, bem como a fronteira entre inovação e instituinte pedagógico-institucional, através do exame das variáveis que pudessem influir no seu deslocamento para o instituído ou para o instituinte.

Como eu me interessava muito mais pela pedagogia revolucionária institucionalizada do que pela pedagogia conservadora que, eu sabia, era predominante naquele meio, decidi escolher uma amostra de professores representativa daqueles que se interessam pela mudança pedagógica. Os dois critérios escolhidos foram:

— ou a participação em um estágio pedagógico;

— ou a publicação de um artigo pedagógico no boletim pedagógico dos IUT, dos quais fiz correlativamente a análise do conteúdo, a fim de situar corretamente as minhas observações a cada passo da análise dos dados.

Ao todo foram enviados 170 questionários para toda a França, em abril de 1974. Recebi nos dois meses seguintes 65 respostas, das quais 58 computáveis, ou seja, 34,11%.

A *enquête* forneceu-me informações objetivas sobre a base de funcionamento e de enquadramento, que me ajudaram a completar o que eu já conhecia através de outros trabalhos. Permitiu-me principalmente encontrar uma base objetiva e comparativa para a minha hipótese inicial, através da construção de dois tipos característicos:

— um tipo especificamente pedagógico com três índices — instituído pedagógico, instituinte pedagógico, inovação pedagógica;
— um tipo mais institucional também com três índices — instituído institucional, instituinte institucional e inovação institucional.

A complementaridade entre esses dois tipos, em função dos seus respectivos três índices, forneceu-me o tipo pedagógico-institucional dominante comparado aos dois outros, ou seja:

$Z$ = 44,64% ou inovação pedagógico-institucional;
$Z_1$ = 41,46% ou instituído pedagógico-institucional;
$Z_2$ = 18,91% ou instituinte pedagógico-institucional.

(Observação: $Z$ = 44,64% significa que, para o conjunto das respostas consideradas e levando-se em conta os *critérios* do questionário, os professores têm uma atitude e práticas inovadoras que correspondem a 44,64% do *optimum* de inovação pedagógico-institucional possível. É claro que essas porcentagens só têm interesse comparativo entre elas).

O cruzamento dos índices $Z$, $Z_1$ e $Z_2$ com variáveis independentes como sexo, origem social, situação profissional, atitude política, possibilitou destacar algumas tendências aparentes: por exemplo, são os professores oriundos da classe operária e proletária que parecem ser os mais radicais, logo seguidos pelos oriundos da classe pequeno-burguesa moderna, intelectual, industrial ou comercial. Igualmente, o grupo mais instituinte em função da situação profissional pareceu ser o dos assistentes portadores do CAPES (Certificado de Aptidão para Professores do Ensino Secundário) ou do CAPET (Certificado de Aptidão para Professores do Ensino Técnico); os mais inovadores são os professores do secundário portadores do CAPES ou do CAPET e comissionados nos IUT (onde dão 12 horas semanais de aula sem obrigação de fazer pesquisa). O grupo mais conservador pareceu ser o dos professores do 2º grau, comissionados e com concurso. Quanto à atitude política, os professores que escolhem o governo atual são os que preferem os métodos pedagógicos chamados "ativos" que não provocam rupturas com a sua autoridade, mas que rejeitariam qualquer contestação da relação de forças docentes-discentes ou da instituição universitária como sistema político. Os professores que optam pelos políticos de oposição são os que contestam com facilidade a instituição como tal, mas que permanecem relativamente conservadores quanto aos métodos pedagógicos.

Aliás, procurei focalizar melhor os professores mais instituintes, comparando um grupo de seis destes professores com um grupo de seis outros, escolhidos entre os mais conservadores. Consegui assim esboçar o perfil psicossociológico do professor instituinte de acordo com um maior número de variáveis institucionais. Também escolhi analisar em profundidade uma das atividades pedagógicas que considero das mais instituintes nos IUT: as empresas-júnior, sem deixar de lado a parte de instituído que essa prática pedagógica inovadora pode conter (cf. p. 219 ss.).

2) Uma outra parte da pesquisa empírica dedicou-se à avaliação institucional da implantação da relação de educação instituinte no departamento "Gestão das Empresas e da Administração" do IUT de Saint-Denis, no âmbito do meu curso de sociologia econômica.

Se a mediação englobante da relação pedagógica nos IUT é de fato constituída pela estrutura institucional do sistema dos IUT, a análise da relação pedagógica *singular* num IUT específico supõe a análise de um nível intermediário de mediação, no caso a estrutura institucional do IUT considerado e sua dinâmica própria, com a relativa autonomia.

Foi por isso que procurei re-situar a minha prática pedagógica na sua mediação mais expressiva: a dinâmica conflituosa da organização universitária onde ensinei de 1969 a 1972, e tanto mais que, nessa época, como militante sindicalista muito ativo, eu era peça ativa dessa dinâmica. Convém assinalar que foi no momento em que os conflitos institucionais fervilhavam no IUT, que mais se investiu na pesquisa pedagógica, pois nessa época eu era animador da seção de pesquisas pedagógicas que reunia professores de diversos departamentos. É pois no momento da elaboração do "juramento", para retomar uma análise da dialética dos grupos de J.-P. Sartre, que o investimento libidinal dos agentes de uma instituição parece tornar-se socialmente mais criativo como também mais conflituoso.

De acordo com os elementos de metodologia apresentados na parte de pesquisa teórica em sociologia institucional, analisei o meu projeto pedagógico entre 1971-1975, utilizando documentos escritos e sonoros conservados sem fim preciso, e realizados no decorrer da ação pedagógica: por exemplo, a gravação de um seminário franco-canadense sobre instrumentos e métodos pedagógicos, do qual participei ativamente durante três dias, em 1973; ou a gravação de várias sessões de avaliação de fim de ano que costumo fazer na faculdade para ajustar os meus cursos ao pedido dos alunos; ou de documentos de avaliação fornecidos pelos estudantes, etc.

Tendo começado por uma pedagogia que pode ser chamada de "democrática" no dizer de Lipitt e White, passei por uma pedagogia política e negativa (no sentido da teologia negativa), apesar de relativamente realista em comparação com as contradições sociopedagógicas, bastante não-diretiva e pertencente à esfera simbólica da psicanálise e da psicologia relacional intragrupal, para chegar ao questionamento de qualquer imperialismo dos modelos, sejam eles não-diretivos ou tradicionais, e a uma linha diretriz em pedagogia institucional que chamarei de "racional", isto é, que leva em conta a *realidade* institucional dos IUT e da transversalidade econômica, política e ideológica que, finalmente, determina a estrutura contraditória da encomenda social e da demanda social de educação (a esse respeito, terminei um livro sobre *A relação de educação instituinte,* a ser publicado).

— *A crítica social*

A crítica social que aparece nesta tese baseia-se nos elementos destacados pela *enquête* empírica na tentativa de interpretar a instituição da inovação pedagógica e da função classista dos IUT.

É inegável que os IUT mostram uma maior tendência — que já existe, embora relativa, nos sistemas escolares e universitários das sociedades industrializadas — à "democratização" do ensino, da qual R. Boudon mostrou o valor discutível para o desaparecimento das desigualdades da estrutura social. Assim mesmo, o estudo da origem social e da escolaridade dos alunos dos IUT, tal como aparece na tese, põe em dúvida conclusões de sociólogos contemporâneos, como Baudelot e Establet, quanto à existência de uma terceira via especificamente técnica, entre a rede secundária-superior e a rede primária-profissional. Retomando o procedimento metodológico de Baudelot e Establet, demonstro de fato que sobre 100 alunos formados na rede nobre da via secundária-superior em 1971 (nos exames de término do 2º grau, opções A, C, D, D'), 5,41% foram para os IUT, e 11,95% para os cursos preparatórios às Grandes Escolas. Inversamente, para 100 formados na rede secundária-técnica em 1971 (opções B, E, F, G, H, BT e BSEC), 19,34% foram, em 1972, para os IUT e apenas 4,58% para os cursos preparatórios às Grandes Escolas. Se é verdade que os alunos de *Terminale* E escolhem de modo idêntico as Grandes Escolas ou os IUT, como afirmam Baudelot e Establet (p. 116),[3] caso se comparem estes alunos com os formados na opção C, percebe-se que a diferença é considerável: estes últimos escolhem mais freqüentemente a preparação às Grandes Escolas do que a entrada nos IUT (34,6% contra 8,71%). Comparados com os formados nos cursos mais técnicos (opções F a H, BT e BSEC), o aspecto significativo de minhas conclusões é ainda mais evidente já que, para estes últimos, sobre 100 alunos, 23% escolhem o IUT contra apenas 0,41% que escolheram a preparação às Grandes Escolas. Se for considerado que os formados pelos cursos técnicos representam quase 33.500 estudantes dos 52.936 que têm um diploma técnico em 1971, é fácil compreender porque não posso aceitar as conclusões de Baudelot e Establet que afirmam não haver alimentação especificamente técnica. Esta crítica não refuta uma outra interpretação desses autores segundo a qual esse curso serve "de coroamento escolar para os menos brilhantes entre os alunos escolarizados nas seções nobres do secundário da rede SS e para os mais brilhantes entre os alunos escolarizados nas seções inferiores do secundário da rede SS, com uma nítida preferência pelos primeiros" (p. 118).

O estudo global da origem social numa problemática marxista que supõe um reagrupamento das categorias sócio-econômicas francesas em quatros grupos (alunos de IUT):

— grupo 1: burguesia e classe superior;
— grupo 2: nova pequena burguesia moderna industrial, intelectual, administrativa e comercial;
— grupo 3: pequena burguesia tradicional;
— grupo 4: classe operária e proletária,

permite-me demonstrar que, sem os alunos da classe especial (aqueles que possuem ao menos um diploma de curso superior e preparam um Diploma Universitário de Tecnologia — DUT — com duração de um ano),

— o grupo 1 representa 29,35% dos alunos de 1971-1972;
— o grupo 2 representa 15,55% dos alunos de 1971-1972;
— o grupo 3 representa 18,77% dos alunos de 1971-1972;
— o grupo 4 representa 36,30% dos alunos de 1971-1972,

o que corresponde a uma democratização extremamente nítida dessa seção do sistema universitário.

Se for considerada a posição institucional dos IUT no sistema universitário atual, em especial o lugar predominante das Grandes Escolas na formação da "elite no poder", essa democratização, que parece também caracterizar o grupo de professores, leva a uma interpretação sociológica em termos de *função de classe* dos IUT.

A função de classe dos IUT pode ser entendida sob três aspectos:

1) a formação conformista da "nova pequena burguesia" (na acepção de Nicos Poulantzas) industrial, comercial, social, intelectual e administrativa;

2) a concentração e amortecimento (*cooling out function,* na acepção da sociologia crítica americana) dos alunos oriundos das classes populares para e através do sistema dos IUT, assim como — provavelmente — dos professores dessa mesma origem social;

3) o trampolim institucional para os alunos burgueses que continuam os estudos depois do IUT entrando para o "curso nobre" ou que, já portadores de diplomas de curso superior, usam o IUT para se projetarem mais depressa em direção aos graus superiores da hierarquia de diplomas universitários.

I) Já procurei demonstrar num estudo sobre as estatísticas globais referentes aos formados pelos IUT que eles entram no contingente da fração III da pequena burguesia, ou seja, segundo Baudelot, Establet e Malemort, da pequena burguesia de enquadramento do setor econômico capitalista (produção, distribuição, troca), e que uma parte vai para a fração II ou pequena burguesia comprometida com o Estado (professores, funcionários). Essa formação é conformista na medida em que corresponde geralmente à ideologia dos patrões. Aliás, a análise profunda da ideologia praticada em e pelo IUT faz pensar que ela reflete uma função latente, situada entre a "integração-dissimulação" da rede secundária-superior e a "dominação-submissão" da rede primária-profissional.

II) Esse ponto de vista é reforçado pela *cooling out function* dos IUT, ou função amortecedora, função-tampão que serve para manter a seletividade e a excelência dos níveis universitários mais altos. Trata-se de uma verdadeira *canalização* dos alunos mais pobres para uma integração progressiva na pequena burguesia moderna do capitalismo organizado, cuja ideologia da "mudança com ordem", ou inovação, vai sendo aos poucos inculcada.

Consegui demonstrar a homologia estrutural que existe entre a busca de novas formas de melhoria das condições de trabalho na indústria capitalista moderna e a implantação e aparecimento da inovação pedagógica como instituição pedagógico-institucional dominante nos IUT (cf. capítulo seguinte).

Através desse aspecto percebe-se muito bem a função social dominante do sistema IUT: a dominação-submissão na integração-dissimulação.

III) Escapam a essa função os filhos da burguesia que percebem a originalidade do sistema IUT e suas vantagens correlativas. O IUT serve então de "trampolim" institucional para chegar mais depressa na corrida pelo diploma universitário rentável de alto nível (por exemplo, o de auditor em contabilidade). Os alunos de origem burguesa que tenham apenas o DUT vão utilizá-lo para continuar o curso superior e alcançar as "vias nobres".

Em resumo, o quadro não é muito animador para o docente que deseje o aparecimento do instituinte e não queira encorajar o instituído, mesmo que renovado. A análise sociológica das duas tendências mais instituintes em pedagogia nos IUT — a pedagogia institucional e a pedagogia de expressão corporal e de comunicação existencial — mostra que a parte de instituído não pode ser evitada (o caso, por exemplo, das empresas-júnior e das novas técnicas de animação de grupos do Movimento do Potencial Humano californiano). Mas não é de desesperar, pois o IUT, como toda instituição, é um sistema de contradições dinâmicas, cuja estrutura atual pode ser completamente mudada por uma nova conjuntura política e social. O jogo duplo do efeito de sistema, em vez de levar ao reforço da ordem estabelecida, pode, pelo contrário, reforçar a tendência instituinte de desvelamento da violência simbólica tanto na instituição como nas relações sociais de dominação de classe. De fato, a determinação estrutural que reúne nos IUT muitos alunos oriundos das classes populares e professores dessa mesma origem social pode levar ao que chamei de "coagulação simbólica" e solidária dos *habitus* de classe desses protagonistas, *habitus* de sólida permanência e de difícil desestruturação social. O resultado desse campo implicacional na formação pelos IUT seria o "desvio" institucional e o bloqueio do efeito de reprodução através de um trabalho sólido sobre a violência simbólica da instituição. Além disso, os alunos dos IUT estão longe de aceitar placidamente a ideologia neo-liberal, mesmo inovadora, que o sistema tenta inculcar-lhes. As contradições e força de contestação dos jovens perpassam evidentemente o sistema dos IUT e formam uma resistência à ideologia dominante. Enfim, os formados pelos IUT, principalmente os que saem do setor secundário (técnicos superiores), podem, no local de trabalho, compreender as posições da classe operária ao tomar consciência dos mecanismos de exploração do homem pelo homem, do sistema capitalista. Eles também se incorporam às fileiras daquilo que Serge Mallet chamou "a nova classe operária".

# 1

# A Inovação como Tipo Pedagógico-Institucional Dominante nos IUT do Setor Terciário: Uma Tentativa de Explicação ou Decifração da Instituição Mediatizada

A inovação apareceu, através da pesquisa realizada, como o tipo pedagógico-institucional dominante nos IUT; o instituinte pedagógico-institucional permaneceu bastante marginal nos resultados.

Logo, no interior dos IUT, *a instituição mediatizante* na relação educacional é a instituição da *inovação.*

Para encontrar a explicação desse fato, de acordo com a problemática da sociologia institucional, é preciso ir até a matriz, a *instituição mediatizada* emergente da totalidade englobante.

A totalidade englobante mais ampla de todas as relações humanas institucionalizadas na sociedade contemporânea é constituída pelo modo de produção capitalista na sua fase atual de capitalismo organizado. Já foi visto que ele produz um "efeito" sobre o sistema dos IUT, de tal forma que este apresenta funções de classe específicas. O mesmo se dá no nível da instituição pedagógico-institucional dominante. A inovação pedagógica remete à instituição mediatizada de um certo estilo de inovação específica do capitalismo organizado.

## 1.1. A Inovação, o Capitalismo Organizado e o IUT

Em junho de 1975, no Palácio dos Congressos da Porta Maillot em Paris, inaugurou-se a segunda semana mundial da inovação, patrocinada pelo Ministério da Indústria e da Pesquisa. Como disse o jornalista do *Le Monde,* "no espírito dos organizadores, INOVA 75 deve refletir a brusca mutação que atinge as sociedades industrializadas. O tempo do crescimento a todo custo, em que a indústria só procurava modificar os produtos existentes ou lançar outros mais novos, já passou. A preocupação dos industriais torna-se, cada vez mais, a luta contra o desperdício de matérias-primas e de energia. a melhoria da qualidade dos produtos e a diminuição do seu impacto sobre o meio natural, e a melhoria da qualidade das condições de trabalho nas fábricas e escritórios. A indústria deve fabricar em condições diferentes produtos diferentes dos existentes até então. Nesse contexto, a inovação muda de sentido. Ela não busca mais a novidade, mas a qualidade. Ela adota as novas exigências de economia e de proteção ao meio natural e social, tornando-se cada vez mais necessária" (*Le Monde* de 7/6/75, p. 18).

Por trás do jargão vagamente moralizante e normativo, não é possível expressar melhor a atual atitude das instâncias ideológicas do capitalismo organizado, preocupadas com as flutuações sociais, no que se refere à inovação. Já um importante projeto de planejamento industrial multinacional do Sudoeste francês foi abandonado provisoriamente por causa da contestação ideológica. Dizem que não se trata mais de *novidade* mas sim de *qualidade,* outra maneira de expressar a lógica combinatória específica da inovação, que apenas repete, de modo diferente, a mesma coisa. A noção de inovação é intrinsecamente conservadora "porque a função primordial da inovação é tornar comum aquilo que não o é, é enxertar o novo sobre o antigo" (A. M. Huberman).[4] A inovação, segundo Huberman. pode ser definida como uma melhora mensurável, deliberada, durável e pouco suscetível de acontecer com freqüência. De lenta difusão, principalmente no domínio da prática pedagógica, ela permanece como incrustação da novidade sobre a ordem antiga e como persistência do antigo sobre o "novo"; no dizer de Cl. Grignon e J.-Cl. Passeron, "a análise sociológica de uma reforma supõe que se faça a distinção entre as *finalidades* explicitamente atribuídas pelo legislador a uma série de decisões e as *funções objetivas* que a reforma de fato assume".[5] Viviane Isambert-Jamati, num encontro sobre avaliação dos sistemas de formação, organizado pelas Unidades de Ensino e Pesquisa em Educação da região parisiense,[6] mostrou a ligação intrínseca que existe entre inovação e sistema econômico de concorrência: como Schumpeter já assinalara, o dinamismo deste está em função do desenvolvimento daquela. Pode-se então pensar que a explicação da instituição mediatizante dominante em pedagogia nos IUT — inovação pedagógico-institucional

— pode ser esclarecida pela inovação no sistema de produção capitalista como *instituição mediatizada* que apresenta uma homologia estrutural com a inovação pedagógico-institucional.

### 1.1.1. *A Inovação e a Organização das Condições de Trabalho no Capitalismo Contemporâneo*

Para entender a instituição mediatizada da relação docente-discente nos IUT, convém analisar a "nova" relação de produção na fábrica. Há alguns anos "a idéia de que o trabalhador deve poder opinar nas decisões tomadas na empresa onde trabalha deu origem a uma série de instituições em diversos países do mundo" (Kenneth F. Walker).[7] Constata-se que a vontade de participação dos trabalhadores depende de três fatores: da sua atitude, das suas aptidões e do conceito que eles têm do seu poder. O interesse do trabalhador pelas diferentes funções de gestão e a vontade de participar pessoalmente na elaboração das decisões são mais sensíveis no nível da sua seção. Fatores como idade, sexo, experiência, competência, ideologia, desempenham papel considerável na fixação das atitudes. O capitalismo organizado reconhece, principalmente pelos estudos dos seus psicossociólogos, que existe, no trabalhador contemporâneo, todo um potencial inexplorado de aptidões para assumir tarefas de maior responsabilidade assim como para planejar e desenvolver o trabalho.

#### 1.1.1.1. AS "EXPERIÊNCIAS" DE INOVAÇÃO GERENCIAL DE VANGUARDA

De acordo com as idéias de F. Herzberg,[8] uma nova teoria, o enriquecimento das tarefas (*job enrichment*), procura reconsiderar o planejamento e controle de cada tarefa. e restabelecer uma relação entre a tarefa desempenhada pelo trabalhador e os objetivos da empresa. A American Telephone and Telegraph Company, que emprega quase um milhão de pessoas nos Estados Unidos. introduziu o *job enrichment,* desde 1965, numa seção onde 70% dos funcionários tinham diploma de curso superior. Ficou decidido que as tarefas e responsabilidades da seção encarregada da correspondência seriam reestruturadas. As próprias funcionárias executaram as buscas, redigiram a correspondência e até assinaram as cartas.

O controle externo foi reduzido ao mínimo e transformado num papel de assessoria em caso de dificuldade. As empregadas tiveram também a possibilidade de se especializar nos campos que lhes eram mais adequados. O balanço da experiência foi muito positivo: em 1967, foram registradas 27% de demissões a menos do que em 1966 (o que reduziu as despesas com recrutamento, formação e promoção). O rendimento das funcionárias dobrou, o que permitiu a supressão de oito cargos de direção e quatro cargos de controle. Em 1968, houve 18 novas experiências de *job enrichment* e a ATT procurou reestruturar as suas usinas de produção de modo que um operário possa seguir todas as etapas do processo de fabricação até o produto final, cuja responsabilidade será também sua. Os chefes e dirigentes, temerosos de perder a sua autoridade e segurança advindas das regras e normas, foram convidados a participar de seminários de sensibilização ao problema.[9]

Na Itália, o acordo FIAT, de 19 de junho de 1971, firmado entre a direção do grupo FIAT e os principais sindicatos, segue a mesma direção. Refere-se aos 185.000 assalariados do grupo, favorecendo-os com uma cláusula de aumento de salários. Prevê uma participação dos operários nos métodos de trabalho, na repartição das tarefas, e garantias nas promoções: é a participação com direção por objetivos.[10] Era imprescindível "inovar" na FIAT pois nas cadeias de montagem de Mirofiori o absenteísmo diário atingia 25% do pessoal, havendo operários que durante a jornada de trabalho abandonavam subitamente o seu posto e nem voltavam para receber o pagamento.[11]

Muito se falou da "via sueca" e do exemplo das usinas Volvo em Kalmar onde o trabalho em cadeia foi suprimido. Entretanto, como observa J. Rousselet (p. 50),[11] a rotatividade anual foi de 35%, em 1973, na firma Volvo. De fato, o sorriso sueco na empresa é uma das mais sutis camuflagens que existem na esfera do capitalismo organizado. As empresas "renovadas" são aquelas onde impera a violência simbólica, isto é, onde o sindicato nem chega a existir, como diz um chefe de empresa: "A produtividade aumentou, o absenteísmo diminuiu, os empregados se identificam tanto com a empresa que o relógio de ponto tornou-se dispensável: eles se autocontrolam e controlam-se entre si (...) Sindicalizar-se? Não, para quê? Se há contendas, chega-se a uma solução amigável. Aqui todos nós formamos uma grande família" ("La Suède modèle de démocratie", in *Le Monde Diplomatique* de dez. 1974, p. 14).

### 1.1.1.2. AS CARACTERÍSTICAS DO ANTITAYLORISMO INOVADOR

Afinal, as novas tendências de organização da produção industrial do capitalismo organizado resumem-se em alguns elementos:

— A transformação do salário por rendimento em salário-hora, com os seus aspectos psicossociológicos.

— A supressão do trabalho em cadeia.

— A alternância das tarefas, que compensa a monotonia de certos trabalhos, a carga excessiva existente em alguns postos, os perigos decorrentes da duração de certas atividades.

— A ampliação das tarefas, que consiste em confiar ao mesmo operador um número maior de tarefas de natureza idêntica, e em aumentar a duração dos ciclos.

— O enriquecimento das tarefas, isto é, reagrupar operações de natureza diferente para formar a tarefa de um único operador.

— A participação dos trabalhadores. A direção por objetivos. O trabalho em equipe que conduz à realização da teoria de Mac Gregor (teoria Y).[12]

— A "democracia industrial" que procura, através de estudos de sociologia do trabalho, responder à exigência de conceder mais poder ao trabalhador na sua vida profissional.[13]

Mas, como observa Claude Durand, "o sucesso da ampliação das tarefas é condicionado por sua inserção num 'sistema total de mudança e de renovação da organização', que é pensado como o estabelecimento de objetivos onde o operário encontre interesses e desejos idênticos aos da direção".[14] Mas, em última instância, deve-se reconhecer que a inovação nas relações de produção — em particular nas condições de trabalho aparentemente opostas ao taylorismo tradicional que se estrutura em torno da divisão do trabalho, do racionalismo, da ordem, da harmonia, do individualismo e do produtivismo — de fato perpetua uma outra forma de taylorismo. Em particular, como afirma Maurice de Montmollin, "os princípios de ordem e de harmonia são tão respeitados pelo antitaylorismo como pelo taylorismo. As novas formas de organização do trabalho tanto quanto as antigas não podem suportar a existência de contradições, de lutas e de conflitos (...) O antitaylorismo não questiona explicitamente a divisão horizontal do trabalho, o respeito profundo pela ordem hierárquica do poder baseada na competência"[15]: trata-se apenas de um neotaylorismo.

### 1.1.1.3. OS GRUPOS SEMI-AUTÔNOMOS DE PRODUÇÃO

Quando a fábrica, como a escola, se torna "ingovernável" por causa da intransigência patronal e da reação ativa dos operários, quando os contramestres são desrespeitados e só conseguem se comunicar com os operários por gestos ou por mensagens escritas, a mudança é a derradeira saída de emergência antes da explosão. Para a mudança ter sucesso, pressupõe-se, como na Volvo ou na Ford, a existência de técnica avançada, de trabalho repetitivo e sem qualificação, e uma população operária relativamente culta e com recursos financeiros.

De modo geral, um grupo semi-autônomo de produção deve compreender quatro ou cinco pessoas e se encarregar, na zona considerada, do conjunto de tarefas exigidas, inclusive da limpeza do local. Cada grupo recebe a incumbência de fazer funcionar uma parte da oficina, de acordo com os planos de produção determinados pela hierarquia. O grupo semi-autônomo assume tarefas que antes eram de atribuição dos contramestres e regulamenta principalmente os problemas de disciplina: "os contramestres não interferem nos problemas de execução do trabalho, porém, recebem pedidos de intervenção da parte dos operários, seja para transmitir queixas à equipe precedente, seja para chamar à ordem um membro do grupo considerado pouco cooperante. Em ambos os casos, as intervenções limitam-se a conselhos ou a uma reunião para debater o problema. O papel dos contramestres passa então da função de repressão à função de aconselhamento para os autônomos" (Ph. Bernoux, J. Ruffier).[16] Quanto aos trabalhadores dos grupos semi-autônomos, mesmo se não se dirigem tanto à hierarquia sindical, continuam a defender com força o seu salário e os horários de trabalho. A combatividade deles não diminui mas se autonomiza, permanecendo coletiva: a consciência de classe não se apaga e a ligação com o sindicalismo permanece. Como concluem os autores do estudo sobre os grupos semi-autônomos de produção: "Parece evidente que a nova organização do trabalho não modifica em nada a percepção da situação de classe dos trabalhadores, embora faça evoluir a sua relação com o trabalho" (p. 400).

### *1.1.2. A Inovação Pedagógico-Institucional nos IUT e a Inovação no Aperfeiçoamento do Trabalho Industrial: Homologia Estrutural*

#### 1.1.2.1. QUADRO DAS CORRESPONDÊNCIAS ESTRUTURAIS

Pode-se estabelecer um quadro da homologia estrutural entre a inovação nas relações de produção e a inovação nas relações pedagógicas instituídas nos IUT.

Creio que esse quadro prescinde de explicações mas convém notar a importância, em ambos os domínios, da apatia generalizada dos jovens relativamente às condições de trabalho escolar ou industrial, e a contestação por absenteísmo e abandono (tanto na fábrica quanto na escola). Atitude que repercute no IUT (falta de prestígio devida à divisão social do trabalho) apesar da institucionalização da inovação pedagógica.

A homologia é evidente entre a atribuição de notas, o controle contínuo dos conteúdos aprendidos, e a institucionalização do salário-hora (relativamente ao salário por rendimento) e salário mensal, por um lado, e, por outro, a tentativa de supressão do trabalho em cadeia, penoso, repetitivo e parcelado. Transformação das condições de trabalho e cogestão também são dois eixos homólogos na fábrica e no IUT: numa, ampliação das tarefas; noutro, estágios e visitas a escolas; na fábrica, o trabalho em equipe e a direção por objetivos; no IUT, o trabalho em pequenos grupos com ênfase na responsabilidade dos próprios alunos. Na indústria, a cogestão de tipo alemão; no IUT, a representatividade dos alunos (paritária à dos professores) nas instâncias deliberativas de gestão administrativa e pedagógica.

Enfim, se há ainda poucos grupos semi-autônomos de produção na inovação industrial, o mesmo se verifica na "dinâmica de grupo", nas empresas-júnior e na autogestão pedagógica de dimensão mais não-diretiva do que política.

#### 1.1.2.2. RESPOSTAS SEMELHANTES

Encontra-se a mesma homologia estrutural nas "respostas", seja de operários, seja de alunos, a respeito da "inovação". Os operários, até nas oficinas semi-autônomas de produção, ainda conservam um

HOMOLOGIA ESTRUTURAL ENTRE A INOVAÇÃO NO TRABALHO INDUSTRIAL DO CAPITALISMO ORGANIZADO E A INOVAÇÃO NA RELAÇÃO PEDAGÓGICA NOS IUT

| *Características da inovação* | *No trabalho industrial* | *Na relação pedagógico-institucional no* IUT |
|---|---|---|
| Motivações | Absenteísmo, *turn-over* | Falta de assiduidade, apatia, irregularidade e abandono dos estudos |
| | Dificuldade de recrutamento, desinteresse, "irresponsabilidade" e revolta dos jovens contra o taylorismo autoritário | Greves sucessivas, falta de prestígio do IUT<br>Contestação do ensino expositivo e autoritário |
| | "A fábrica ingovernável" | "A escola impossível" |
| Sistema de remuneração | Salário-hora e mensal | Atribuição de notas |
| Aspecto penoso e parcelar do trabalho | Supressão do trabalho em cadeia | Supressão dos "exames" de fim de ano; controle contínuo dos conteúdos aprendidos |
| Transformação do trabalho | Alternância de tarefas, ampliação e enriquecimento das tarefas | Estudo de casos, estágios, meios audiovisuais, visitas a escolas, conferências interessantes |
| Participação | Direção por objetivos<br>Trabalho em equipe | Pequenos grupos institucionalizados (12 e 24), estudos dirigidos com colaboração de alunos-professor, monografia individual ou coletiva negociada. |
| Poder | "Democracia industrial"<br>Cogestão | "Representantes de turma"<br>Representação paritária dos alunos no conselho de departamento e no conselho administrativo |
| Marginalidade na inovação | Grupos semi-autônomos de produção | Dinâmica de grupo<br>Empresa-júnior<br>Autogestão pedagógica |

sentimento de alienação. Por outro lado, como demonstra Gérard Lyon-Caen, eles costumam preferir a "participação pelo controle",[17] a tudo o que o capitalismo lhes propõe como "inovação". Essa participação opõe-se à participação institucionalizada, à cogestão. Ela é consciente de que os empregados não são parte integrante da empresa: que eles permanecem exteriores à empresa e a serviço dela. Ela aspira ao controle exercido pelos operários através da negociação coletiva e à participação conflituosa. Acontece mais ou menos o mesmo com os alunos que, com razão, desconfiam da concessão de "inovações" pedagógicas pelo sistema de ensino. Isso não significa que os estudantes, por uma socialização autoritária, desejem estancar toda vontade de mudança: o que há, principalmente nos IUT onde muitos alunos são de origem social modesta, é uma reação de defesa e de prudência de um grupo dominado face a um grupo dominante (professores e autoridades universitárias). A esse respeito, surgem várias questões, como, por exemplo, a hesitação dos alunos oriundos das classes populares em aceitar a pedagogia institucional. Será que essa hesitação representa um desejo de aceder à cultura erudita tradicional (a da classe dominante-dirigente) e ao seu aspecto pedagógico diretivo, o que leva a supor uma vontade de inserção sem restrições, da parte dos alunos oriundos das classes populares, nas camadas pequeno-burguesas dominadas estruturalmente pela classe dominante-dirigente? O forte desejo "de ascensão" da subcultura de origem seria imperioso e o IUT, enquanto estabelecimento de ensino tecnológico superior com tendência profissionalizante, não corresponderia à "via nobre" propícia à ascensão social para empregos sócio-economicamente superiores. Daí decorreria uma atitude ambígua dos alunos de origem popular quanto à pedagogia institucional que se recusa a transmitir um saber constituído e arbitrariamente definido. Essa atitude pode ser resumida numa frase: "Vocês não estão me oferecendo o saber erudito dos 'outros', que pode me promover individualmente, junto com a minha garra pessoal, na órbita sócio-econômica das classes mais favorecidas." Esse raciocínio corresponde às teses de "emburguesamento" da classe operária, cuja relatividade é bem conhecida.[18]

Mas a reação dessa categoria de alunos pode também refletir a proposição inversa, pelo menos enquanto o espírito fundamentalmente político da pedagogia institucional não for compreendido. Neste caso, o seu significado seria: "Vocês têm que nos dar as armas culturais que possuem, para 'nós' podermos lutar contra 'eles' (os que possuem, os mestres, os patrões)." Ela estaria de acordo com a contestação ideológica da parte "não-diretiva" existente em toda pedagogia institucional, concebida como elemento sutil da nova estratégia pedagógica da classe dominante desafiada pela resistência passiva dos jovens de hoje. Quanto aos alunos originários das classes burguesas e perdidos nos IUT, o curso representa um trampolim institucional que lhes possibilitará atingir a "via nobre". A reação deles à relação pedagógica é função dessa intencionalidade inicial. Para eles não se trata de aprender "alguma coisa" mas sim de poder alcançar, sem muito esforço escolar, as fileiras da universidade ou das Grandes Escolas. A não-diretividade que não imponha muitas obrigações será bem recebida na medida em que os ajude a realizarem o seu intento sem acarretar avaliação negativa. É claro que esta interpretação é um pouco excessiva e exige algumas modulações. Atualmente percebe-se um movimento de ruptura da jovem burguesia em relação à sua própria cultura. Muitos moços provenientes de famílias abastadas não aceitam entrar conformisticamente no sistema do seu meio, apesar de não terem achado uma saída revolucionária. Embalados pelas idéias em voga de uma certa contracultura da qual se tiraram os espinhos, eles se parecem, nos seus guetos marginalizados e marginalizantes, com o tipo de animais "selvagens" que vivem "em liberdade" em sítios naturais destinados a esse fim, e que os visitantes do domingo observam através dos vidros fechados dos carros. É esse também o perigo do instituinte pedagógico-institucional da escola capitalista.

### 1.2. A Contestação da Inovação como Instituição Dominante: O Instituinte Pedagógico-Institucional e seus Limites na Escola Capitalista

O "efeito de sistema" dos IUT estrutura um tipo pedagógico e institucional dominante: a inovação. Mas o que acontece com as experiências verdadeiramente novadoras?

Não há dúvida de que os professores mais instituintes em pedagogia são os da área de ciências humanas, e especialmente os psicossociólogos (talvez seja esse o motivo da redução desses cursos: em 1977 passou a haver *uma única hora* de psicologia, por seção — Finanças/Contabilidade — e por semana, no segundo ano do DUT Gestão). Nos IUT as experiências de dinâmica de grupo ou de trabalho em equipe autogerida são propostas por professores de psicossociologia, de sociologia ou de técnicas de expressão e, às vezes, por professores de línguas. A. M. Huberman caracteriza os que propõem a pesquisa pedagógica ativa como "sendo confiantes em si, dispostos a assumir riscos, jovens, de posição social mais elevada, possuindo contatos mais profundos com gente exterior à sua comunidade imediata e tendência a tornarem-se líderes dos colegas" (p. 102).[4] Esses traços aparecem em muitos professores de ciências humanas. Apesar disso, as experiências realmente radicais e instituintes ainda são muito marginais nos IUT. Eis algumas:

— A experiência de trabalho em grupo realizada no departamento de engenharia mecânica do IUT de Toulouse (Bulletin Pédagogique — BP — dos IUT, nº 35, jan. 1975).

— A dinâmica de grupo no departamento de informática do IUT de Villetaneuse (BP, nº 33, p. 50).

— Relatório de uma experiência pedagógica na seção "Administração de Pessoal" do departamento ACPE (Gestão) (1971-1972) do IUT de Limoges (B. Compère, BP, nº 25, p. 21 ss.).

— Expressão corporal e expressão oral num grupo IUT de Reims (J. Salzer, BP, nº 31, p. 64 ss.).

Diante da lentidão da difusão de novos métodos de animação de grupo, pode-se prever que nos próximos anos a *inovação pedagógica* nos IUT passará pela psicossociologia clínica. Nela há uma bipolaridade: de um lado, uma orientação nitidamente sócio-política, por intermédio das pesquisas sobre a instituição; de outro, uma orientação bem mais psicobiológica e interpessoal com o impacto da "liberação do corpo" e das teorias da psicologia humanística e do Movimento do Potencial Humano trazidas dos Estados Unidos.

A primeira tendência, bem instalada na França com a análise institucional, é moldada pela corrente da economia e da sociologia radical da autogestão. A segunda tendência inspira-se muito nas técnicas do Movimento do Potencial Humano, cada vez mais difundidas na Europa (bioenergia, aconselhamento recíproco, gestalt-terapia, terapia primal, massagem reichiana, etc.). É, pois, em função dessas duas correntes instituintes que deve ser feita a análise dos limites e das transversalidades sociais de uma pedagogia e de uma relação de educação instituinte nos IUT do futuro.

A análise que se segue é uma aplicação da problemática e da metodologia da sociologia institucional definidas na primeira parte deste livro. Como pesquisa prospectiva sobre o instituinte pedagógico em sua dimensão radical, ela procura mostrar os limites forçosamente marcados pelo fato dele surgir no interior do capitalismo organizado.

# 2

# Sociologia Institucional das Novas Pedagogias de Autogestão

## 2.1. Sobre as Experiências Pedagógicas Instituintes e Marginais: As Empresas-Júnior

Algumas atividades pedagógicas que incluí nos critérios que concorrem para a elaboração do índice de instituintes pedagógicos (A") raramente são praticadas.[19] Quem gosta de trabalhar com o que é estatisticamente significativo não deveria considerá-las. No entanto, eu me interesso muito por essas atividades. Escolhi a análise das empresas-júnior como caso específico. A análise de conteúdo do Boletim Pedagógico dos IUT também mostra outros centros de interesse: métodos relacionais e psicologia social (principalmente dinâmica de grupo, trabalhos em grupo, tecnestesia), criatividade e diversas técnicas (treino mental, leitura rápida, desenvolvimento da memória), e o audiovisual.

*A empresa-júnior* (experiência do IUT de Saint-Nazaire)

A meu ver, trata-se de uma atividade pedagógica das mais instituintes nos IUT (apesar de J. Ardoino considerá-la como "inovação" recuperadora), seja no que se refere aos métodos pedagógicos, seja quanto a uma outra relação de força docentes-discentes, sem com isso deixar de ser atingida pela *transversalidade*.

### *2.1.1. O que é uma Empresa-Júnior*

a) *definição*

Trata-se de uma atividade pedagógica de grupo durante o ano universitário, cuja cobertura jurídica é garantida pela declaração de cada grupo (empresa-júnior) constituída em associação sem fins lucrativos (de acordo com a lei francesa de 1901).

A atividade da empresa-júnior é deixada em princípio à livre escolha dos membros do grupo e pode variar de uma E-J para outra. Por exemplo:

E-J — Pesquisa sobre o turismo a título gratuito em Saint-Nazaire (seis alunos)

E-J — Localização dos tipos de comércio em Saint-Nazaire (cinco alunos)

E-J — Sociedade de organização dos lazeres destinados aos alunos do campus (oito alunos)

E-J — Pesquisa e organização de trabalho temporário para os alunos (nove alunos)

E-J — Revelação, ampliação de fotos, cartões-postais (sete alunos)

E-J — Determinação dos empregos correspondentes aos IUT. Técnicas de Comercialização (quatro alunos)

b) *relação com o ensino e com os professores*

Cada grupo tem o compromisso de redigir um relatório de pesquisa avaliado pelo professor que segue a E-J. A nota corresponde a 1/10 da nota global de fim de ano.

O professor assiste à reunião semanal do relatório e de preparação das atividades. O seu papel é de aconselhar, quando solicitado, ou de intervir para ajudar o grupo a superar dificuldades internas. Trata-se portanto de uma atividade de trabalho em grupo com um professor "animador democrático".

"Em todas as equipes foi necessário aprender a lidar com os problemas habituais do trabalho em grupo e, especialmente, com os dos momentos de latência na tomada de decisão, na organização, e com a realização das tarefas (...) Cada um teve a ocasião de ver como e por quê o trabalho coletivo em vista de um objetivo preciso permite uma melhor eficácia ou conduz a grande perda de tempo" (J.-L. Despois).

Essa atividade apresenta interesse para os alunos, haja vista o número cada vez maior dos que querem participar de uma E-J (eles também podem fazer um trabalho escrito individual). Ela supõe uma certa disponibilidade dos professores (uma hora por grupo e por semana, à qual é preciso acrescentar por trimestre, ao menos duas horas semanais, e um dia por trimestre para o responsável que coordena as atividades dos grupos e dos professores).

c) *as quatro fases do processo de evolução de uma* E-J

1) *o nascimento*

Período que vai de duas a quatro semanas e que permite a elaboração de um plano de trabalho quase sempre irrealista e impreciso.

2) *o estabelecimento*

É a fase adolescente que dura de dois a quatro meses. É aí que se enfrentam as primeiras dificuldades materiais, e o trabalho a realizar revela-se em toda a sua amplidão. Durante esta fase, emerge em geral um líder capaz de despertar o entusiasmo. O papel do professor é de ser um facilitador, "ele deve compreender que o grupo ainda é relativamente irrealista e ineficaz porque não conseguiu atingir a maturidade; que esse grupo inacabado é ansioso e que qualquer intervenção abrupta aumentará a ansiedade que só diminuirá depois da expulsão do intruso" (J.-L. Despois).

3) *período das realizações práticas*

Não há mais problemas sérios no grupo e o papel do professor é mínimo. O grupo pode aceder com dificuldade (ou nunca) a esta fase "adulta".

4) *a "morte" da empresa*

O fim do ano escolar implica a cessação das atividades e a redação de um relatório sobre as atividades do grupo. Certos grupos ativos têm dificuldade para aceitar o fim das atividades. O professor intervém como mediador para lembrar as exigências da instituição das E-J.

### 2.1.2. *O Instituinte nas Empresas-Júnior*

As E-J são uma atividade de educação instituinte porque acarretam forçosamente uma *perturbação* no sistema institucional do IUT.

#### *A) A PERTURBAÇÃO ADMINISTRATIVA, MATERIAL E FINANCEIRA*

— A criação de uma associação regida pela Lei 1.901, no âmbito de um estabelecimento que depende da *Education Nationale* (Ministério da Educação), é em si um fenômeno excepcional principalmente porque se trata de atividade no ensino oficial. Os problemas fiscais decorrentes obrigam o professor a assumir riscos pouco comuns a um funcionário do ensino oficial.

"Assumo riscos financeiros quando uma operação atinge 18.000 francos. Se houver um fracasso, eu também estarei envolvido. Não pessoalmente, porque a Administração me apoiará, mas no final de contas acaba recaindo em mim" (chefe do departamento TC do IUT de Saint-Nazaire, no seminário sobre instrumentos pedagógicos, em setembro de 1973). Em certos casos, o chefe do departamento TC teve que dar o seu aval a respeito de operações efetuadas pelos alunos:

— na época, havia a questão dos estudantes menores de idade: era necessário pedir autorização escrita aos pais;

— a utilização dos locais escolares provocava às vezes dificuldades que eram contornadas com a exigência de uma autorização por escrito;

— as verbas necessárias a uma E-J podiam ser substanciais (ex.: 7.000 francos num trimestre), o que exigia a autorização do conselho de departamento. Isso pressupunha uma estratégia organizacional da parte dos estudantes: por exemplo, a publicação de uma brochura com as entrevistas realizadas por ocasião da abertura de um supermercado "Carrefour" em Nantes "foi muito oportuna, por ter sido feita antes de uma reunião do conselho de departamento que ia votar as verbas de material" (J.-L. Despois).

*B) A PERTURBAÇÃO NA RELAÇÃO DOCENTES-DISCENTES*

— Os alunos constituem um grupo e podem muito bem decidir que não precisam dos professores. Às vezes tomam iniciativas que transgridem as regras estabelecidas: foi o caso dos alunos de uma E-J que pediram a um jornal da cidade para fazer uma reportagem sobre as empresas-júnior e que concederam entrevista na qual, ausente os professores que não foram avisados, apenas o ponto de vista dos estudantes foi apresentado.

Em certas ocasiões, o confronto foi violento entre o professor-delegado da E-J e os alunos que se uniram contra ele na votação das subvenções e na apresentação das notas de fim de ano.

"Depois da apresentação das notas finais, o grupo exteriorizou uma violenta hostilidade: chegou-se aos insultos e quase a ameaças físicas" (J.-L. Despois). Houve casos do professor-delegado ter sido manipulado: numa E-J "conseguiram *utilizar* o professor encarregado de acompanhá-los, como instrumento da sua política de relações públicas" (J.-L. Despois).

— A iniciativa dos alunos é essencial para o sucesso de uma E-J: em Saint-Nazaire os resultados de 1972-73 mostram que as E-J mais eficientes foram as que criaram atividades ou que transformaram substancialmente o programa do ano anterior. Esse lado criativo da E-J traz sempre problemas para a instituição e para os professores.

— Os alunos com maus resultados escolares podem ser bem-sucedidos no sistema das E-J: a aprendizagem de auto-organização em torno de uma tarefa comum centrada num objeto exterior provoca o aparecimento de capacidades desconhecidas nos alunos considerados medíocres pela ordem escolar e, por conseguinte, incomoda o conformismo dessa ordem.

— A relação de forças docentes-discentes aparece no sistema das E-J.

Na medida em que os alunos percebem o seu poder econômico e social, bem como as suas capacidades de se organizar na vida real, a autoridade (sábia) do professor tende a baixar e o seu meio de coerção por excelência — a nota — se relativiza em proveito da tarefa a realizar. Daí, os conflitos no fim do ano: os alunos utilizam o sistema de notas de acordo com os seus interesses "escolares". No IUT de Saint-Nazaire foi dada uma nota global ao grupo de alunos das E-J e estes deram nota alta aos alunos do grupo "que precisava" a fim de fechar a média final em todas as matérias. O conflito se declarou então entre professores e alunos, revelando a ideologia professoral. "Este ano, ficou decidido que se daria a mesma nota para todos, com o intuito de fazer com que os próprios alunos pressionem aqueles que não querem fazer nada e que sejam eliminados os que não se interessam pelo trabalho" (seminário de Saint-Nazaire).

Os professores usam a nota para exercer pressão sobre os alunos cujas atividades sejam muito ousadas: "Há sempre o recurso de dizer a uma E-J que ela não terá boas notas se escolher vias consideradas perigosas por motivos jurídicos ou fiscais, por exemplo" (J.-L. Despois).

Em outros casos, o professor-delegado e as autoridades do departamento insistem (cortês mas firmemente) para que os atos jurídicos indispensáveis sejam efetuados (por exemplo, assinatura de um contrato de seguro).

Essa dialética da relação de forças docentes-discentes nas E-J bastante ativas e às vezes consideradas "de esquerda" (por exemplo, uma reportagem sobre o Larzac) obriga os professores a mostrarem a sua ideologia. Essa dialética ajudou a evolução da ideologia dos pioneiros da E-J no IUT de Saint-Nazaire (abaixo descrita) no sentido de uma radicalização (1975-1976).

### 2.1.3. *Estrutura Pedagógica Instituinte e Projeto Docente "Inovador"*

*A ideologia dos animadores*

*A) IDEOLOGIA DA CRIATIVIDADE*

"O professor não pode mais dizer: é preciso refletir sobre as finalidades, etc., o professor só pode responder às perguntas que lhe fazem."

*B) IDEOLOGIA DA NÃO-DIRETIVIDADE PROFESSORAL JULGADA PERIGOSA*

"Seria bom abrir um parênteses sobre o papel do professor nas E-J. Dois deles empregaram uma política de facilitação que consistia em se colocar em segundo plano e aprovar sistematicamente todas as iniciativas do grupo. Sem dúvida é excelente para o grupo. É perigoso para com a instituição porque não existe mais mediador que possa lembrar aos alunos as exigências da instituição IUT."

*C) IDEOLOGIA DA APTIDÃO PARA OS RISCOS NA EMPRESA*

"Acho que há pessoas que gostam de arriscar-se e é esse tipo de pessoas que deve existir num departamento como este. Eu quis que eles assumissem riscos para que tomem gosto por isso e se tornem sérios" (seminário de Saint-Nazaire).

*D) IDEOLOGIA DA "RESPONSABILIDADE" DO PROFESSOR*

"Seria desastroso para o futuro das E-J se os alunos não passassem de ano por terem participado muito das atividades da E-J; em vez do aspecto de complementaridade, poderia surgir uma noção de concorrência entre as 'empresas' e o curso tradicional, o que é impensável no quadro do ensino e da sociedade francesa. O diploma não morreu."

*E) IDEOLOGIA DA "BOA RELAÇÃO" DOCENTES-DISCENTES*

"Uma tal ocasião de melhor compreensão mútua é, nos dias de hoje, tão importante psicologicamente para os professores quanto para os alunos. E, principalmente, ajuda muito a coesão da instituição."

*F) IDEOLOGIA DO REFORMISMO PEDAGÓGICO PRUDENTE*

"Nada se transformou integralmente. Existem ainda cursos, trabalhos dirigidos, avaliações. As E-J têm um papel *complementar*. Elas deram oportunidade a alunos pouco motivados pelo sistema de ensino tradicional de se interessarem — de se apaixonarem — por uma atividade específica do IUT."

"As empresas da região poderiam não compreender o interesse de uma pedagogia renovada demais; e elas em geral apreciam o tipo e os resultados das E-J."

## *2.1.4. Conclusão*

— Perguntas a serem feitas à instituição das E-J.

A análise da ideologia dos animadores e iniciadores das E-J mostra que não basta que a estrutura de uma instituição pedagógica seja instituinte para que a instituição se torne de fato instituinte: o projeto e a prática de seus agentes também são necessários. Ora, estes são em geral de espírito inovador e não de espírito instituinte.

A prática dessa instituição pedagógica leva os estudantes a perceberem que são líderes, a terem necessidade de sucesso, a se centrarem sobre um objetivo se possível externo, a usarem documentação contábil, fiscal, jurídica, a procurarem lucros materiais ou simbólicos, enfim, a veicularem inconscientemente a axiologia do sistema capitalista liberal. O que fazem os professores animadores na atual organização das E-J para realizar a sua *análise institucional?* A E-J, potencialmente instituinte, pode tornar-se instituinte sem uma análise institucional e sem um projeto revolucionário dos professores? Em caso contrário, a E-J não passa de uma fração do campo da inovação pedagógica que em nada ameaça as estruturas instituídas do sistema de ensino e sua "reprodução". Essa questão foi longamente discutida com J.-L. Despois quando ele apresentou as E-J no meu curso sobre o instituinte pedagógico, no departamento de ciências da educação (Université de Paris VIII — Vincennes): eu insisti na homologia estrutural que me parecia haver entre a prática das E-J e a prática de modernização do capitalismo.

É errôneo pensar que o fenômeno instituinte em educação não seja, apesar de tudo, marcado pela transversalidade econômica, política e social da sociedade global. Uma experiência como as empresas-júnior, que nos IUT é estruturalmente instituinte, no nível da relação docente-discente e da autonomização das pessoas e dos grupos, é bem semelhante aos grupos semi-autônomos de produção da fábrica capitalista. Na empresa-júnior pede-se aos alunos que usem a sua capacidade de criar e que sejam os executores da sua criação. Isso significa uma real ruptura com o sistema de ensino tradicional e até com a "inovação pedagógica" do tipo estudo de casos, ou jogos de empresa com trabalho em equipe. Já se falou que os alunos podem se tornar tão autônomos na empresa-júnior que cheguem a recusar a presença do professor. Mas este reage: ele "segura" os alunos pelas notas e se serve desse meio para exercer, como de costume, a sua violência simbólica sobre eles. Além disso, a empresa-júnior é uma ótima ocasião para "calar" as reivindicações de classe estudantil: os alunos das E-J não participam das greves nacionais porque — dizem eles — "já obtivemos o que vocês estão pedindo" (alunos do IUT de Saint-Nazaire). Essa atitude corresponde à dos operários da inovação industrial do capitalismo organizado a respeito da pressão sindical. De fato, onde o IUT começa a ficar "ingovernável", implantam-se as E-J. Mas a própria dinâmica das E-J leva seus membros a se distanciarem da instituição conservadora: nas E-J ativas aparece uma contestação cada vez mais sólida, da ordem instituída nos IUT. Ocorre então que os professores, que haviam criado o movimento das E-J com intenções que denotam a ideologia neocapitalista, são vítimas da sua própria institucionalização. Foi o caso do chefe do departamento de Técnicas de Comercialização do IUT de Saint-Nazaire, pioneiro das E-J, que voltou atrás e até pediu sua transferência para um IUT de outra região.

Por isso, quando se entra realmente no campo do instituinte pedagógico-institucional nada está predeterminado: nem a "recuperação inovadora", nem a "revolução pedagógica".

## 2.2. Sociologia da Pedagogia Institucional

### *2.2.1. A Pedagogia Institucional, como toda Ação Pedagógica, é uma Violência Simbólica*

Tanto quanto a noção de violência, as de "pedagogia institucional" e de "autogestão pedagógica" apresentam muitas ambigüidades. Sabe-se que o conceito de instituição teve que sofrer uma longa análise, feita por René Lourau, para reencontrar uma vida sociológica que estava se extinguindo. Apesar disso esse conceito ainda tem uma certa fragilidade teórica. As novas idéias sobre autogestão, desde 1968, fizeram com que o conceito se difundisse sem passar pela indispensável confrontação com a estrutura econômica englobante. Apesar das restrições que esse fato suscita, convém examinar os termos que passaram para a linguagem corrente da "nova vaga" pedagógica.

"A *autogestão pedagógica* é um sistema de educação no qual o mestre não transmite *mensagens* mas sim define sua intervenção educativa a partir do *medium* da formação, deixando que os alunos decidam quanto aos métodos e programas da sua aprendizagem. É a forma atual da educação negativa", escreve G. Lapassade.[20]

"A pedagogia institucional define-se então, por um lado, como a vacância do Poder em dado grupo e, por outro, como possibilidade dada ao grupo para encontrar instituições que lhe sejam satisfatórias, graças às iniciativas divergentes dos participantes", afirma M. Lobrot.[21]

Distinguindo-se com G. Lapassade as "instituições pedagógicas internas" (dimensão estrutural e regulamentada das trocas pedagógicas; conjunto das técnicas institucionais que se pode empregar na classe: regulamentos da classe, conselho de cooperativa, etc.) das "instituições pedagógicas externas" (regras, hierarquias, programas e sistemas de normas exteriores mas impostas à classe),[22] "a pedagogia institucional se caracteriza primordialmente como análise das instituições escolares (. . . ) (ela) é o método que consiste em preparar, por uma análise permanente das instituições externas, a margem de liberdade na qual o grupo-classe poderá autogerir o seu funcionamento e o seu trabalho, e garantir a sua própria regulação pela criação de instituições internas".[23] A tendência instituinte (proposta de instituições pedagógicas internas pelo professor) é bem mais desenvolvida por F. Oury e Aïda Vasquez.[24]

Na ótica da problemática da violência simbólica, o sociólogo faz as seguintes perguntas à pedagogia institucional: quais são as finalidades externas da lógica objetiva inconsciente da PI? Como reproduzem elas as estruturas de poder e as relações de força entre classes ou grupos sociais? Como distribuem os valores culturais e os bens simbólicos, e transmitem critérios de diferenciação e de promoção social?

Em outras palavras, qual é o peso do instituído camuflado nesse "estilo pedagógico?" Pois se trata mesmo de um "estilo", no sentido de Luís J. Prieto, isto é, da "maneira pela qual uma operação é efetivamente executada, na medida em que essa maneira não é a única possível e que, por conseguinte, foi escolhida pelo operador",[25] cujas "dimensões" (pluralidade dos aspectos possíveis do estilo) se encontram em cada uma das práticas pedagógicas dos representantes das diversas correntes da pedagogia institucional. A faculdade de escolher não é independente das "circunstâncias" nas quais ela se insere e, por isso, o sociólogo pode se perguntar por que, atualmente, no ensino, "as circunstâncias" ainda se prestam pouco à manifestação desse estilo pedagógico. Em outros termos, de que modo a PI é um lugar estranho à condensação das estratégias sociais que pretendem controlar os indivíduos, conservar ou conquistar o poder no campo do simbólico escolar? Tal problemática obriga a um exame mais profundo da lógica interna e subentendida da PI. Esta pedagogia implica um certo número de *a priori* educacionais que, em última instância, ela procura inculcar. São eles:

1) A autogestão econômica e política como forma legítima de organização social.

2) A hierarquia dos saberes de inculcação: prioridade do saber-fazer sobre o saber-conteúdo, prioridade do saber-existir sobre o saber-fazer, prioridade do saber-situar-se sobre o saber-existir.

Enquanto resultado provisório no local da formação, de lutas institucionais que refletem as relações sociais conflitantes entre grupos ou classes no nível da sociedade, a PI é um poder arbitrário.

Enquanto a sua intenção é a inculcação das significações precedentes, a PI e um arbitrário cultural.

Enquanto ela pode realizar o seu estilo, inserindo-se num sistema de ensino institucionalizado (SE), ao utilizar a autonomia relativa da instância pedagógica emissora, ela é um arbitrário cultural legítimo e dominante (em suas relações com o grupo de alunos). Porque não enuncia — visto a não-diretividade explícita — as implicações subentendidas dos seus objetivos educacionais, ela dissimula o fato de ser um arbitrário cultural dominante e aparece, pois, objetivamente como violência simbólica.

### 2.2.1.1. A AUTOGESTÃO COMO MELHOR FORMA DE ORGANIZAÇÃO SOCIAL

Nem será necessário insistir neste primeiro ponto pois a maioria dos livros que se referem à PI dedicam um capítulo à questão. G. Lapassade define a autogestão como "um sistema de organização da produção e da vida social, no qual a organização e a 'gestão' cessam de ser a propriedade privada de alguns (grupos minoritários, castas ou classes dominantes) para tornarem-se propriedade coletiva",[26] e mostra que a psicossociologia enriqueceu o conceito de autogestão destacando a sua exigência de enraizamento na "vida afetiva" e na "cultura" dos grupos. René Lourau esclarece as relações intrínsecas que ligam autogestão pedagógica e autogestão política.[27] Esse problema é apresentado com toda a clareza por Michel Lobrot no seu livro sobre PI,[21] no capítulo VI, referente à autogestão política. Aliás, ele afirma que "a autogestão política é o fundamento essencial da autogestão pedagógica ou social" (p. 212). Henri Hartung, um dos seguidores de Lobrot, vai mais além e fala "da comunidade e do sentido de fraternidade"; "*no seio da comunidade, as relações* são portanto: *engajadas* — em busca de um objetivo aceito por todos; *livres* — a liberdade de expressão é total; *qualitativas* — a integralidade das conseqüências de cada ato é estudada em comum; e *igualitárias* — cada indivíduo sendo considerado na sua equivalência ontológica. Uma palavra pode caracterizar esse tipo de relações humanas: a palavra *fraternidade.*"[28] Quanto a Jacques Guigou, com a sua crítica ao psicologismo de M. Lobrot, acaba afirmando a visão totalizante da prática autogestionária: "A autogestão de um grupo de formação só será realizada de fato quando o sistema de pertencimento institucional desse grupo também for autogerido, isto é, quando a autogestão se estender ao conjunto das relações sociais (. . .) Isso quer dizer que a autogestão não é uma idéia e muito menos uma ilusão; ela é precisamente uma prática política e social totalizante, um movimento dialético de liberação de todas as formas de alienação, a crítica em ato das condições históricas da sujeição das massas, uma fase decisiva da luta de classes".[29]

### 2.2.1.2. A HIERARQUIA DOS SABERES DE INCULCAÇÃO

Parece-me evidente que a PI subentende uma hierarquia dos saberes.

a) *O saber-conteúdo é secundário, em relação ao saber-fazer.* A PI se incorpora ao movimento das novas pedagogias. Como tal, ela retoma as aquisições anteriores para superá-las. O saber-fazer é a tendência para trabalhar em equipe. Aquisição direta de técnicas de organização, de métodos de trabalho individual e coletivo, aprendizagem do planejamento do tempo e da ação coletiva. O objetivo do educador é de encorajar os alunos a assumirem a responsabilidade do progresso do trabalho em comum e a julgarem por si mesmos se esse progresso é ou não satisfatório.[30] É também o saber-agir democraticamente (instituição do conselho ou assembléia geral do grupo-classe) e o saber-agir sobre o concreto, o mergulho na prática, temas diletos da escola ativa.

b) *O saber-fazer é secundário, em relação ao saber-existir.* O que conta acima de tudo para a PI é a educação do ser integral. O desenvolvimento das ciências humanas marcou profundamente essa dimensão da PI.

A pedagogia tradicional insiste mais no saber-conteúdo, na transmissão da herança cultural aos herdeiros legítimos. O movimento da escola ativa (Freinet, Cousinet, Decroly, etc.) pôs em evidência o gosto pessoal dos alunos para agir livremente em comum, para realizar algo pensado pelo grupo de colegas, para ligar a conceptualização à prática. Se a dimensão do saber-fazer muito deve aos estudos de Wallon e de Piaget, a do saber-existir se apóia nas contribuições da psicanálise, da psicologia social, principalmente americana.

A psicoterapia rogeriana centrada no cliente influenciou-a muito. O pedagogo procura então agir profundamente em relação a cada aluno, através da mediação do grupo-classe, como assinala Michel Lobrot: "Na realidade, a dinâmica do grupo autogerido, como todo grupo no qual os indivíduos podem expressar as suas necessidades essenciais, acarreta não somente a satisfação dessas necessidades mas sobretudo uma modificação no mundo das necessidades e dos interesses, uma reestruturação da afetividade de base. A personalidade se modifica, evolui e se torna 'outra'. *Produz-se um fenômeno essencial que vulgarmente se chama Educação.*" [31] Essa vontade de agir sobre os *habitus* primário e secundário dos alunos em vista de suas transformações radicais é, no fundo, "totalitária", no sentido de Erving Goffman. Sociologicamente ela é analisada como uma violência simbólica normativante, do mesmo tipo que a que se exerce na psiquiatria hospitalar ou de setor. Trata-se de realizar uma "reconversão" da personalidade cuja finalização reside na prova do convento realizada com a interiorização da Regra de São Bento: como escreve Robert Castel, "se os conventos conseguem de fato instituir uma nova vida social a partir de uma ideologia comum e partilhada em comum, é porque cortaram radicalmente qualquer ligação com a vida exterior e, no interior, "mataram o velho homem", para reconstruir, na base dessa dupla ausência, uma outra forma de socialização bem diferente".[32] O fascínio desse "controle espiritual" levou alguns pioneiros da pedagogia institucional a deixarem de lado essa corrente para adotarem as "novidades" psicoterapêuticas em moda nos Estados Unidos (*co-counseling,* bioenergia, etc.). Esse deslize funcional deve ser motivo de prudência para os partidários da PI não submissos à ideologia dominante.

c) *O saber-existir é secundário, em relação ao saber-situar-se*

Talvez seja o perigo de hipostasiar a opção psicologizante do saber-existir na PI que levou a sua fração mais sociológica a acentuar o saber-situar-se que, a meu ver, constitui o termo atual do processo de elaboração dialética da PI. É essa a tendência de Georges Lapassade e principalmente a de René Lourau. Se o saber do professor é problemático enquanto não-saber; se o seu papel na estrutura libidinal do grupo é equívoco por causa do impacto do imaginário na definição desse papel; e se o seu *status* no sistema institucional é ambíguo, ao mesmo tempo servidor do instituído e encarregado de uma função instituinte, "a autogestão da tarefa, e a análise permanente dessa autogestão, *no sistema de referência da instituição,* é o projeto que a pedagogia institucional propõe a fim de levar em consideração as três 'descobertas' que acabam de ser resumidas" (R. Lourau).[33] Assim, não pode haver uma pedagogia institucional sem análise institucional "que tente ultrapassar tanto a psicossociologia dos grupos quanto a sociologia das organizações, pela análise das determinações ocultas dos grupos e dos sistemas de organização (. . .) É também a maneira de mostrar ao vivo, e não por uma propaganda ou 'educação política das massas', como o Estado, a economia, a luta de classes atravessam as instituições e lhes dão um conteúdo esvaziado tanto pelo direito quanto pela sociologia oficial e pela ideologia dominante".[34] Existe, portanto, uma imposição de significações culturais limitadas na PI, aliás legitimadas e dominantes na medida em que podem ser impostas por sua inserção num sistema de ensino institucionalizado. Quando um pedagogo institucionalista instaura o seu estilo pedagógico numa classe, será que ele se pergunta com os alunos, de que classe social, de que grupo recebeu o direito de fazer isso? E por que os alunos assistem, assim mesmo, às suas aulas, apesar da hostilidade do "traumatismo inicial"? Quem, no fim do ano, fica amarrado por compromissos espúrios e absurdos do sistema institucional (passagem de ano, orientação, entrega de diplomas, etc.) e recai no arbitrário cultural que havia fingido abandonar, e que não depende dele? Não é ele selecionado e formado como os outros professores, e o seu salário não é igual ao dos docentes da mesma categoria? Os professores atingidos por medidas repressivas não são justamente aqueles que assumiram a frente de uma contestação radical das estruturas de autoridade que lhes dizem respeito enquanto agentes da instância pedagógica emissora (recusa da inspeção geral), sócio-logicamente controlados pelos "funcionários das superestruturas" (Gramsci)? É previsível que uma ação de PI que saia dos limites permitidos pelo sistema seja, num primeiro momento, isolada por um "cordão sanitário" (fala-se então de "experiência pedagógica") e depois até decapitada, dependendo da obstinação dos protagonistas (cf. o caso do professor Hurst — de um CES — que foi expulso da rede oficial de ensino por ter assumido até o fim uma crítica pedagógica da instituição escolar).

O professor que se propõe a uma experiência de pedagogia institucional deve pensar em todas essas questões porque "toda prática social se insere numa relação de forças e pode ser inquirida sobre a posição que ocupa em função das separações existentes na sociedade de classes entre grupos dominantes e grupos dominados" (R. Castel).[35] A sua prática não foge à regra, principalmente na medida em que parece menos constrangedora para os interessados e em que se difunde muito depressa e com facilidade em certos setores. Sustentada pela análise institucional, a PI deve começar pela análise de sua própria instituição pois um significado cultural pode ser concomitantemente legítimo (porque institucionalizado e reconhecido *ipso facto* como norma universal), revolucionário (porque tem o intuito de destruir o aparelho ideológico de Estado pela prática de desvelamento simbólico *in situ*) e sem perigo imediato (porque o desvelamento simbólico é carregado objetivamente pela vaga da legitimidade). Parece-me ser o caso quando a dimensão do estilo da PI escolhida é o do saber-ser. É um risco quotidiano da PI, pois faz parte da sua lógica interna. De fato, a PI se apóia sobre o princípio da "não-diretividade" do professor que, dessa forma, tenta abandonar a sua autoridade legítima e realizar o poder instituinte do grupo-classe. Como afirma, com pertinência, Jacques Guigou, "Dizer que 'a instituição é uma realidade essencialmente psicológica' (Lobrot) é uma concepção possível, contanto que se tirem as suas últimas conseqüências, isto é, que não se assimile a ideologia do sistema educativo — batizada de 'mentalidade' — com o próprio sistema e, depois, que não se pretenda transformar as instituições — e a sociedade inteira — por uma ação pedagógica sobre as mentalidades. A corrente não-diretiva, no afã de acompanhar as novidades, fala de pedagogia institucional dessa forma (...) De etapa em etapa, de desvio epistemológico em redução ideológica, chega-se a fazer 'pedagogia institucional' — quando não autogestão — desde que se ofereça ficticiamente aos formados 'a possibilidade de se encontrar instituições satisfatórias' (Lobrot)".[36]

Ora, a aplicação estrita da não-diretividade — que não suporta comprometimentos, como sublinha Lobrot — permite ao professor "esquecer" de mostrar o arbitrário cultural da sua ausência de poder provisória e aparente aqui-e-agora, ao mesmo tempo que protege essa dissimulação pela emergência da palavra "espontânea" dos alunos que percebem o poder pedagógico tradicional como um espantalho; as reações de alguns (o questionamento da não-diretividade) são sistematicamente reinterpretadas na lógica própria do sistema não-diretivo como "resistências" à análise que o pedagogo rogeriano "remete" ao grupo.[37] A não-diretividade também significa, nas discussões de grupo, ausência de participação teórica do professor a não ser esporádica e *expressamente* pedida pelo grupo-classe, isto é, no fundo, aparecimento de significados do senso comum e de uma ilusão da transparência das relações sociais e, correlativamente, reforço da ideologia dominante sob pretexto de "revolução pedagógica". Chega-se então ao esquema seguinte (cf. p. 234) que esbocei a partir de uma experiência pessoal de não-diretividade realizada num curso de sociologia econômica na universidade.

O princípio de não-diretividade na formação foi duramente criticado pela corrente de sociopsicanálise institucional: Patrice Ranjard sustenta que "uma espécie de paralelo se cria entre 'tradicional-antigo-diretivo', por um lado, e 'novo-menos diretivo-não diretivo' de outro lado (...) o investimento na 'não-diretividade' não é o investimento positivo de uma atitude nova, mas sim o contra-investimento de atitudes antigas".[38]

A tendência sociológica da PI explica que não se deve confundir não-diretividade com autogestão: "A autogestão significa a denúncia da violência institucional, ao passo que a não-diretividade no sentido de 'melhorar o clima' ou de 'facilitar as relações' pode conviver com instituições repressivas."[39] Apesar disso, o fascínio que exercem a não-diretividade, a lei do silêncio, o desprezo pelos conteúdos, sobre muitos professores da autogestão pedagógica traz na prática uma grande confusão entre os dois termos. Nesse caso a violência simbólica se exerce completamente no sentido da ideologia dominante.

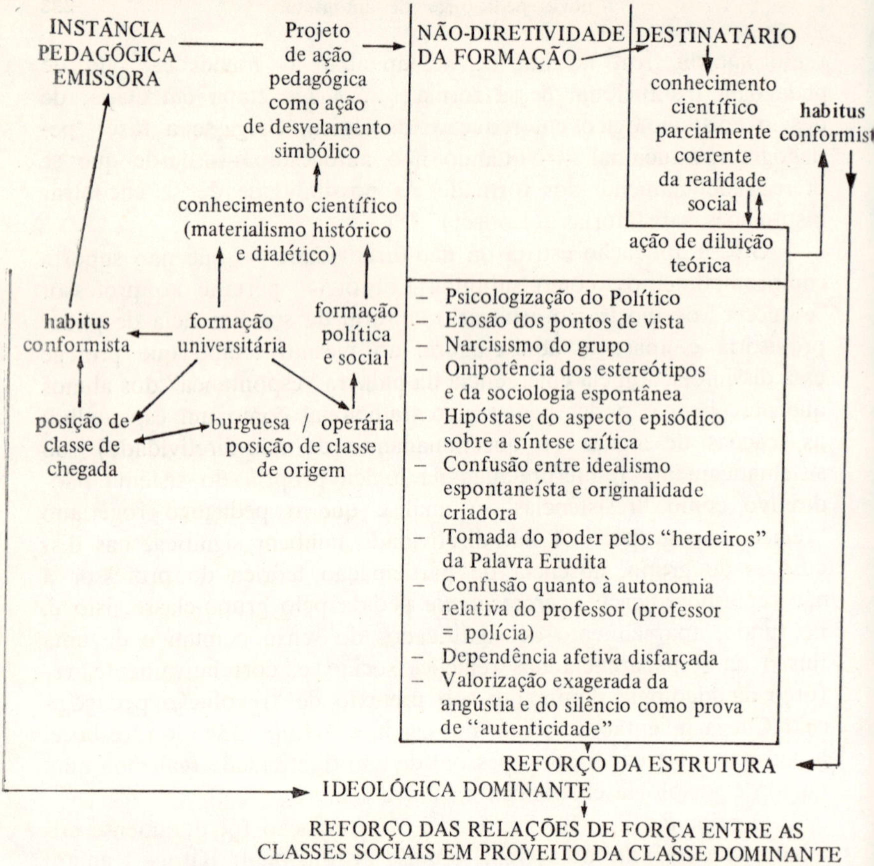


A lógica interna do funcionamento da ação em PI leva muitas vezes à solução anterior porque a augestão da formação supõe uma atitude muito permissiva do animador, que se confunde na maioria das vezes com a não-diretividade. Daí resulta o aparecimento de um discurso ilusório sobre as relações entre as classes sociais, pelo qual os "herdeiros culturais" podem experimentar sobre os outros o poder simbólico da Palavra Erudita, às vezes até em termos voluntariamente "revolucionários", correspondentes à suposta expectativa do animador: à ocultação ideológica junta-se a dependência afetiva à imagem do Pai, totalmente desconhecida pelos interessados, embalados pela ilusão de sua liberdade autonomizada. A classe em regime de autogestão torna-se então o lugar onde o discurso ilusório é tão mais hipostasiado quanto se tem a impressão de estar longe da linguagem das instituições universitárias. Assim institucionalizada, a PI possui uma função própria que remete a suas funções externas: o conservadorismo social e político em suas formas modernistas impostas pelo capitalismo organizado, modo de produção que gera estratos profissionais específicos de dissimulação e de organização sociais.[40]

### *2.2.2. A Pedagogia Institucional é uma Violência Simbólica Libertadora*

A meu ver, a PI está em via de inacabamento e a dimensão situacional do estilo pedagógico é a mais importante. (Ao sair da *violência estrutural do código,* e ao se apoiar na *violência da lógica simbólica* [no sentido tradicional do termo] — relações de troca do tipo DAR-RECEBER-DEVOLVER — é que a PI exerce a sua violência simbólica de forma realmente libertadora).

Pode-se considerar a PI como violência simbólica cuja "utopia concreta" (no sentido de E. Bloch) é libertadora. Reconhecer a sua violência simbólica consiste em afirmar que existe um poder social do formador que se serve de um sistema institucional e de um projeto político subentendido no ato pedagógico. Desejar que ela seja libertadora, é fazê-la funcionar como um *boomerang* para desmascarar o seu mecanismo interno, *in situ,* a fim de mostrar a instrumentalidade e a funcionalidade de toda forma de violência simbólica, isto é, nas sociedades de classes, do desenrolar histórico da luta de classes. Essa ruptura fundamental ainda procura os seus meios de ação eficazes no ensino e na formação permanente. Todos os meios, tradicionais ou não, são dignos de serem empregados contanto que a sua implantação não leve a um desvio do projeto inicial. Nesse assunto, o pedagogo contemporâneo tem que guardar uma lucidez absoluta. Sua ação se exerce no âmbito da autonomia relativa da instância pedagógica emissora do S. E., lugar onde o círculo vicioso se cria *e* também se destrói. Lugar de estruturação-desestruturação-reestruturação da máscara necessária à violência simbólica enquanto tal. Ao contrário das teses de Bourdieu e Passeron, acho que objetivamente a autonomia pedagógica relativa possui uma força instituinte e que ela não é de modo algum recuperada pelo instituído global. Qualquer outra hipótese nos encerra num sistema cujo campo de variação é fechado, ou seja, uma "sociedade bloqueada" que impede a superação dialética das oposições sociais. Trata-se de um *a priori* sociológico cujo valor heurístico corresponde ao das petições de princípio implícitas do positivismo ou do estrutural-funcionalismo. Como escreve Karel Kosik: "Todo conhecimento opera por oscilação dialética (...) Ele oscila entre os fatos e o contexto (totalidade), cujo centro ativo de mediação é o método de investigação (...) A dialética não pode conceber a totalidade como um todo acabado e formalizado, que determina as partes (...) A totalidade não é um todo acabado que se enche com conteúdos, com propriedades das partes ou relações das partes. Ela mesma se concretiza, *e essa concretização não é apenas criação do conteúdo, mas também criação da totalidade* (...) *A criação da totalidade como estrutura significativa é ao mesmo tempo um processo no qual se criam realmente o conteúdo objetivo e a significação de todos os seus elementos e partes.*"[41]

Se, na concepção materialista da história, o fator determinante é, em última instância, a produção e a reprodução da vida real, Engels insistia em sua carta a Conrad Schmidt, de 27 de outubro de 1890, na "ação recíproca" dos diferentes fatores e na "eficácia histórica" dos fatores políticos e ideológicos. Sabe-se que o problema da relação entre estrutura e superestrutura é crucial nas sociedades altamente industrializadas e que as opiniões dos pensadores marxistas não concordam perfeitamente nesse ponto. Prefiro adotar a tese de Gramsci sobre a relação dialética e orgânica entre estrutura e superestrutura, para as sociedades altamente industrializadas; segundo a sua concepção, a superestrutura ético-política tem papel de importância idêntica à sua base econômica: "O momento estrutural (...) é a base que gera diretamente a superestrutura, da qual inicialmente é apenas o reflexo; durante o período considerado, a superestrutura só poderá desenvolver-se e agir entre limites estruturais bem precisos: a estrutura influi portanto constantemente na atividade superestrutural. Em função dessa base, o momento ético-político desempenha também um papel motor. É ele que desenvolve a consciência de classe dos grupos sociais, que os organiza política e ideologicamente; é no seio da superestrutura que se desenrola então o essencial do movimento histórico, a estrutura tornando-se o instrumento da atividade superestrutural. A fraqueza ou importância desta última podem até limitar a evolução da estrutura, seja mantendo o antigo bloco histórico, seja permanecendo no nível trade-unionista da relação de forças."[42]

Nessa perspectiva, o fenômeno da *Reprodução* cultural e social não acontece de maneira tão lógica (no sentido da lógica formal) como descrevem Bourdieu e Passeron. A *Reprodução* pode não ser um reforço da relação de forças mas sim um *status quo* ou, ainda, ter como conseqüência uma modificação de estrutura num subsistema particular. Uma tal modificação, se for contra a finalidade do sistema, pode perfeitamente provocar uma mutação em cadeia, contanto que o conjunto se ache num limite de ruptura, por causa da relação dialética entre qualidade e quantidade no devir concreto descontínuo e emergente.[43]

A importância da *Escola capitalista* na reprodução e na coesão do bloco histórico torna indispensável o trabalho político do pedagogo na perspectiva da luta de classes. A pedagogia institucional pretende ser essa ação pedagógica particular enquanto atividade instituinte no campo simbólico escolar. Se a instituição da PI é analisável em função da teoria da violência simbólica de Bourdieu e Passeron, na sua dimensão *instituída,* essa teoria não permite distinguir a dimensão *instituinte* que vem negar a ordem do instituído em proveito de uma superação dialética. É verdade que a função própria do sistema de ensino supõe a auto-regulação de suas contradições internas para que ela possa exercer a sua função externa e, freqüentemente, o instituinte acaba sendo esvaziado pelo instituído. O pedagogo das instituições não pode anular com um toque de varinha mágica o conjunto auto-reprodutor e sobredeterminado dos mecanismos de violência simbólica, mas pode, numa tática "entrista", levar sempre ao limite (quase à autodestruição onde fará desaparecer então a sua plataforma de ação em situação) essas contradições internas. Estas aparecem como "analisadores" do conjunto do sistema.[44] Mostrar as instituições, em seus *componentes funcionais e imaginários,* a partir da instituição escolar, é começar a erguer o véu do "segredo" de toda sociedade de classe, que sempre reside na relação imediata entre o proprietário dos meios de produção e o produtor direto (Marx, Tomo VIII do *Capital,* p. 172 — Ed. Sociales). Nessa tática política, o princípio autogestionário *em situação escolar* não é absoluto. É apenas um *instrumento* (no sentido de Engels) de uma violência simbólica libertadora, a ser empregado em função de uma análise rigorosa do contexto. Só conta a eficácia do desvelamento simbólico. Isso significa que afasto deliberadamente qualquer dogmatismo referente ao princípio de não-diretividade (que pode ter às vezes força de analisador, contanto que faça precisamente a análise científica). Objetivamente, não há nada além de uma *diretividade* circunscrita por uma problemática política e pedagógica cujo fito é a desmitificação científica dos *habitus* de dominação de classe. Essa atividade pedagógica é, nem mais nem menos, a *análise institucional em situação de formação,* se ela for definida como *uma teoria e uma prática científicas em via de totalização mútua, apoiando-se na aplicação da lógica dialética marxista no campo do simbólico apreendido no concreto, isto é, analisado, num espaço-tempo dado e para um grupo social restrito, a partir do conjunto de implicações, pertencimentos, referências e transversalidades sócio-econômico-políticas globais e onipresentes.*

A liberdade gerada pela ação pedagógica institucional vai ser medida pelo grau de desvelamento ideológico reconhecido pelos interessados. A liberdade numa sociedade de classes só pode ser esse incessante vai-e-vem entre o conhecimento científico das leis da evolução histórica e a participação na práxis social revolucionária depois de haver quebrado a imagem invertida ou falseada da realidade. O papel do intelectual ou daquele que J.-P. Sartre chama "o técnico do saber prático" consiste em sempre favorecer a tomada de consciência dessa liberdade, principalmente junto aos alunos oriundos das classes populares. O seu *habitus* primário, apesar de dominado pela ideologia das classes abastadas, faz com que eles acabem reconhecendo uma consciência de classe sem a qual não há luta política coerente. O papel do pedagogo institucionalista é de mudar o funcionariado das superestruturas em funcionariado do instituinte no seio das superestruturas, por uma justa consideração do poder do instituído. O intelectual é por natureza um *analisador social* já que é "o homem que toma consciência da oposição, nele e na sociedade, entre a pesquisa da verdade prática (com todas as normas que ela implica) e a ideologia dominante (com o seu sistema de valores tradicionais). Essa tomada de consciência — embora *para ser real* ela tenha que se operar, no intelectual, *antes de tudo* no nível mesmo de suas atividades profissionais e de sua função — nada mais é que o desvelamento das contradições fundamentais da sociedade, isto é, dos conflitos de classe e, no interior da própria classe dominante, de um conflito orgânico entre a verdade que ela reclama para a sua empresa e os mitos, valores e tradições que ela mantém e que quer impingir às outras classes para garantir a sua hegemonia. Produto de sociedades divididas, o intelectual é testemunha delas porque interiorizou essa divisão. É portanto um produto histórico" (Jean-Paul Sartre).[45] Trabalhando no nível do *acontecimento,* a sua função social é de dar significado e explicar os possíveis da liberdade na meada das contradições e lutas sociais determinantes. Cada intelectual age então como sociólogo, se a sociologia for definida *como a abordagem científica que tem por objeto o estudo do conjunto dos analisadores de determinada formação social, de sua aparição, do seu modo de funcionamento, de suas ações transformadoras no âmbito das instituições e das estruturas englobantes, e de seu desaparecimento na superação dialética do devir concreto.*

# 3

# Sociologia Institucional dos Novos Métodos Corporais e Relacionais de Animação de Grupos: O Movimento do Potencial Humano

As novas técnicas de expressão corporal e relacional entram sub-repticiamente nos IUT. Mais do que qualquer outro método pedagógico, a expressão corporal no ensino tecnológico é bastante marginal. Pessoalmente, tentei desbloquear através do método relacional um grupo de alunos do IUT de Saint-Denis, utilizando técnicas novas do tipo "grupo de encontro", com a ajuda de Michel Lobrot. Também no IUT de Saint-Denis, algumas tentativas foram feitas por Peter Bruce (bioenergia). No IUT de Amiens, a experiência de expressão corporal logo foi coibida. No IUT de Reims, graças a J. Salzer, animador de grupos de encontro, a tentativa foi mais duradoura e mais avançada do que em outros lugares. Acredito que o movimento é irreversível e que haverá um desenvolvimento do impacto das novas técnicas corporais de animação de grupo nos IUT, principalmente através dos cursos de *técnicas de expressão* dados por psicossociólogos ou por professores de letras interessados em ciências humanas. Todavia, a transversalidade societal também está presente nessas experiências. P. Bourdieu e os pesquisadores de sua equipe (Luc Boltanski, em particular) demonstraram muito bem o fenômeno de *incorporação das estruturas objetivas.*[46] Nesta utilização de novas técnicas, o dilema, como diz J. Ardoino, é de "tomar corpo: encarnação ou reificação".[47] Encontra-se primeiro "o corpo moldado e sofisticado pela organização social para fins de produção e reprodução (. . .) o corpo fetichizado, mercadoria e produto de consumo (. . .) o corpo fantasmado" (J. Ardoino).

O corpo real, reintegrado na existência totalizante, é difícil de ser encontrado. Somente a análise sociológica dessas novas técnicas de animação de grupo pode ajudar a medir o poder instituinte da dimensão corporal e relacional no ensino esmagado pela "mão invisível" do capitalismo moderno.

## 3.1. Instância do Reconhecimento-Decodificação do Movimento do Potencial Humano

### *3.1.1. A Estrutura das Bases*

a) A BASE SOCIAL do Movimento do Potencial Humano começa a ser conhecida. Caracteriza-se, como indica R. Castel, pela síndrome YARVIS SYNDROM: "sigla de *Young, Attractive, Rich, Verbal, Intelligent, Sophisticated*: expressão irônica usada nos Estados Unidos e Canadá para qualificar os pacientes da psicanálise."[48]

*Young,* porque os grupos do Potencial Humano são constituídos por pessoas relativamente jovens, de quem se pode mobilizar a capacidade de mudança pessoal.

*Attractive,* porque só personalidades decididas podem desafiar os tabus sociais, especialmente sobre o corpo, que estas práticas provocam.

*Rich,* porque as pessoas em questão dispõem quase sempre de substancial capital financeiro ou cultural e pertencem, por isso, às classes mais favorecidas (professores, educadores, intelectuais, psicólogos).

*Verbal.* Mesmo que os grupos do Potencial Humano façam um trabalho não-verbal, o que os caracteriza são as capacidades verbomotoras que os membros desses grupos possuem, decorrentes de sua riqueza cultural. Mesmo que alguém "descarregue", na bioenergia, em posição fetal e com a linguagem gutural do recém-nascido, logo em seguida esse paciente se levanta e, passada a emoção, a explicação ao grupo da experiência que acaba de ser vivida vai devolvê-lo ao universo simbólico dos significados legítimos das classes não proletárias.

*Intelligent.* Para gostar desse tipo de prática, é preciso ter um certo QI que permita relativizar e aprofundar para si o espetáculo que também se dá aos outros. Apenas os grupos compostos de pessoas em tutela psicoterapêutica caracterizada não costumam apresentar esse traço dominante

*Sophisticated,* porque afinal — como escreve Daniel Hameline — "a mentalidade ocidental com o seu misto de boa e má consciência provém da análise desconfiada e narcisista que tanto caracteriza a população americana no momento e certas camadas da população européia".[49]

Um estudo efetuado com alunos da Universidade de Vincennes que freqüentaram os grupos do Potencial Humano no Departamento de Educação confirmou, dentro dos aspectos específicos da Universidade de Vincennes, as características essenciais acima indicadas (equipe n.º 8 do grupo II).

b) A BASE MATERIAL E TÉCNICO-ECONÔMICA é bastante firme nos Estados Unidos, com os seus locais de peregrinação (Esalen). Na França e na Europa ela se instala com os imprevistos próprios de toda empresa capitalista. Assim, uma filial francesa do Potencial Humano, a CENTRE, que procurava rentabilizar a sua instalação no castelo de Meux, foi dissolvida sob a ação conjunta dos socianalistas e dos grupos marginais que participaram de um estágio. Os animadores do Potencial Humano foram imediatamente reempregados pelo Club Méditerranée, no seu centro de Ouarzazate, no sul do Marrocos, onde se pratica durante os quatro meses do verão uma miscelânea de técnicas californianas e práticas ascéticas orientais, com o sabor que agrada ao Ocidente capitalista. A instalação de alguns locais do Potencial Humano foi muito cara e exige uma rentabilização imediata. O *Centre d'Evolution* de J. Durand-Dassier, por exemplo, que dispõe de ótimas instalações, pede 250 francos para a participação individual num fim de semana, sem incluir nenhuma despesa de estada, alimentação, etc. *Tribu* cobra 200 francos; *Arkana,* de 200 a 400 francos; o *Centre de Développement du Potentiel Humain,* 390 francos; o *Atelier de Recherches et d'Etudes sur le Développement de la Personne,* de 400 a 500 francos; *Siefug,* 400 francos; o *Institut Théracie,* 600 francos; e, para os mais ricos, o *Séminaire Alpha* oferece uma experiência parapsicológica por 1.500 francos (preços de 1974).

A BASE ESPAÇO-TEMPORAL revela a distância cultural entre Estados Unidos e Europa. O Movimento do Potencial Humano que se desenvolveu na América do Norte, na década de 60, só chegou à Europa e à França em 1973, de modo bastante marginal. Foi em Mons (Bélgica) e em Estepona (Espanha) que Michel Lobrot e Georges Lapassade descobriram o Potencial Humano e propuseram a sua introdução, em 1974, na Universidade de Vincennes (Departamento de Educação). O aconselhamento recíproco já havia sido instalado nessa universidade com Ph. Grauer. A "Feira de Grupos de Encontro" funciona desde 1973 (França, Grã-Bretanha — 1974 — e Suécia — 1975; na França, *"L'espace du Possible"*, perto de Royan, desde 1977). Quem desejar, aí encontra especialistas internacionais das várias técnicas do Potencial Humano e da sexologia, durante os meses de julho e agosto, sem interrupção.

Os "castelos" isolados do mundo e do barulho, situados em belos parques floridos, são os lugares escolhidos pelo Movimento do Potencial Humano e pelo movimento de grupos em geral. Houve quem investisse na "pedra" para chegar aos seus objetivos: foi no castelo do Menil, na Normandia, que se realizaram os grupos de Gilbert Rapaille. Antes da falência do CENTRE, o castelo de Meux foi o lugar ideal, embora vetusto, para isolar a efervescência corporal dos grupos. Há comunidades religiosas que tornam rentáveis os seus mosteiros, recebendo grupos de encontro ("Les Fontaines", na floresta de Chantilly). Também associações de educação popular compraram e prepararam "o seu castelo" para desenvolver atividades de criatividade (por exemplo, o INFAC, Instituto Nacional de Formação de Animadores de Coletividades, possui um belo castelo perto de Gouvieux). Como animador de grupo, especialmente em Gouvieux, percebi que os castelos podem ser prisões douradas para os grupos de inovação pedagógica pois a violência institucional, nesses locais onde os investimentos capitalistas foram muito altos, subsiste junto com a beleza da paisagem.

c) A BASE LIBIDINAL E A BASE COMUNICACIONAL, nos grupos do Potencial Humano, são complementares. Trata-se quase sempre de uma prática que busca a liberação psicológica por meio da tomada de consciência dos bloqueios corporais. A dimensão libidinal do encontro com o outro é o eixo terapêutico desses grupos que reconhecem no corpo a capacidade de "máquina desejante". A atração sexual entre parceiros do mesmo sexo ou de sexos diferentes aparece com freqüência e é sublimada pelos exercícios físicos propostos. Assim, a técnica da massagem californiana permite a alguns indivíduos viverem a sua homossexualidade latente. O aconselhamento recíproco facilita para os tímidos declarações sexuais impossíveis nas circunstâncias de costume. Mas o campo libidinal é canalizado por um ritual de comunicações e de práticas que o monitor-especialista faz respeitar mais por sua autoridade carismática do que por meios sutis de coerção. Seu prestígio estará mais garantido se ele passar pelos circuitos de legitimação do Movimento (Esalen, Arica — Nova York — ou então iniciação espiritual no Oriente). Conseguir uma "legitimação" desse tipo custa caro e algumas empresas capitalistas modernas financiam a formação dos seus membros (o Dr. Michel Meignant pôde formar-se nos Estados Unidos graças às Edições Filippacci). Essa legitimação tem rentabilidade garantida para os interessados que são contratados diretamente como professores nas universidades de vanguarda por sua "competência técnica". É extraordinário como esses novos métodos de grupo, que pretendem conduzir os indivíduos à liberação e autonomia, mantêm de fato uma dependência psicológica exorbitante em relação ao monitor-especialista, considerado um pouco como "mestre espiritual", uma vez que a análise da transferência (e da contra-transferência) nunca é feita, nem em termos psicanalíticos, nem em termos políticos.

### *3.1.2. A Práxis no Movimento do Potencial Humano*

Ela se articula em torno de alguns pontos-chave:

*a*) O vivido (*vécu*), a atualização dos afetos, a dramatização-descarga.

No Potencial Humano insiste-se muito na presença psíquica dos participantes no *aqui-e-agora*. Trata-se de viver com plenitude o que se passa imediatamente, atualizando-se todos os fantasmas, passando aos atos às vezes até a fronteira do perigo físico para outrem. Condensam-se os afetos numa espécie de crispação psicológica e física (ex.: em bioenergia), depois a pessoa "estoura" deixando-se ir até a "descarga" suave (choro como no aconselhamento recíproco) ou "quente" (gritos, unhadas, mordidas, golpes em almofadas acompanhados de movimentos do corpo todo). Eis um exemplo típico narrado por Jean-Marie Lemaître, tirado de uma de suas experiências de estágio (expressão corporal analítica):

"Myriam reagiu negativamente ao modelamento efetuado pelo grupo de Sylvia. Ela atacou principalmente os homens que são 'uns brutos, uns vampiros em cima delas'.

Solange (animadora do grupo): você quer falar bem alto pra eles, dizer pra eles ... (mostrando os homens do grupo).

Myriam: tenho vontade de acabar com eles!

Solange: vamos, acaba com eles...

Patrice (animador do grupo): deixa pra lá, nem isso ela consegue...

Segue-se uma certa provocação do mesmo gênero, cada animador imitando um pouco do que Myriam diz, hesitante mas fervendo. Enfim Myriam amarra os homens e os executa selvagemente, a facadas, com a ajuda de Solange. Mas assim que cai o primeiro morto, o entusiasmo também some: ela dá uns soquinhos tímidos, esconde o rosto, não olha para as vítimas e fica repetindo 'estou farta, eles (os rapazes) são mais fortes do que eu'.

Acaba matando todos os homens (exceto eu que ela deixa de lado) e vai até Patrice. Entra num corpo-a-corpo com ele que a prende pela cintura. Ela o xinga: 'cafajeste, patife', morde-o e dá-lhe pontapés. Terminada essa descarga, todos falam do que acaba de acontecer."[50]

*b*) A implicação do animador

Percebe-se nesse exemplo outra característica da práxis dos grupos do Potencial Humano: o animador não pode ficar fora da passagem ao ato dos participantes, principalmente porque é nele que se dá a maior concentração de ódio ou de amor fantasmático dos participantes (como na psicanálise). O animador assume o risco de chegar ao jogo da passagem ao ato a fim de provocar a descarga. Ao agir assim, ele crê destruir no embrião os mecanismos de transferência, porque procura sempre ser ele mesmo, com suas próprias reações, repulsões ou atrativos. O animador partilha assim o *prazer* e o *desprazer* com os participantes a fim de que possam encontrar nessa "experiência do prazer partilhado (. . .) o motor da mudança" (Max Pagès).[51] A questão da implicação do animador em todos os grupos contemporâneos que utilizam técnicas novas deve passar por séria reflexão teórica para situar bem a respectiva prática: qual é o *ponto de implicação* aceitável para o animador de grupo, qual é a fronteira indemarcável do possível-impossível na atividade de um responsável de grupo cujo objetivo é a autonomização real de cada um e de todos? Seja como for, ninguém escapa à implicação num grupo e o pesquisador, na pesquisa-ação, de forma especial: trata-se de uma das questões essenciais do perene problema da cientificidade e da objetividade das ciências humanas.[52]

*c*) O apoio psicoafetivo do grupo

Outra característica dos grupos do Potencial Humano é o apoio psicoafetivo de todos os participantes para com o participante que "descarrega". Apesar de concebida positivamente no espírito do Potencial Humano, a descarga permanece como expressão da fraqueza humana. Num grupo de massagem californiana do qual participei, um dos estagiários descarregou ao receber uma massagem concentrada na região dorsal: ele se pôs a gritar forte e se enrijeceu, como numa crise epilética, batendo os pés e as mãos. A massagista americana de Esalen e sua co-animadora logo se encarregaram dele, ajudadas por boa parte do grupo. Tomaram conta dele, animaram-no, maternaram-no física e simbolicamente. Pouco a pouco ele voltou a si e ficou perfeitamente calmo e à vontade, sorrindo e agradecendo a todos.

### *3.1.3. O Projeto do Movimento do Potencial Humano*

Ao lado da teorização psicanalítica, os discursos de acompanhamento teórico da prática do Potencial Humano são bem heterogêneos e de exatidão relativa. É verdade que nomes de maior ou menor prestígio emergem mas, no final, o que resta é apenas uma névoa nocional que adota elementos da filosofia oriental (hinduísmo, budismo, taoísmo, etc.) e do existencialismo. Aliás, isso não preocupa os responsáveis por esses métodos novos, que raramente explicam os fundamentos teóricos daquilo que estão praticando. O W. Reich da última fase bioenergética (1935-1957) um pouco delirante é valorizado, enquanto a gestalt-terapia se inspira em F. Perls e na abordagem existencial. É Harvey Jackins, antigo sindicalista, que é considerado pelo aconselhamento recíproco como seu fundador. A terapia dos grupos de drogados, em Synanon, também utiliza as idéias de Freud, Ralph Waldo Emerson, Lao-tse, Jesus Cristo... O traço teórico dominante de todas essas correntes permanece sendo a dependência e a crítica da prática e da teoria freudianas, principalmente da regra fundamental da psicanálise e do dispositivo analisador do divã que afasta o olhar e o gesto possível do outro: "E, finalmente, a crítica de Freud, de sua técnica, dos seus dispositivos, leva à rejeição *da análise* como instrumento terapêutico, o que constitui um tema constante, básico, no Movimento do Potencial Humano: 'A diferença entre a gestalt-terapia e a maioria das outras terapias está essencialmente no fato de nós não analisarmos, nós integramos' (F. Perls). O que significa essa 'integração' oposta à 'análise'? É a idéia gestaltista da *totalidade,* em oposição à decomposição analítica", escreve G. Lapassade.[53]

Essa mistura teórica é difundida e vulgarizada pelos veículos publicitários porque afinal é preciso "vender" os estágios. O discurso de apresentação por folhetos, brochuras de todo tipo enviados sobretudo às pessoas suscetíveis de se interessarem (e dispondo de meios financeiros) tais como psicólogos, trabalhadores sociais, professores, médicos, terapeutas, etc. abrange alguns temas fundamentais:

a) *O apelo implícito ou explícito à tradição*

Dentro da tendência à nostalgia, não é de estranhar esse aspecto característico do Movimento do Potencial Humano. O Centro de Aperfeiçoamento dos Responsáveis de Grupo (CEPREG) escreve assim a respeito de um estágio de "relaxamento profundo": "O que é veiculado pelo silêncio? Entre os antigos gregos, praticava-se o 'sono curativo'. Os médicos desse tempo, também sacerdotes dos templos onde oficiavam, estavam perfeitamente a par da interdependência do psíquico e do corporal. Entre os orientais, pratica-se a 'ioga nidra', que pode ser traduzida como 'o sono sem sono'." No "Centre d'Evolution", descreve-se o "método da relação essencial" como sendo uma síntese:

1) de disciplinas espirituais antigas, como o tantra ioga (arte do controle e da união das energias opostas — macho/fêmea, yin/yang, ativa/passiva);

2) de abordagens psicológicas e científicas contemporâneas, como: Arica, gestalt, massagem profunda, distinção entre projeções subjetivas e realidade objetiva, técnica de meditação e de concentração, bioenergia;

3) do jogo, do ritual, do sagrado (teatro do ego, troca de papéis, dança africana).

O Centro de Desenvolvimento do Potencial Humano propõe um estágio de tai chi. "É uma disciplina chinesa muito antiga que busca o equilíbrio do corpo e do espírito por intermédio de um encadeamento de movimentos muito lentos, muito precisos e de grande beleza plástica. Procurando harmonizar espírito e corpo, o tai chi vai bem além da expressão corporal." A associação CENTRE propunha antes da sua extinção: "Hata ioga, pranaiama e ioga tibetana, por Jane W. Jane vai partilhar conosco a sua experiência de três anos de estada num mosteiro tibetano do Himalaia e de várias passagens pela Índia, Nepal, Sikkim, Ladak, Bhutan e fronteira do Mustang." O "Centre d'Evolution" anunciava em letras garrafais: "Bill Grossman volta da Índia."

b) *O desenvolvimento equilibrado do corpo e do espírito*

Um anúncio do CEPREG começava assim: "Você não se sente bem

— com os que o cercam
— com o seu corpo
— nos seus grupos de vida."

Há dez anos que o CEPREG trata dessas questões fundamentais... O Centro de Desenvolvimento do Potencial Humano, fundado em 1972, lembra que o conjunto de suas técnicas "constitui o que nos Estados Unidos se chama *Humanistic Psychology,* segundo a qual cada pessoa é capaz de desenvolver, de modo ilimitado, as suas capacidades de felicidade, alegria, criatividade, espontaneidade e autenticidade, até a experiência transcendental". O *Séminaire Alpha* de Ch. Godefroy afirma que "só utilizamos 10% do nosso potencial mental. A rotina da vida quotidiana amortece as nossas faculdades: criatividade pessoal, memória, forma psíquica dependem muito da atividade do subconsciente que pode ser despertado por métodos puramente mentais". CENTRE escrevia em tom ditirâmbico: "Hoje, pela primeira vez na história da humanidade, temos acesso ao conhecimento de todas as grandes civilizações do passado. Graças a homens como René Guénon, G. I. Gurdjieff, Aldous Huxley, etc., podemos perceber a unidade essencial para além dos antagonismos exteriores. O que era conhecimento 'esotérico' tornou-se bagagem comum a todos. Face a essa imagem unificada do Homem Eterno, o ocidente moderno ergue a imagem bicéfala erigida por Marx e por Freud. CENTRE deseja colaborar para a conciliação dessas imagens aparentemente inconciliáveis"; e mais adiante: "estágio de realização pessoal pela dança e pelo movimento (...) A educação que recebemos em nossa sociedade faz com que a gente se mexa o menos possível. O objetivo desse grupo para crianças é de lhes dar a possibilidade de reencontrar o impulso do movimento, a infinita criação da qual o nosso corpo é o melhor meio de expressão, o mais próximo de nós mesmos. Assim, descobrimos o espaço, o sopro, o ritmo, a dança. E, ao nos reencontrarmos, podemos reencontrar o Outro." O "Centre d'Evolution" anuncia uma sessão de formação ao método Arica como a "formação para uma evolução consciente em direção à vida — equilíbrio do corpo, das emoções, do intelecto".

c) *A comunhão e o espírito comunitário*

A respeito do grupo de encontro-maratona, o "Centre d'Evolution" escreve: "Durante um fim de semana, um grupo de doze pessoas fica cerca de 25 horas numa mesma sala. Cada um procura se interessar pelo outro, compreendê-lo, sendo ele próprio tão honesto e aberto quanto possível para com os seus sentimentos pessoais. Esse grupo, que só se interessa por uma pessoa de cada vez, tenta ajudá-la a expressar as suas emoções por meio de técnicas diversas, entre as quais o não-verbal desempenha papel importante. Cada um entra portanto em relação emocional com o outro, sai do seu isolamento e enfrenta os seus próprios problemas que pode explorar graças aos outros, numa atmosfera de calor humano e intimidade muito adequada aos grupos de encontro." O Centro de Desenvolvimento do Potencial Humano propõe o seu estágio residencial de verão nos seguintes termos: "Para algumas pessoas, as férias são o momento de se reencontrar e fazer um balanço sobre si mesmo, sobre a vida. Para outras, são a ocasião de conhecer novas experiências, de sair da rotina e dos hábitos empedernidos. O programa de verão conjuga essas duas preocupações e dá a possibilidade de transformar um tempo que em geral é destinado ao 'fazer', 'realizar', em um tempo mais voltado para o 'ser', para a realização pessoal, para a comunicação com o outro, para o crescimento individual ou para o balanço do que você foi até então. O ambiente que o grupo proporciona à pessoa lhe traz segurança e calor humano para ajudá-la a abrir-se a si mesma e aos outros, a não ter medo de não se engajar ou de recusar, e onde se respeita a liberdade de cada um."

Uma leitura transversal das diferentes bases, das práticas e do projeto do Movimento do Potencial Humano pode levar, por indução, a situar o *campo institucional mediatizante,* relativamente autônomo, que é a estrutura invisível desse Movimento. É a decodificação do Movimento do Potencial Humano.

### *3.1.4. A Decodificação: A Instituição do Emocionalismo*

Este campo institucional mediatizante pode ser chamado de Emocionalismo. Trata-se de uma instituição global místico-sexual com forte dominante corporal.

O Emocionalismo caracteriza-se por alguns traços específicos:

*a) O espírito sectário*

Já foi visto que o Movimento do Potencial Humano dirige-se a uma base social dominada pela síndrome YARVIS, procura lugares de "retiro" para a prática de suas atividades, e opõe-se abertamente à ideologia psicanalítica. Isso corresponde às características das seitas "introversonistas" descritas por Bryan Wilson: "Embora todas as seitas se afastem da ortodoxia e, de certa forma, da própria sociedade, as seitas chamadas 'introversonistas' — que se poderia traduzir por 'voltadas para si mesmas' — transformam o isolamento em condição essencial para a salvação. A segurança que se encontra no seio da comunidade simboliza, e às vezes é mais do que símbolo, a segurança que se encontra em Deus. O indivíduo sente-se protegido pela fraternidade onde buscou refúgio, e a fraternidade torna-se então instrumento do Salvador. A santidade de cada um depende da santidade da comunidade; a própria comunidade fornece a cada um o modelo de comportamento. Ela se torna objeto de adoração; é concomitantemente entidade objetiva e experiência subjetiva. O mistério que ela propõe ao indivíduo inspira respeito religioso."[54] Compreende-se, pois, que haja pessoas que façam vários estágios do Potencial Humano, seja na França, seja no estrangeiro. As "bíblias", no caso, são os livros de Reich, Perls, Schutz, etc. Os lugares santos chamam-se Esalen, Estepona, Arica (no Chile). Ainda não foi feito um estudo mais sério desse espírito sectário característico do Emocionalismo (com os traços específicos de toda seita: trabalho voluntário, exclusividade, mérito, auto-identificação, consciência de elite, expulsão, consciência, legitimação) (cf. Bryan Wilson, pp. 28-35).

b) *A relação mestre-discípulo*

Correlativamente ao espírito sectário, a leitura transversal das estruturas, discursos e práticas socialmente aceitos pelo Movimento do Potencial Humano, mostra outro elemento: a relação mestre-discípulo. Um exemplo típico é o caso de Arica, instituto que nasceu em Nova Iorque, em setembro de 1971, e que conta com 26 centros e 10.000 adeptos. Foi em 1969 que psicólogos de Esalen ouviram falar de um mestre espiritual boliviano, de 37 anos, Oscar Ichazo, morando no Chile. Tratava-se de um mestre no sentido da tradição oriental: homem com conhecimentos espirituais e com experiências pessoais da noite interior, que desenvolveu um sistema de conhecimento do homem adaptado ao Ocidente tecnológico. Em 1970, cinqüenta e sete americanos chegaram à cidadezinha de Arica, no norte do Chile, para fazer uma formação intensiva de dez meses com Ichazo. Quarenta e duas pessoas terminaram a formação e trinta e cinco foram com Ichazo fundar o Instituto Arica, em Nova York, que ofereceu imediatamente uma série de encontros de formação com a duração de três meses. A sede da instituição Arica está instalada num bairro elegante e tem acentuada aparência futurista. O mestre protege a sua infalibilidade simbólica por meio da ausência: permanece invisível aos participantes que são assistidos pelos primeiros discípulos.[55] A fundação de uma nova corrente do Potencial Humano por um "verdadeiro" mestre espiritual aberto ao espírito ocidental é o ideal, mas a relação efetiva do mestre com o discípulo permanece a regra. Qualquer aprendiz de monitor do Potencial Humano está investido da autoridade que se atribui ao mestre e as relações de dependência dos adeptos inconscientes chegam a dar pena, quando são extraídos da sua ganga fraterna e sentimental. Na Universidade de Paris VIII—Vincennes onde o Movimento do Potencial Humano foi muito ativo, houve alunos fanáticos que seguiam sem discutir o animador de aconselhamento recíproco ou de bioenergia, de sexologia humanista ou de expressão total.

c) *A dramaturgia pulsional*

Outro componente do Emocionalismo é a encenação dos afetos. Já assinalei que a dramatização-descarga era um dos elementos essenciais do Movimento do Potencial Humano. Tratava-se de teatralizar as emoções, de representar os sentimentos no palco e sob o olhar do grupo. A pulsão devia ser vivida no aqui-e-agora, expulsa do imaginário para ser *posta em prática* no plano simbólico, numa dimensão verbal ou não-verbal. O grupo e o animador sempre desempenhavam o papel da "boa" mãe pela escuta atenta, pela maternagem imediata, e até pela repreensão "justa" (terapia usada nos grupos de drogados).

d) *A recusa da análise*

Um dos pontos-chave do Emocionalismo é a sua recusa de qualquer tipo de análise em proveito exclusivo da expressão. Das duas hermenêuticas dominantes: o marxismo e a psicanálise, o Emocionalismo, de fato, não fica com nenhuma. Aos marxistas, os partidários do Potencial Humano respondem "merda para a política!" (*politics shit*); aos freudianos imóveis, retorquem com o transe. No máximo, aceitam às vezes racionalizar as suas práticas sob a égide de uma montagem oriental-existencial-reichiana que nada tem a ver com o vivido da relação.

Esse último ponto ajuda a compreender a lógica interna do Emocionalismo. Do mestre (espiritual ou não) fundador de uma corrente sectária do Movimento do Potencial Humano, à recusa da análise, obtemos o seguinte encadeamento:

dramaturgia dos afetos

mestre ——→ seita ——→ ——→ grupo fusional

↑ manutenção do inconsciente político ↓

*recusa da análise*

legitimação dos significados sectários e da autoridade do mestre ←—— universalidade das perspectivas, falsa dialética conflituosa ←—— recusa de ver a interiorização da exterioridade no grupo e na situação

A dramaturgia das emoções e das pulsões, bem como a recusa de análise sociológica ou psicanalítica levam à realização de um grupo fusional dependente, mantido no desconhecimento de sua própria situação. Esta, no entanto, não pode deixar de ser fecundada pelas contradições políticas, econômicas e sociais da sociedade global, principalmente pela luta de classes. A recusa de analisar a transversalidade dos pertencimentos, referências e implicações sociais dos diversos atores *in situ* contribui para a manutenção do momento da universalidade institucional, com o seu efeito de mimetismo social e ideológico. Essa recusa não permite apreender o que há de verdadeiramente instituinte no Emocionalismo. A teatralização dos afetos só dá a impressão de uma dialética conflituosa consigo e com os outros. A transparência da violência interpessoal, verbal ou corporal, que aparece nesses grupos, oculta perfeitamente o peso opaco da violência social que acontece alhures, no palco do mundo, mas que se perpetua aqui na ignorância de seus fundamentos, graças ao aspecto confuso e universalizante do método de animação. Pessoalmente, fui confrontado com esse aspecto ao chegar na *Gare de l'Est*, em Paris, depois de haver passado uma semana num grupo de encontro na Alemanha, onde dispúnhamos de todo o material de expressão, com a assistência competente de psicossociólogos de renome, num local isolado em plena floresta. Ao sair da estação, fui abordado por um rapaz da ilha Maurice, de origem indiana, que me explicou em inglês que não comia há três dias. Convidei-o para comer alguma coisa no bar da estação e falamos da sua vida em Paris: toda a violência social estava ali resumida, diante de mim, concretamente, nesse homem de vinte e cinco anos, desempregado, sem nenhum recurso, decidido a vender a sua força de trabalho por um pouco de pão. Apesar de tudo que possa dizer Soljenitsin — e principalmente a jovem burguesia intelectual especializada na "pubfilosofia" que pomposamente se autodenomina "a nova filosofia"[56] — nas nossas sociedades em via de totalitarismo que se apresenta como "liberal" não há necessidade de campos de concentração para degradar o homem: basta deixar que funcionem as leis do mercado! A violência teatralizada dos grupos do Potencial Humano é somente o verniz burguês da violência real que se exerce sobre as camadas desfavorecidas da população. Na primeira, há gritos, gestos, lágrimas de crocodilo. Na segunda, as pessoas se calam, esmagadas pelo peso insuportável do fardo social, como escreveu o poeta Eugène Guillevic:

"*La misère, c'est quand on dit:*
*Rien à perdre et tout à gagner*
*Mais le total de la misère,*
*La misère au bout de la vieille misère,*
*C'est quand on dit: tout m'est égal,*
*Je ne sais plus, je ne veux plus, je ne peux plus.*"* [57]

Essa falsa dialética do conflito no Emocionalismo, sustentada e reforçada pela recusa de análise social, faz com que o grupo entre na universalidade das opiniões através da sentimentalidade. Basta que uma equipe de socianalistas revele ao grupo o não-dito, e há o esfacelamento (como no caso do CENTRE). Evitando a análise, essa universalidade sentimental é a melhor garantia da legitimação dos significados culturais sem os quais a seita e o mestre não conseguem sobreviver.

## 3.2. Instância da Decifração e Campo Institucional Mediatizado

Explicar o Emocionalismo e sua lógica específica redunda em apreender o campo institucional mediatizado que, num nível macrossocial, constitui o seu campo virtual. Já se viu que o ponto cego

---

* "A miséria é quando se diz:
Nada a perder e tudo a ganhar
Mas o máximo da miséria,
A miséria em seguida à velha miséria,
É quando se diz: pra mim tanto faz,
Não sei mais, não quero mais, não posso mais."

da lógica interna do Emocionalismo é a sua recusa de análise, ponto essencial no qual repousa o conjunto lógico da instituição. Como *explicar* (no sentido de Goldmann) esse traço fundamental do Emocionalismo? Em outros termos, a qual inconsciente político remete, em negativo, o Emocionalismo?

### *3.2.1. O Emocionalismo e o Universo do Imaginário Social Mistificador*

A parte instituída de toda instituição apóia-se, em última análise, num fundo de imaginário social mistificador cuja ideologia é a forma mais manifesta através dos discursos (ideologia proclamada) e das práticas (ideologia prática) dos atores sociais. Numa sociedade de classes, o *discurso do poder* que "designa toda modalidade lingüística e/ou semiológica que participa, direta ou indiretamente, da *ordem da dominação social* e ligada, direta ou indiretamente, à *reprodução* de uma sociedade de classes em um único de seus aspectos ou na totalidade" (Jean Franklin)[58] se exerce sob a forma de *violência simbólica* que pode ser chamada *violência institucional,* na sua forma singular e canalizada dentro deste ou daquele aparelho ideológico de Estado (escola, exército, hospital psiquiátrico, etc.). Bourdieu e Passeron analisaram com bastante rigor essa violência simbólica cujos efeitos sutis estruturam as mentalidades individuais e coletivas, por meio do *habitus,* conceito indispensável à sociologia do conhecimento.[59]

Que elementos significativos do imaginário social mistificador, concebidos como campo institucional mediatizado ao qual remete virtualmente o Emocionalismo, podem ser destacados para *explicar* essa nova instituição? Qual é o conjunto lógico instituído do inconsciente político que fecunda, de dentro, a função social externa do Emocionalismo?

Esse conjunto lógico instituído pode ser caracterizado por quatro palavras fundamentais: lucro, poder, desconhecimento, legitimação.

*a) A lógica do lucro*

A lógica do lucro é um dos eixos dominantes da sociedade capitalista. Uma nova disciplina, o *marketing,* surgiu para explorar racionalmente a curva potencial de venda de novos produtos num mercado de bens de consumo supersaturado. Não é pois de estranhar que exista no Emocionalismo esta lógica do lucro. A sociedade industrial é cada vez mais dominada pelo *efeito Weber*, isto é, segundo R. Lourau, uma mais acentuada opacidade das relações sociais, devida ao desenvolvimento da racionalização e da tecnologia científica, garantia da legitimação do *status quo* social. É por isso que, na França, a partir da década de 60, e com o impulso do capitalismo organizado onde o efeito Weber é bem sensível, assistiu-se à proliferação dos organismos psicossociológicos vendendo "relações humanas". Atualmente, com a lei sobre a formação permanente, chega-se a uma taxa de inflação galopante desse tipo de organismos que costumam vender, como assinalou J.-P. Moreigne, "relação com o outro", criando ao mesmo tempo uma espécie de setor quaternário da economia contemporânea especializada na produção e distribuição de "serviços" (afetivo, educativo, terapêutico, etc.).[60] Faltava ainda a "relação com o outro" de natureza corporal, sensorial, não-verbal. O Club Méditerranée, sempre em busca de um novo campo de mais-valia, aproveitou a ocasião, em 1974, como já o fizera a revista *Psychologie*. Mas o excesso do produto há muito já é sensível e, por isso, começam a aparecer as marcas diversificadas (relação essencial e gestalt-terapia, análise afetiva e bioenergia, etc.) e os produtores dos serviços são apresentados de forma cada vez mais comercial.

Os grupos financeiros que vendem o produto "relação" enviam seus diretores para cursos nos lugares santos do Emocionalismo (as edições Filippacci financiam a estada do Dr. Meignant em Esalen; o excesso de saber sexual é vulgarizado na revista *Union*). A lógica do lucro no nível do campo institucional mediatizado redunda, no plano específico do campo institucional mediatizante do Emocionalismo, na barganha do desejo.

*b*) *A lógica do poder*

A erotização generalizada das relações humanas e o consumo obrigatório dos sinais sexuais na sociedade capitalista não podem deixar de ser controlados pela classe dominante: o desejo da ordem sempre se opõe à ordem do desejo. A medicalização da vida quotidiana já permitira o controle das práticas de educação infantil das classes populares;[61] na mesma linha, "a nova ordem sexual" ataca as últimas trincheiras: o caráter privado da sexualidade humana. Como demonstra Dominique Wolton, o discurso do poder usa o discurso médico, garantia de objetividade, para instaurar "novos poderes" que ilustram "a extensão do controle social pelo papel crescente da ciência, da dominação médica e da manipulação dos indivíduos".[62] A relação erótica com o outro torna-se o lugar do cerco; a técnica de grupo é a metodologia adequada, em nome da espontaneidade e da autenticidade de todos diante de todos: em 1974, na Grã-Bretanha, um psicossociólogo francês de renome proclamava com orgulho ter animado um grupo de vanguarda, um *sex-group*, durante a Feira de Grupos do Potencial Humano. A burguesia francesa esclarecida, que há muito pratica esse tipo de atividade nos bastidores dos seus apartamentos de luxo, acha divertido ver "a esquerda" se debatendo no "caso da sexologia de Vincennes", ao mesmo tempo em que manipula os acontecimentos através de sua aliança com o poder de Estado (cf. *Le Nouvel Observateur*, fevereiro de 1975). A montagem hermenêutica citada acima permite que o erotismo humano natural seja diluído num cadinho filosófico: William Grossman, discípulo de W. Reich, ao voltar da Índia, invoca o espírito do guru para anunciar o seu êxito, ou seja, a liberação da "escravidão do sexo, da obsessão à qual (na sua opinião) todos os ocidentais estão sujeitos" (revista *Psychologie*, abril de 1975). Não há nada de menos erótico do que os grupos de massagem californiana onde tudo se passa num nível de fraternidade cortês e de tecnicidade manual bem distantes da violência indomável de Eros. Todo grupo do Emocionalismo é uma espécie de "náufragos do sexo" deserotizados e atolados na monotonia amorosa cada vez mais insuportável da burguesia intelectual. A sociedade capitalista, com sua lógica produtivista, impõe simultaneamente uma super-repressão do desejo (na fábrica, no escritório, na escola) e uma liberação inelutável dos costumes sexuais (tecnologia da pílula, fonte de lucro mas também base material de uma evolução libidinal). Essa contradição provoca uma incessante mitologia que permite a liberação do imaginário. Mesmo se alguns se agitam e se "libertam" um pouco nos locais fechados do Potencial Humano, a ordem social dominante não corre perigo: o controle da mitologia sexual e emocional passa pelo grupo (para os adeptos da YARVIS SYNDROM) e pelos jornais populares (para uma parcela substancial das classes populares).

*c) A lógica do desconhecimento*

Não há luta de classes sem violência social implacável. Não há classe alta sem uma fração dirigente que identifique os seus próprios interesses numa dominação societal em vista do controle da historicidade e sem uma ação hegemônica para ocultar sistematicamente as diferenças sociais entre os atores sociais em luta. O objetivo fundamental da ordem vigente é disfarçar a violência social. Um dos procedimentos mais comuns é o *deslocamento*. Um grupo social, bode expiatório, é sempre o maior trunfo dessa estratégia: judeus, árabes, comunistas, esquerdistas, etc. Deslocamento no espaço (a guerra colonial ou a evasão para os paraísos perdidos) e no tempo (o passado glorificado e o futuro mutilado abafam a presença instantânea da violência social). Essa lógica perpassa necessariamente o Emocionalismo. Nenhum lugar é hoje poupado pela violência, nem mesmo os Jogos Olímpicos. Para a classe dominante disfarçar a realidade quotidiana da violência, ela a esmiuça com o grupo, pelo menos com os filhos da classe burguesa que poderiam eventualmente tornar-se revolucionários. Na América do Norte esse movimento foi bem sensível: os alunos contestatários e politizados dos anos 60-70 transformaram-se pouco a pouco em membros atenciosos dos grupos de encontro do Emocionalismo. A violência pretende ser espontânea e sincera mas usa luvas: ninguém mais bate no adversário, como um membro dos "panteras negras" ataca um da John Birth Society, mas há quem bata numa almofada, descarregue, chore e depois finja acreditar na fraternidade descendo sobre a terra entre negros e brancos, ricos e pobres, jovens e velhos, bonitos e feios... A essa pseudoviolência disfarçada em maternagem grupal respondem as espetaculares produções dos *mass media* (cf. *Inferno na torre* ou *Boeing 747 em perigo,* etc.) que encenam a mesma teatralização dos sentimentos. enquanto a violência nua (a da CIA no Chile ou o plano "Fênix" no Vietnã — ou seja, o assassinato sistemático das personalidades revolucionárias) permanece na sombra. Não é difícil compreender que essa lógica do desconhecimento da violência social e do poder que a fundamenta supõe a exaltação do intuicionismo irracional, do misticismo ocidentalizado, tornando coerente a *recusa de análise,* análise que ajuda a pessoa a se situar no campo político. É essa a intenção da ordem estabelecida que faz de tudo para eliminar os núcleos de análise social que são as Unidades de Ensino e Pesquisa de Sociologia (Poitiers, Dijon, Liège, etc.), enquanto ao mesmo tempo os centros do Potencial Humano se desenvolvem no seio de sociedades comerciais do lazer organizado. A lógica interna do Emocionalismo, com a sua pedra de toque que é a recusa de análise, exerce assim uma função social externa de dissimulação simbólica do sistema de relações de força entre as classes sociais.

*d) A lógica da legitimação*

É complementar da lógica do desconhecimento. Trata-se do mecanismo de institucionalização que permite a ela existir. Tornar credível o Emocionalismo constitui a primeira etapa para que ele possa garantir a sua função social externa de desconhecimento instituído. Sabe-se como o procedimento funciona no que se refere às reformas (do sistema de ensino, por exemplo). O mecanismo é o da *celebração* na produção da idéia segundo a qual uma sociedade se reforma. No fundo, o fenômeno corresponde a uma transformação mais profunda do modo como a classe dirigente se faz ver e se faz valer. Como observam Claude Grignon e Monique de Saint-Martin, "convém lembrar que a maneira pela qual uma reforma chega aos interessados (isto é, àqueles que são convidados a reformar as suas práticas), pela qual ela é interpretada, difundida, propagada, faz parte integrante da reforma".[63] A tomada de palavra institucionalizada sobre uma reforma futura é necessária à emergência real desta. Eis porque em matéria de ensino assiste-se à instalação de uma série de instâncias de reflexão, de conselho e de interpretação que esteiam sutilmente a idéia de que uma reforma pode provocar verdadeira mudança social. Os *mass media* fazem parte dos circuitos de legitimação. É verdade que esses circuitos são diferenciados em função do público a atingir. A classe estético-intelectual dos professores e dos trabalhadores sociais será atingida por seus *media* especializados: o Emocionalismo se impõe pelo "escândalo da sexologia" na Universidade de Vincennes, publicado pela revista *Le Nouvel Observateur*. Artigos anteriores publicados no jornal *France-Soir* não tiveram o mesmo impacto publicitário. A ideologia dos grupos de encontro e da necessidade de participar desses grupos "para saber" é desenvolvida de modo permanente por artigos da revista *Psychologie*. Estudantes de outras universidades pedem aos professores que tragam os responsáveis por esse tipo de formação para informá-los sobre "as novidades pedagógicas e do Movimento do Potencial Humano" (como em Nanterre, em abril de 1975). Na Alemanha, pude observar em grupos de intelectuais o sucesso que teve esse caso quanto à difusão do Emocionalismo. Todos os especialistas em *marketing* conhecem a lei da "relação utilização-notoriedade das marcas" (relação U[N]) estatisticamente verificada. De acordo com essa lei:

— o estudo de uma marca pode se reduzir à correlação de duas variáveis, N e U, variáveis que são obtidas por via de pesquisa;

— todas as marcas de produtos ou serviços são regidas pela relação U(N);
— no quadro da relação U(N), o crescimento na população do número de utilizadores de um produto não é constante; varia em função do número dos que sabem citar o seu nome espontaneamente;
— dependendo de uma ou duas marcas terem ultrapassado o limiar dos 55% de notoriedade espontânea, o mercado é chamado aberto ou fechado.

A relação U(N) é representada sob a forma de uma curva em "S" da família da logística, tendo em abscissa a notoriedade do produto e a sua utilização em ordenada. Quanto mais um produto é conhecido, mais é utilizado, até um certo limite. Ora, ficou demonstrado que só há lugares importantes num mercado de massa para as três primeiras marcas.[64] Por que o mercado de bens simbólicos seria diferente no sistema capitalista, e em particular no mercado de serviços do Emocionalismo? Em vista da especificidade do público, estamos num mercado ainda aberto: há lugares a obter para as três primeiras "marcas". (Bioenergia? Gestalt-terapia? Sexologia humanista? Expressão total? Análise afetiva? Relação essencial? Método Arica?) Cada empresa de produção de bens simbólicos entra em concorrência para impor sua marca ou não ficar para trás: será o "Centre d'Evolution", o CEPREG, o "Séminaire Alpha", o "Institut Théracie", o "Co-Conseil France", etc. que vai conseguir um dos três primeiros lugares da lista? Pode-se notar que a lógica do mercado encontra a lógica da legitimação. Esse conjunto lógico macrossocial (lucro, poder, desconhecimento, legitimidade) atravessa e estrutura a lógica interna (a autonomia relativa) do Emocionalismo, permitindo-lhe assim exercer a sua função social externa de dissimulação das relações de força e de sentido entre as classes sociais dominantes e dominadas.

### 3.2.2. *O Emocionalismo e o Universo do Imaginário Social Motor*

O trabalho de pesquisa sobre o imaginário social mistificador e sua formulação singular no Emocionalismo não deve fazer com que se esqueça a outra face dialética: a presença do imaginário social motor camuflada, desnaturada, esmigalhada na lógica interna dessa instituição. Não há dúvida de que essa parte da pesquisa é a mais abandonada pelos pesquisadores aos magos e aos lúgubres profetas da sociedade de consumo. Parece que, depois de haver desvelado a ideologia dominante dissimulada, de fazer explodir o instituído cimentado, já não é possível reconhecer sob os escombros e no mesmo lugar a terra fresca de uma outra colheita instituinte (é um trabalho que deveria ser feito quanto ao fenômeno dos "novos filósofos", apesar do interesse do livro de Aubral e Delcourt, já citado). Fechado na dialética macrossocial e nos aparelhos ideológicos de Estado estruturados unilateralmente, o pesquisador althusseriano não imagina mais que a dialética *existe* em todos os patamares de todas as profundidades da realidade social. Convém lembrar o que escreveu em 1934 Wilhelm Reich,[65] a respeito da tarefa de direção revolucionária: trata-se de compreender, além do conhecimento preciso do processo histórico objetivo,

"a) que idéias e desejos progressistas existem, de acordo com as camadas sociais, profissões, faixas etárias e sexos;

b) que desejos, angústias e idéias entravam o desenvolvimento do aspecto progressista ('fixações tradicionais')" (p. 18). Se é verdade que o Emocionalismo reproduz na maior parte a manutenção da ordem de um novo modo próprio à nossa época, ele também representa uma aspiração à "verdadeira vida" que remete às fontes do imaginário social motor na sociedade capitalista atual. Retomando ainda W. Reich: "Todo acontecimento é contraditório, comporta fatores favoráveis e fatores desfavoráveis à revolução; só se pode prever se:

a) forem compreendidas as contradições;

b) forem formuladas as diversas possibilidades de evolução da situação (por ex., fatores reacionários e revolucionários no fascismo)" (p. 93). Expressarei esse imaginário social motor que "trabalha" o Emocionalismo em três pontos:

— a sociedade contra natureza

— as três vozes do imaginário

— o desejo e os desejos.

*a) A sociedade contra natureza*

Se é verdade que uma cultura só começa de fato com a linguagem, por mais elementar que seja, a comunicação humana lhe é sempre anterior. Qualquer um pode fazer essa experiência com a criança de meses: o olhar, o gesto e o grito constituem as bases de uma comunicação entre mãe e bebê, que se articula mais profundamente no discurso dos inconscientes dela e dele. René Spitz mostrou que é pelo oitavo mês de vida que a criança sai de suas primeiras relações esquemáticas para começar, na angústia, as relações personalizadas. Até o oitavo mês a criança só espera por um comportamento que responda aos seus esquemas antecipadores: "Antes, a criança reagia de modo arcaico, por assim dizer por reflexo, às sensações interiores ou aos estímulos provenientes do exterior. A partir daí, ela pode enviar sinais, voluntária e deliberadamente, aos quais o seu meio responde de modo mais ou menos conseqüente pela satisfação de sua necessidade."[66] Sabe-se também, de acordo com estudos de Michel Jouvet, em Lyon, que o embrião humano sonha, como também o animal,[67] segundo esquemas geneticamente programados. Se a linguagem é um momento determinante na estruturação do ser humano que abandona, graças a ela, a inteligência bloqueada do chimpanzé após o décimo oitavo mês e nasce para o universo do discurso — "Vir ao mundo é *tomar a palavra*"[68] —, convém não esquecer que esse momento privilegiado está inserido no tempo e na continuidade da existência humana e da vida. O jovem filósofo Jacques Atlan afirma que "a verdade é 'mais velha' do que o homem e do que a linguagem falada".[69] Para J. Atlan, que apóia a sua argumentação principalmente na etologia contemporânea, na crítica da lingüística estruturalista e da psicanálise lacaniana, a linguagem humana não pode ser apenas um conjunto de sinais arbitrários, sem significado intrínseco. Todo código lingüístico supõe uma "conivência", uma comunicação prévia para poder se constituir. Pensar a origem da linguagem é recusar concebê-la como "incontornável" e refletir sobre as categorias de comportamento metafórico e de comunicação no nível das formas simbólicas: "A simbólica das formas e os comportamentos metafóricos permitem conceber uma ordem de realidade onde há *sentido sem que haja palavras*" (p. 35). É preciso então redefinir a *intuição* como "a capacidade de descobrir o sentido na forma" (p. 30). A verdade é "mais velha" do que o homem e do que a linguagem falada. No nível do comportamento metafórico, já se encontra no animal, a astúcia, a artimanha, logo, o erro, e por conseguinte uma forma de verdade. Usando o exemplo da perdiz: quando ela finge que está ferida, "apresenta" ao caçador uma *falsa imagem* de si mesma, e o caçador *se engana.* Inversamente, um animal pode *estar na verdade* quando *a partir das formas,* dos movimentos, comportamentos e "expressões" do outro, ele é capaz de *distinguir-lhes o sentido,* de perceber quais são as pulsões e inibições que aí se manifestam, e de *adaptar o seu comportamento* de acordo... O que equivale a dizer que é no nível da *intuição* (como percepção *adequada* do *sentido* das *formas*) que se deve considerar, na sua forma original, o problema da verdade.

O estudo de J. Atlan tem pontos comuns com os trabalhos já clássicos de Serge Moscovici. O que este pesquisador procura provar no seu *La société contre nature* é justamente que a sociedade não pode estar contra a natureza, mas sim "na natureza". Nenhuma das sínteses interpretativas da hominização e da oposição natureza/cultura herdadas do século XIX se sustenta diante dos fatos históricos revelados por Moscovici: jamais houve, nem no homem nem no animal, comunismo primitivo, matriarcado ou promiscuidade sexual original. Da história humana à história dos primatas, as únicas regularidades observáveis são sociedades organizadas e hierarquizadas segundo o sexo e a idade. Para Moscovici, pensar a hominização equivale a pensar no aparecimento dos *caçadores,* na separação, no interior de uma população que vivia da colheita, de um grupo de *predadores-caçadores,* com o seu modo próprio de trocas com as forças materiais, e situado não acima do mundo animal mas numa relação distinta e não dissociada dele com eles. Talvez essa hominização pela caça — portanto pela morte e agressão — represente uma manifestação de Polemos, o homem das pulsões agressivas, que J. Atlan reconhece como constitutivo do ser humano e animal, assim como o Eros destacado por Freud.

É a intuição da forma natural, concebida como *sentido* intrínseco e dinâmico da natureza, isto é, como certeza profunda de que "a natureza não existe sem nós, ela está conosco e por nós" (Moscovici, p. 405)[70] que, em parte, se encontra subjacente no elemento místico-sexual do Emocionalismo. Nas fontes orientalistas do Emocionalismo encontra-se a intuição mais nítida da natureza e do universo, que é o fundamento de toda sabedoria. No taoísmo, por exemplo, ao lado de um taoísmo mágico-religioso obcecado pela morte e pelos ritos sexuais (do qual parece nutrir-se o Emocionalismo), existe um outro "pequeno grupo de sábios, de filósofos (não dizemos 'místicos' ou, então, Caillois seria 'místico', ele que em *Pierres* se imagina pedra, mas pedra sobre a qual não se constrói nenhuma igreja); para eles, a morte é apenas a volta ao *tao.* Pouco preocupados, portanto, com a sobrevida, por vezes dialéticos, sempre alheios a qualquer transcendência, a qualquer Deus 'criador' do mundo: Tchuang-tse, Lie-tse, Huai-nam-tse e nosso *Velho* Lao-tse" (Etiemble).[71] Nesse nível, o imaginário social motor pode ser explicado por esta afirmação de S. Moscovici: "Por meio dos talentos e dos saber-dizer, comunicamos com o universo material, nós o ordenamos. O desafio constante não é tanto conquistar a natureza, mas sim fazer o homem" (p. 408).

*b) As três vozes do imaginário*

Quando os poderes estabelecidos de uma sociedade desgastam e tentam anular o sentido da vida coletiva; quando transformam a riqueza imprevisível da vida quotidiana numa insignificância esquelética; quando o medo substitui a confiança, a prisão e a burocracia tomam o lugar das paisagens da aventura, as três vozes do imaginário ressoam como as trombetas de Jericó; são elas o messianismo, a possessão e a utopia.

O messianismo, com o seu lado apocalíptico e milenarista, com o culto do herói civilizador, do antepassado redentor ressuscitado, excede a sociedade judaica na qual quiseram encerrá-lo e é reconhecido como uma categoria universal da esperança. Ele é encontrado nas cinco grandes áreas culturais: África do Sul, profetismo banto do Baixo-Congo, profetismo da Melanésia, messianismo sul-americano, e messianismo norte-americano (índios da Grande-Planície e milenarismo branco). Ao lado dos *messianismos de reforma* (Maria Isaura Pereira de Queiroz) caracterizados por um desequilíbrio político-econômico endógeno (o caso dos movimentos apocalípticos italianos do século XIX ou o profetismo guarani em busca da "terra sem mal", por exemplo) que não se articulam na luta de classes, existem os *messianismos revolucionários,* dos oprimidos e dos párias. São os messianismos que tentam resistir aos fenômenos de desaculturação, aculturação e genocídio gerados pelo colonialismo nas sociedades pré-industriais (o caso dos "cristos negros" do Congo). Edificado num terreno mítico que exclui a magia e o universo do tabu, o messianismo aguarda e proclama sempiternamente "*a aparição de um líder carismático* que vai servir de pólo de atração e concentrar na sua pessoa todo o interesse da comunidade" (Fr. Laplantine).[72] As sociedades européias também apresentam esse fenômeno, e movimentos sociais como a Comuna de Paris, o *Front Populaire,* ou maio de 1968 lembram aos racionalistas de visão estreita a parte essencial de densidade emocional e de esperança profética, com um eixo de alternância do poder, específica do messianismo.

A possessão — como escreve Jean Duvignaud no *Le Nouvel Observateur* de 7 de outubro de 1974 — esbarra ainda no espírito redutor da psiquiatria de antanho: para esta, o transe, a possessão correspondem à histeria. E no entanto "mesmo as esplêndidas análises de Bastide ou de Verger sobre o candomblé baiano, de Métraux sobre o vodu do Haiti (falando apenas de autores franceses. . . ) não esgotam esse tema quase infinito. A realidade específica do transe ou da possessão corresponde ora a uma situação de opressão coletiva, à situação de uma sociedade que, tornada dominante, não consegue eliminar a cultura da sociedade que tentou esmagar, ora a uma pesquisa que possibilita a aparição da individualidade pessoal (chamanismo) ou a uma propedêutica da ação" (J. Duvignaud). Se o messianismo é dirigido para as categorias de espera e de trabalho, a possessão reage contra essa concepção do tempo da "chegada", que vai substituir pelo tempo do acontecimento e do êxtase. Ao futuro promissor o homem do transe vai sempre preferir a instantaneidade estonteadora do aqui-e-agora com o seu cortejo de exageros, de estados secundários e de violência orgástica. Existem na possessão as representações simbólicas muito atribuídas à feminilidade na maioria das tradições: intimidade, fecundidade, onipotência, calor do braseiro e fascínio pelos abismos, o que contribui para restringir o grupo de possuídos às mulheres (como no culto bori dos Hausa; dos Holey, no Songhay; ou no ndöp, no Senegal). O ritual religioso do messianismo se atenua diante do ritual mágico da possessão: o proselitismo do primeiro cede o lugar à particularidade da segunda. A possessão, seja ela lenta e sem transe (como o antigo Samp, do Senegal), com danças públicas de "posse" (como as cerimônias dos Fon, do Daomé e do ndöp dos Lebou e dos Wolof do Senegal), de extraordinária violência (como o culto dos Holey, na região do Songhay), espetacular e teatral (como no culto dos Zar entre os Amhara de Gondar, na Etiópia), sincrética e festiva (candomblé baiano, vodu haitiano), sempre se apresenta como resposta social e paroxística a uma situação de aculturação dramática: "A um desafio social que desorganiza *completamente* o antigo consenso baseado na dependência do clã e na simetria das trocas, responde quase sempre um movimento de possessão e também um movimento messiânico e, às vezes, os dois ao mesmo tempo" (Fr. Laplantine, p. 157), embora na possessão o aspecto funcional tenha um intuito muito mais terapêutico e profilático do que revolucionário. Outra característica é o campo perfeitamente *codificado* da possessão que não tem nada de espontâneo, como mostrou Roger Bastide a propósito do candomblé baiano. Alguns monitores dos grupos de expressão total da Universidade de Vincennes chegaram a resultados com características psicopatológicas, por causa do seu desconhecimento antropológico em relação aos participantes de origem árabe ou africana.

Será que se pode falar de universo monótono da utopia, essa outra face do imaginário social motor? Acho que François Laplantine caricaturou um pouco a utopia para valorizar o messianismo e a possessão. Para esse autor: "Entrar na utopia é escolher deliberadamente o universo mais monótono e enfadonho que exista: deixa-se o sonho, o mistério, a paixão e a orgia, na noite ou na penumbra do mito, tal como se encontram na possessão, para cair na clareza lógica da ordem ou melhor da *organização* estabelecida, na evidência fechada e ingênua dos números, da equação e da previsão" (p. 179). Certamente ele é mais dionisíaco do que eu: prefiro Hölderlin a Artaud e Guillevic a Tristan Tzara. Ele está mais próximo dos Índios das Planícies e eu, dos Índios Pueblo. Desejo de perfeição e paixão pelo sistema, a utopia, segundo Fr. Laplantine, apóia-se na ordenação matemática de sua construção, no ódio daquilo que diferencia, no conformismo do "anti", numa exatidão minuciosa e no excesso de simplicidade, na religião do ativismo e do trabalho. A utopia seria o frenesi da organização tendo como pivô central o urbanismo planificado e arrancado do mundo natural onde reina um delírio movente. Esse furor organizacional é acompanhado por uma confiança fanática na escolarização e na pedagogia, pelo ódio ao casal e à família e por um regime político dirigista, centralizado, planificador. Enfim, a utopia revela uma verdadeira fobia à mudança: "A utopia é voluntarista e a sua vontade é implacavelmente dirigida contra o fato de que o tempo gera fatalmente conflitos, luta de classes e, em conseqüência, possíveis desfechos dos quais alguns são inesperados. É uma máquina perfeitamente fechada que os planificadores da felicidade tentam fazer funcionar em proveito de uma *eterna segurança* que não sabe levar em conta tudo o que é da ordem do imprevisível, do acidente, do acontecimento, em suma, da própria vida" (p. 201). Essa concepção de utopia retomada do estudo de Gilles Lapouge[73] tem o mérito de mostrar o que os escritores da utopia disseram de fato e, principalmente, o fanatismo organizacional que reina na maioria desses obras. Mas atualmente o sentido da palavra já não é o mesmo. Houve inversão do significado: o que antes era rigoroso, planificado, autoritário, tornou-se sonho, liberdade total, desejo realizado. Também o otimismo utópico dos primeiros autores (Platão, Campanella ou Thomas More) transformou-se em sombrio pessimismo nos modernos (Huxley, Orwell, Jünger ou Godard). Trata-se de uma inversão em duplo sentido: agora, para os escritores, utopia é sinônimo de horror burocrático, ao passo que, para importantes camadas da população, utopia significa liberdade, igualdade e comunidade, imaginação e poesia. Talvez seja o caso de falar, como François Chatelet, em utopia como doutrina e *utopismo* como vontade de superar o passado, o presente e o futuro prometido pelo presente em nome do imaginário.[74] Pessoalmente, emprego o termo *utopia criadora* no sentido de um possível-impossível (utopia) sempre apoiado e fortificado pelos valores específicos da *criação mítico-poética* que é fundamentalmente contestadora de qualquer ordem estabelecida. A utopia criadora não exclui a organização e o rigor ("o rigor gera sonhos", Paul Valéry) mas submete-os aos valores mais essenciais do desejo de uma outra vida (a "verdadeira vida" de Rimbaud) e da liberdade individual e coletiva na sua amplidão tragicamente dialética. Essa utopia reivindica a integração da mensagem de Fourier, destacada por Henri Desroche,[75] segundo a qual o *Homo demens* e o *Homo sapiens* se vivificam um pelo outro e um no outro.

Essas três vozes do imaginário social estão subjacentes ao Emocionalismo. O messianismo está presente com a figura do fundador, do herói civilizador e da profecia que se encontra diluída nos "mestres" do Emocionalismo (o exemplo de Oscar Ichazo para o método Arica). A possessão é reproduzida no Emocionalismo principalmente pelas técnicas bioenergéticas, com a maternagem pelo grupo e monitoras (que se parecem muito com as "mulheres tranqüilas" que assistem os zima, os antipsiquiatras da linguagem songhay, e que são encarregadas de tomar conta dos dançarinos em crise). No Emocionalismo, a dramatização-descarga leva mais a uma espécie de transe do que a um fenômeno de possessão, pois o campo cultural onde o fenômeno se apresenta não é tão rigorosamente codificado, segundo um ritual preciso, como acontece nos cultos de possessão tradicionais. Assim mesmo, uma das tendências atuais do Emocionalismo parece ser a de um *código* de descarga energética que os freqüentadores dos grupos do Potencial Humano iriam interiorizando pouco a pouco, o que ulteriormente facilitaria a expressão intensa de suas emoções. Seria injusto não falar da dimensão da utopia criadora do Emocionalismo. Sem dúvida ela aparece mais nos grupos de encontro de tipo francês, como as pesquisas de Max Pagès e Burkhard Müller, no grupo de inovação do Ofício Franco-Alemão para a Juventude, onde a parte de criação individual e coletiva é importante nos planos gestual, pictórico, sonoro, etc. Há utopismo e utopia (no sentido organizacional) na comunidade Arica, em Nova York. Eis como um dos adeptos do método nos descreve o local: "Conduzido por uma escada-rolante através de um túnel coberto de tecido azul, chego a um patamar multicor onde brilha um gigantesco símbolo Arica (hexágono e círculos multicores) cercado de plantas. As pessoas e o lugar têm um estilo futurista, como qualquer firma ultra-sofisticada da Madison Avenue: móveis redondos, forrados de camurça, mesas de aço e vidro, tapetes fofos e coloridos, paredes com reflexos brilhantes" (Mitsou Naslednikov, revista *Psychologie*, março de 1975). Predomina em Arica uma grande liberdade sexual (nisso ela se aproxima de Fourier) e parece que "o dinheiro circula de acordo com as necessidades objetivas do movimento", o que supõe uma certa discussão da distinção os que possuem/os que não possuem. Em Esalen, na costa californiana de Big Sur, anualmente, os vários grupos do Emocionalismo se entregam à festa: um festival de música *pop* onde há uma comunhão entre todos num ritmo trepidante (cf. o filme *Celebração em Big Sur,* de Baird Bryant e Johana Demetrakas, USA, 1974).

O CEPREG, que se lançou no Movimento do Potencial Humano, talvez seja o organismo que melhor realiza a dimensão da *utopia criadora.* Seu percurso teórico-prático é esclarecedor a esse respeito. A partir de uma opção pedagogista (formar responsáveis), a contribuição da não-diretividade permitiu-lhe questionar a relação com o saber e se encaminhar para a autogestão pedagógica que, por sua vez, levou necessariamente o CEPREG à análise institucional do seu próprio movimento. A autogestão pedagógica chegou à real autogestão do CEPREG sem minimizar os aspectos conflituosos: o dinheiro e a distribuição dos papéis e tarefas (secretaria/animação) são repartidos de acordo com um processo sempre mais igualitário, apoiado numa reflexão política constante. A análise, em vez de ser excluída, como no Emocionalismo, tem no caso um lugar de destaque principalmente nos encontros centrados na mudança individual: "O psicólogo, psicossociólogo, se intervém nos grupos ou instituições pode — se quiser e se não for surdo — ouvir o que é dito nos diferentes níveis, em vez de subentender, como lhe pedem para fazer." Isso significa que o seu papel será inicialmente o de desmistificar, de interrogar aquilo que é chamado "normal" ou evidente.

— desmistificação institucional: fazendo um levantamento dos rumores sobre o funcionamento da instituição, e relevando a relação com a exploração principal.

— desmistificação cultural: fazendo um levantamento das marcas de etnocentrismo em relação a outras culturas, ou de alienação cultural (as idéias dominantes são as idéias da classe dominante).

— desmistificação psíquica: permitindo aos indivíduos ter acesso às suas potencialidades. "(...) Tudo isso exigiu de nossa parte uma pesquisa em diversos planos, e uma familiaridade com os instrumentos de análise que se referem à alienação: marxismo, psicanálise, e ainda a etnologia comparada, à moda de Jaulin."[76]

*c) O desejo e os desejos*

Os períodos de decomposição de formas sociais rígidas provocam múltiplos desejos sociais e pessoais, tão mais intensos quanto é impossível a sua satisfação real numa "sociedade burocrática de consumo dirigido" (H. Lefebvre), assim como dizem que o agonizante revê numa fração de segundo toda a sua vida. O "apodrecimento das sociedades" atuais caracterizado pela delegação generalizada, pela violência institucional, pela estruturação econômico-militar do macrossocial, pelo fracasso da profecia revolucionária e pelo abismo das rupturas sociais imprevisíveis, desperta, de um lado, os intelectuais que "pedem ao proletariado fantasma que realize os sonhos de uma liberdade burguesa que não existe mais"[77] e, de outro, a juventude que rejeita passado e futuro em nome de um presente efervescente que envolve o desejo definido como "aquilo que viola a ordem da palavra" (J.-P. Lyotard). Em vez de "futuro risonho", o "estamos fartos!" agitado de operários e estudantes: o passado desaparece e o futuro se fecha como uma comporta. Todos os guardas da instituição ficam espantados com o fenômeno: não sabem o que fazer tanto o militante, como o pedagogo, como o padre! Para o lixo, o martelo e o manual de direito! O futuro se encolhe como um braço quebrado. Os jovens dizem: "Hoje, já. Embaixo do asfalto, está a praia!" A nova corrente de imaginário social que percorre a juventude contemporânea conquista também a geração anterior: os pais de quarenta e poucos anos vão sendo "iniciados" à "alergia ao trabalho" pelos filhos. Além do absenteísmo, é comum os alunos, mesmo nos últimos anos de curso, abandonarem a escola. Paralelamente, a afirmação das relações libidinais outrora impensáveis entre adolescentes é coisa freqüente, até em sala de aula. Os jovens entram na partilha comunitária da "parte maldita" (Georges Bataille), cujos festivais de música são uma representação expressiva. Trata-se de uma entrada na vida "festiva e destruidora", como observa J. Duvignaud no seu livro *Fêtes et civilisation* (Ed. Weber). No fundo, é a contra-sociologia que deve abordar esse "planeta dos jovens" já que é "surpreendente constatar que todas as doutrinas antropológicas ou sociológicas contemporâneas assim como todos os panoramas históricos ignoram esses momentos de destruição e procuram em níveis mais ou menos profundos as continuidades que mantêm as sociedades, ao invés das rupturas que as dividem" (p. 194).[77] Se as instituições se esvaziam rapidamente é porque o seu princípio gerador se apaga: o sagrado instituído pela Igreja, a defesa nacional pelo Exército, o saber reprodutor pela Escola. Mais do que ninguém, o jovem sente que somos atravessados pela lógica inelutável da decomposição desse tipo de sociedade e por isso ele tenta detê-la na fulguração de um instante, na presença comunitária e no fluxo do desejo. É um começo que poderá se ampliar a um grande número de jovens (a juventude "séria" acabou!) e a adultos (25% de absenteísmo no pessoal assalariado das usinas FIAT). Jean Lacroix analisou profundamente os desejos dos jovens contestatários e lembra a evolução americana a esse respeito — o livro de Charles Reich, *Le regain américain.* Três tipos de consciência social se sucederam. A consciência I, ou a boa consciência americana tradicional que encarna o espírito do sistema infalível e totalmente irrealista. A consciência II que parece oposta à I mas que a confirma: é a dos liberais de boa vontade ineficaz. Enfim, a consciência III, revolucionária, dos jovens da contracultura que querem a revolução pela consciência, embora saibam que não podem lutar contra o sistema esmagador do Estado-empresa que reintegra todas as formas de contestação na lógica inflexível de sua axiologia, cujo vetor é: tecnologia-eficácia-crescimento-progresso. A consciência III considera com desconfiança a lógica, a racionalidade, a análise, os grandes princípios. Seus adeptos querem "estar juntos" para se expressar e criar: "Nesses grupos — escreve Jean Lacroix — a música assume importância capital e singular. Ela não cria um ambiente, ela é o ambiente. Exprime a vida do grupo ( . . . ) Essa consciência III procura reintegrar os elementos não materiais da vida, como por exemplo o ambiente natural e a espiritualidade. Um certo naturalismo e um certo misticismo são aí paralelos. A única coisa que conta é um certo estilo de vida — estilo direto, sensível, fraterno, tão livre quanto possível, com o mínimo de problemas. Essa revolução pela consciência é a revolução cultural anticultural, se a cultura que querem esses jovens é a sua expressão coletiva."[78] O imaginário social motor que se manifesta nesse movimento, depois de um período de indispensável decantação onde pouco a pouco se dissipa a manifestação meramente invertida da sociedade de consumo, é a vontade de construir um mundo diferente fundado sobre o desenvolvimento das potencialidades criadoras do homem (criação do seu corpo, dos seus sentidos, dos seus sentimentos, de suas representações artísticas ou espirituais...). Após uma fase de ruptura com o apodrecimento generalizado da sociedade, fase de tipo "Lanza del Vasto", as comunidades de jovens contra-atacam com uma fase "de inseminação", de tipo "Mao". Se a primeira fase se caracteriza pela relaxação, pelo contato, pela amizade, pela contemplação, pelo abandono do prestígio e da posição social, o segundo momento tenta diluir a técnica no meio da natureza, criar comunidades em escala humana produtoras de bens e de serviços para si mesmas e para o seu meio. Trata-se de frear a produção e de encontrar recursos e energias para algo diferente do que pretende o sistema capitalista. Nessas comunidades, as relações capital-trabalho, chefe-empregado são radicalmente transformadas (cf. René Macaire, *Courrier communautaire international,* mar./abr. 1973, citado por J. Lacroix, p. 119). O que o imaginário social motor rejeita, afinal, é o "adulto-garanhão" (G. Lapassade), com a couraça do temperamento bem lustrada, com a racionalidade paranóica, amedrontado com a mínima surpresa, sem mais nenhum desejo louco, liquidando o passado no futuro pelo salto através do fogo ardente do presente que, como a comuna de Paris incendiada, é um "incêndio que anuncia a aurora" (Louise Michel). Esse imaginário social motor, do qual a juventude contestatária e comunitária é a portadora na bruma de todo nascimento, é aquele que recusa categoricamente separar o *Homo sapiens* do *Homo demens.* Edgar Morin mostrou a estreita dialética complementar que une as duas faces do ser humano, no coração desse paradigma perdido: a natureza humana. Se o indivíduo é reconhecido como um ser grupuscular, com uma latente potencialidade esquizofrênica (F. Guattari), *Homo demens* criando sempre a hipercomplexidade (E. Morin) e até uma invenção que teria fim (M. Foucault), só emerge como relativamente estável o desejo imediato e sempre renascente após ser posto à morte sempiternamente pela sociedade. É esse desejo que convém viver até o impossível, disputando-o à racionalidade fria e ácida dos computadores da produção. Nesta perspectiva, é repudiada a tendência geral e costumeira de nossas sociedades (o frenesi da produção/consumo em nome da monopolização do lucro, do poder e do saber), sem conhecer muito bem o que poderia ser posto no seu lugar: o imaginário social motor abre a brecha do risco e da incerteza na fachada vacilante do futuro. Deixando de lado os "jovens velhos" dos grupinhos políticos ou dos "pacotes do poder e do saber", a juventude, como na aurora da hominização, é o grupo mais capaz de gerar e desenvolver uma nova era radicalmente diferente da nossa, que há de varrer, como as vagas de uma represa rompida, nossas velhas moradas culturais. Existe um pouco *disso* no Emocionalismo apesar de não ser o seu aspecto predominante. Ele ainda está no nível do "nicho-refúgio" e não chegou ao de comunidade criadora e revolucionária, senão não teria ligações com o Club Méditerranée. O papel crítico do intelectual não consiste em subestimar ou superestimar o Emocionalismo, mas sim de soprar as brasas do imaginário social motor que ainda estão num momento instituinte. É nessa ótica que se situam algumas pesquisas contemporâneas em ciências humanas aplicadas.

### *3.2.3. Conclusão: Em Direção à Socianálise Criadora*

Há pesquisadores que estão na via do que chamo a *socianálise criadora*.

Claude Pujade-Renaud, professora de educação física e de dança, trabalhou a questão da comunicação na pedagogia da dança, na tese que defendeu em 1975. Ela conclui que "é de fato uma comunicação corporal que se estabelece então entre os dois parceiros. Antecipação do seu próprio gesto no do outro, precedência do corpo do professor em relação ao do aluno, identificação por imitação, contato direto, por vezes quase-fusão, todos esses elementos aparecem como fundamentais na relação professor-aluno de dança".[79] Ela mostra a que ponto a expressão corporal pode constituir uma espécie de "volta do reprimido" na educação física que expulsou o corpo erógeno. Segue-se uma institucionalização da comunicação corporal que regulamenta com prudência o mínimo contato, dando-lhe um caráter unilateral: o corpo do aluno aparece como estando à disposição do professor, "as reações violentas de rejeição por parte de certos alunos que recusam essa 'manipulação' mereceriam aliás uma boa análise" (p. 120). O corpo erógeno (reprimido) revela o corpo político (instituinte): o despertar do prazer corporal na dança livre desperta uma conscientização política dos mecanismos educacionais que levam ao fechamento do corpo e de sua energia potencial. Um "outro corpo" é descoberto, corpo instituinte, não autorizado pela instituição dominante na escolarização da educação física, que se torna "analisador privilegiado" de uma estrutura sócio-econômica que tem que fechar o corpo desejante para garantir a perpetuação do seu intuito produtivista e técnico. Nessa perspectiva, "dançar a vida" — segundo a expressão de Roger Garaudy — redunda numa contestação radical da sociedade contemporânea.

Max Pagès soube examinar o Movimento do Potencial Humano com um olhar dinâmico e crítico. Além da crítica psicológica, sociopolítica e ideológica,[80] Max Pagès procura integrar o potencial instituinte do Emocionalismo nas atividades de pesquisa do seu Laboratório de Mudança Social (Université de Dauphine), principalmente a respeito do poder nas organizações. No âmbito das atividades de pesquisa para o Ofício Franco-Alemão para a Juventude (OFAJ), o grupo de inovação pedagógica, que ele anima juntamente com um pesquisador da Universidade de Tübingen, Bürkhard Müller, e do qual participo, trabalha no mesmo sentido. Como Max Pagès apontou num texto interno do grupo, nesse estágio da pesquisa sociopedagógica, "trata-se de fazer entre nós uma *experiência* de tomada de consciência e de análise da situação político-institucional na qual operamos (no grupo de pesquisa e na vida quotidiana), contradições dessa situação e de nossas contradições pessoais na situação, e de tirar as conseqüências desta análise para o nosso trabalho de animação e de responsáveis de movimentos".

O objetivo da *socianálise criadora* é retomar nas técnicas e inovações do Emocionalismo aquilo que dinamiza o imaginário social motor. O conjunto gestual, vocal, pictórico, escultural — do tipo grupo de encontro e de criatividade — é então colocado deliberadamente sob a égide do *político*. O que se expressa no gesto, na palavra, no ato gráfico, remete a uma constelação de hábitos adquiridos e de projetos pessoais e coletivos cuja essência é política. A análise tem por objetivo apreender todos os seus aspectos numa perspectiva de mudança pessoal e social das mais radicais. A socianálise criadora remete assim a uma epistemologia nova em ciências humanas e sociais: a reintrodução do espaço mítico-poético e do *Homo demens* na compreensão e na explicação dialética dos fatos e das situações referentes ao homem contemporâneo. Foi o que tentamos realizar na equipe do terceiro ciclo em ciências da educação chamada "Análise das práticas e do funcionamento na instituição educativa" (Universidade de Vincennes), com J. Ardoino, G. Berger, G. Jacquinot, R. Kohn, e no Centre de Recherche sur l'Imaginaire Social et l'Education (CRISE), com D. Dufour, M. Poupon-Buffière, M.-F. Seylaz; e, de modo mais comunitário e menos universitário, na SCOP Avel Nevez, na Bretanha.

Essa ótica epistemológica não é anti-racionalista, mas sim contra-racionalista, isto é, ela tenta substituir o *racionalismo mórbido* e militar de nossas sociedades por um *racionalismo poético* jamais satisfatório, sempre contraditório e em desequilíbrio, que circula entre os muros de aço do objetivismo positivista e os mares orientais da fenomenologia subjetivista, lutando sem cessar contra a entropia burocrática da ordem estabelecida (científica, econômica ou política), em nome de uma humanidade naturalmente bífida: *Homo sapiens, Homo demens*.[81]

# CRISE
## Centre de Recherche sur L'Imaginaire Social et L'Education*

CRISE, enquanto centro de pesquisa, tem como objetivo o estudo do conceito de *imaginário social* na linha de pesquisa-ação e o exame das suas ligações teóricas e práticas com a educação, considerada em sentido amplo, que é necessariamente instituída mas também instituinte. A Educação, como sistema simbólico, tem tendência a reproduzir o instituído em detrimento do instituinte, reforçando assim o imaginário social mistificador da sociedade global. Como, nesse magma de significados imaginários, situar a dialética das instâncias de reprodução e de criação? A partir do *Existencial* (o vivido — *vécu* — individual e coletivo, a emergência das emoções, pensamentos, percepções, representações e ações, reconhecimento da energia libidinal, etc.) pode-se entrar na *Analítica* multirreferencial (sociopolítica e psicobiológica)?

O Centro procura portanto revelar:

— o senso comum do *Político* (a organização da cidade, as relações sociais institucionalizadas entre dominantes e dominados, o sistema de trocas econômicas e ideológicas, etc.) que o imaginário social mistificador veicula no interior mesmo de nossos afetos e nossa autenticidade presumida;

— o efeito sempre presente do *Poético* (a dimensão simbólica da existência individual e social, o potencial fundamental criador do ser humano, etc.) fecundado de modo inelutável pela imaginação radical individual (cf. C. Castoriadis).

---

* Centro de Pesquisa sobre o Imaginário Social e a Educação. 53. Grande Rue; 60570 LA BOISSIÈRE-EN-THELLE; França. Tel.: 16-4-408-9376.

Num grupo-sujeito, uma *socianálise criadora* articula forçosamente os quatro pólos do existencial, do analítico, do político e do poético, e não se contenta com os aspectos redutores do Emocionalismo fusional (o Movimento do Potencial Humano) e dos dogmatismos em moda (psicanalismo e marxismo calcificados).

Os modos de animação-pesquisa propostos por CRISE introduzem a socianálise criadora através de:

— Uma animação centrada na *expressão* das emoções e na realização do imaginário criador, graças à utilização ponderada de todas as técnicas contemporâneas apropriadas de animação de grupo.

— Uma animação atenta à *palavra* de cada um a respeito do vivido pessoal e coletivo.

— Uma animação que não escamoteia a *análise* do material simbólico produzido pelo grupo no "aqui-e-agora" (análise multirreferencial, psicanalítica, existencial, institucional, antropológica, que o grupo vai incorporando pouco a pouco numa perspectiva de pesquisa-ação).

A equipe do CRISE
René Barbier; Dany Dufour; Martine
Poupon-Buffière; Marie-France Seylaz;
setembro de 1977.

## REFERÊNCIAS BIBLIOGRÁFICAS


1. Gérard Lévy e Claire Rueff, *Enseignants, à vous de choisir!*, Paris, Payot, Col. Sciences de l'homme, 1976.
2. Foi esse, aliás, o assunto da minha tese de doutoramento em sociologia, *L'Institution du changement pédagogique dans les* IUT *du secteur tertiaire*, Université de Paris VIII-Vincennes, março de 1976, 615 p. + anexos. Banca examinadora: René Lourau (presidente), Viviane Isambert-Jamati, Jacques Ardoino e Jean-Claude Passeron (relator).
3. Christian Baudelot e Roger Establet. *L'Ecole capitaliste en France* Paris, Maspero, 1973.
4. A. M. Huberman, *Comment s'opèrent les changements en éducation*: contribution à l'étude de l'innovation, UNESCO, BIE, Expériences et innovations en éducation, 4: I, 1973.
5. Claude Grignon e Jean-Claude Passeron, *L'Innovation dans l'enseignement supérieur, expériences françaises avant 1968*, Paris, OCDE, 1970, p. 39.
6. Viviane Isambert-Jamati, "Innovation et évaluation", comunicação no Encontro Interuniversitário sobre *Evaluation, examens, sélection*, Uni-

versidades de Paris VII (UER Didactique des disciplines) e de Paris VIII (Département des sciences de l'éducation), sábado, 21 de junho de 1975, Universidade de Paris VII.

7. Kenneth F. Walker, "La participation des travailleurs à la gestion, au niveau de l'atelier", *in*: *Les conflits sociaux en Europe,* sob a direção de G. Spitaels, Belgique, Marabout Service, Col. Economie moderne, 1971, pp. 238-254.
8. F. Herzberg, *Le travail et la nature de l'homme,* Paris, Entreprise Moderne d'Edition, Col. L'Entreprise et les hommes, 1971.
9. Cf. Irène Chedaux, "La motivation: Taylor est mort", *Les Informations,* 11 de maio de 1970. Em 7 de janeiro de 1976, à p. 15, *Le Monde* anunciou que a firma Olivetti modificou a organização do trabalho em suas fábricas, com o *slogan*: "O taylorismo morreu" porque "os jovens de hoje têm formação e cultura políticas, e se recusam a serem considerados como simples executantes. É uma geração diferente"; declaração de Beltrami, administrador da firma.
10. Cf. *Liaisons sociales,* série Législation sociale, n.º 3.828, 8 de dezembro de 1971.
11. J. Rousselet, *L'Allergie au travail,* Paris, Seuil, 1974, p. 49.
12. Douglas Mac Gregor, *La dimension humaine de l'entreprise,* Paris, Gauthier-Villars, Col. Hommes et organisations, 1971, com um importante prefácio de Jacques Ardoino sobre a noção de autoridade.
13. A. Wisner, "Contenu des tâches et charge de travail", *Sociologie du Travail,* Seuil, pp. 339-357, out.-dez. 1974, 4.º trim., n.º especial sobre *Conditions de travail, le taylorisme en question.*
14. Claude Durand, "Les politiques patronales d'enrichissement des tâches", *Sociologie du Travail, op. cit.,* p. 367.
15. Maurice de Montmollin, "Taylorisme et antitaylorisme", *Sociologie du Travail, op. cit.*, pp. 374-382.
16. Ph. Bernoux, J. Ruffier, "Les groupes semi-autonomes de production", *Sociologie du Travail, op. cit.*, pp. 383-401.
17. Gérard Lyon-Caen, "La participation par le contrôle", *in Les conflits sociaux en Europe, op. cit.,* pp. 262-273.
18. H. Weber, *Marxisme et conscience de classe,* Paris, UGE, 10/18, 1975, Introdução.
19. Esta parte baseia-se: 1) na análise de conteúdo do seminário sobre métodos e instrumentos pedagógicos nos IUT e nos CEGEP (Saint-Nazaire, setembro de 1973); 2) na análise de conteúdo da transcrição datilografada da gravação da entrevista coletiva (com duração de três horas) de um assistente de economia do IUT de Saint-Nazaire, iniciador do sistema das empresas-júnior (Jean-Luc Despois); 3) nas duas dissertações a respeito das empresas-júnior redigidas por Jean-Luc Despois, a quem muito agradeço a ajuda valiosa.
20. Georges Lapassade, *L'Autogestion pédagogique,* Paris, Gauthier-Villars, Col. Recherches institutionnelles, 1971, p. 6 (obra coletiva).
21. Michel Lobrot, *La pédagogie institutionnelle,* Paris, Gauthier-Villars, 1970, p. 215. [Ed. port.: *A pedagogia institucional,* Lisboa, Iniciativas Editoriais, 1973].

22. Georges Lapassade, *Groupes, organisations et institutions*, Paris, Gauthier-Villars, Col. Recherches institutionnelles, 1970, p. 219. [Ed. bras.: *Grupos, organizações e instituições*, Rio, Francisco Alves, 1977].

23. René Lourau, *L'Analyse institutionnelle*, Paris, Ed. de Minuit, Col Arguments, 1970, p. 255.

24. Fernand Oury e Aïda Vasquez, *Vers une pédagogie institutionnelle*, Paris, Maspero, 1967; e *De la classe coopérative à la pédagogie institutionnelle*, Paris, Maspero, 1971.

25. Luís J. Prieto, "Langue et style", *La Linguistique*, I: 9, 1969.

26. Georges Lapassade, *Groupes, organisations et institutions, op. cit.*, p. 206.

27. René Lourau, "Un problème politique", in: *L'Autogestion pédagogique*, Georges Lapassade, org., Paris, Gauthier-Villars, 1971.

28. Henri Hartung, *Les enfants de la promesse*, Paris, Fayard, 1972, p. 84.

29. Jacques Guigou, *Critique des systèmes de formation* — Analyse institutionnelle de diverses pratiques d'éducation des adultes, Paris, Anthropos, 1972, pp. 36-37.

30. Bannington Kaye e Irving Roger, *Pédagogie de groupe*, Paris, Dunod, 1971.

    Roger Cousinet, *Une méthode de travail libre par groupes*, 4.ª ed., Paris, Ed. du Cerf, 1969.

31. Michel Lobrot, *La pédagogie institutionnelle, op. cit.*, p. 219.

32. Robert Castel, Introdução a *Asiles*, de Erving Goffman, Paris, Ed. de Minuit, 1968, p. 29. Essa orientação para o saber-ser como elemento fundamental da PI era evidente nos pedagogos que trabalhavam nas instituições religiosas: D. Hameline e M.-J. Dardelin, *La liberté d'apprendre, justifications pour un enseignement non-directif*, 2.ª ed., Paris, Ed. Ouvrières, 1968, 1969. Mas ela foi profundamente questionada por uma análise de tipo mais sociológico, na reedição do livro *La liberté d'apprendre, situation II*, Paris, Ed. Ouvrières, 1977.

33. René Lourau, *L'Analyse institutionnelle, op. cit.*, p. 262.

34. René Lourau, in *L'Autogestion pédagogique*, G. Lapassade, org., *op. cit.*, p. 22.

35. Robert Castel, *Le Psychanalysme*, Paris, Maspero, 1973, p. 50. [Ed. bras.: *O psicanalismo*, Rio, Graal, 1978].

36. Jacques Guigou, *Critique des systèmes de formation, op. cit.*, p. 35. Cf. Georges Snyders, *Où vont les pédagogies non-directives*, Paris, PUF, 1973.

37. Quando os alunos de origem operária falam do problema da "falta de autoridade" do pedagogo não-diretivo, estão apenas recalando no seu *habitus* primeiro fundado na interiorização da autoridade vinda de fora (a classe dominante): cf. a tese de Fr. de Singly, *L'Intériorisation de la normativité dans le cercle domestique*, doutorado de sociologia (3e cycle), sob a direção de J.-Cl. Passeron, Universidade de Paris VIII-Vincennes, 1973, 420 p. + anexos. O pedagogo institucionalista deve mostrar justamente todas as implicações econômico-políticas desse fato.

38. Patrice Ranjard, "Groupite et non-directivité", in *Sociopsychanalyse 2: La plus-value de pouvoir*, Paris, Payot, 1972, pp. 209-235, p. 217.

39. Georges Lapassade, *L'Autogestion pédagogique, op. cit.*, p. 6.
40. René Barbier, "Sociologie des strates professionnelles — Le Capitalisme d'organisation comme structure englobante", *L'Homme et la Société*, Anthropos, 24/25: 151-176, abr./set. 1972.
41. Karel Kosik, *La dialectique du concret*, Paris, Maspero, 1970, pp. 39-41. [Ed. bras.: *Dialética do concreto*, Rio, Paz e Terra, 1969].
42. Hugues Portelli, *Gramsci et le bloc historique*, Paris, PUF, 1972, pp. 62-63. [Ed. bras.: *Gramsci e o bloco histórico*, Rio, Paz e Terra, 1977].
43. Henri Lefebvre, *Logique formelle, logique dialectique*, 2.ª ed., Paris, Anthropos, 1969, p. 190 ss.
44. Por *analisador*, entende-se "todo acontecimento, fato, experiência, dispositivo, suscetíveis de revelar as determinações reais da situação", René Lourau, "Analyse institutionnelle et pédagogie", p. 15. "De fato, o que chamamos 'analisador' — escreve Rémi Hess — é o elemento estranho, o que revela — de fora ou de dentro — a realidade conflituosa da instituição" in *L'Analyseur et l'analyste*, sob a direção de G. Lapassade, Paris, Gauthier-Villars, Col. Recherches institutionnelles, 1971, p. 138.
45. Jean-Paul Sartre, *Plaidoyer pour les intellectuels*, Paris, Gallimard, Col. Idées, pp. 40-41.
46. Pierre Bourdieu, *Esquisse d'une théorie de la pratique*, Genève-Paris, Librairie Droz, 1972. Luc Boltanski, "Les usages sociaux du corps", in *Annales*, A. Colin éd., 1, jan.-fev. 1971.
47. Jacques Ardoino, "Prendre corps: incarnation ou rétification", in révue *Pour*, éd. GREP, 41: 111-130, 1975, *Les nouveaux groupes de formation.*
48. Robert Castel, *Le psychanalysme*, *op. cit.*, p. 272. [Ed. bras.: *O psicanalismo*, Rio, Graal, 1978].
49. Daniel Hameline, *Documents pour l'expression.* Documents service adolescence, Bayard Presse, out. 73.
50. Jean-Marie Lemaître, Livre blanc de l'OFAJ, 1975, e Revista *Pour*, 41, *op. cit.*
51. Max Pagès, "La libération du corps", *L'Homme et la Société*, Anthropos, 29-30: 153-175, jul./dez. 1973.
52. René Barbier, "Implication, animation et recherche-action dans les sciences humaines", *Connexions*, Epi/ARIP, 13: 103-123; Les nouveaux praticiens du social.
53. Georges Lapassade, "Le mouvement du potentiel humain", *L'Homme et la Société*, 29-30: 129, *op. cit.*
54. Bryan Wilson, *Les sectes religieuses*, Paris, Hachette, 1970, p. 117.
55. Cf. Mitsou Naslednikov, "Ma rencontre avec ARICA, un mysticisme scientifique", *Psychologie*, mar. 1975, J.-M. Schiff, "Les Etats-Unis à l'heure psychique", *Psychologie*, pp. 29-32, set. 1975.
56. Cf. F. Aubral e X. Delcourt, *Contre la nouvelle philosophie*, Paris, Gallimard, Col. Idées, 1977.
57. Eugène Guillevic, *Gagner*, Paris, Gallimard, NRF, 1949, p. 166; cf. René Barbier, "Guillevic, poète de la condition humaine", *Revue 10*, Paris, Ed. Millas-Martin, 16-17: 3-12, n.º especial sobre Guillevic.
58. Jean Franklin, *Le discours du pouvoir*, Paris, UGE, Col. 10/18, 1975, p. 9.

59. Cf. a primeira parte deste livro e P. Bourdieu, nota supra 46.
60. J.-P. Moreigne, *L'Intervention dans les organisations et les institutions*, Paris, Epi, Col. Protocoles, 1-2, 1974, ANDSHA.
61. Luc Boltanski, *Prime éducation et morale de classe*, Paris, Mouton. Cahiers du CSE, 1969.
62. Dominique Wolton, *Le nouvel ordre sexuel*, Paris, Seuil, 1974.
63. Claude Grignon e Monique de Saint-Martin, "La réforme à la mode", *Le Monde de l'Education*, mar. 1975; e *Actes de la recherche en sciences sociales*, Paris, MSH, 2: 94, mar. 1975.
64. Cf. R. Muraz, *La relation U(N)*, Centre de Psychologie Economique, 1970.
65. Wilhelm Reich, *Qu'est-ce que la conscience de classe?*, Nice, Ed. C. Sinelnikoff, 1971.
66. René Spitz, *De la naissance à la parole*, Paris, PUF, 1968, p. 116.
67. Michel Jouvet, "Le rêve", *La Recherche*, 46, jun. 1974.
68. Georges Gusdorf, *La parole*, Paris, PUF, 1966, p. 8.
69. Jacques Atlan, *Essai sur les principes de la psychanalyse. Chez l'auteur*, 76, rue Beaubourg, 75002 Paris, 85 pp. mimeografadas.
70. Serge Moscovici, *La société contre nature*. Paris, UGE, 10/18, 1972.
71. Etiemble, Prefácio a Lao-Tse, *Tao Tö King*, Paris, Gallimard, Col. Connaissance de l'Orient, 1967, p. 25.
72. François Laplantine, *Les trois voix de l'imaginaire*, Paris, Ed. Universitaires, 1974, p. 130.
73. Gilles Lapouge, *Utopie et civilisations*, Lausanne, Weber, 1973.
74. Gilles Lapouge e François Chatelet, "Actualité de l'utopie", *in* Dialogues de France-Culture, *Quelle crise, quelle société?*, Paris, PUG, 1974.
75. Henri Desroche, *La société festive, du Fouriérisme écrit aux fouriérismes pratiqués*, Paris, Seuil, 1975.
76. CEPREG, *Situations, de formation*, Paris. E. Universitaires-CEPREG, 1974, pp., 237-238.
77. Jean Duvignaud, *Le pourrissement des sociétés*, Paris, UGE, 10/18, 1975. p. 180.
78. Jean Lacroix, *Le désir et les désirs*. Paris, PUF, 1975, p. 115.
79. Claude Pujade-Renaud, *Narcissisme et communication dans la danse en situation pédagogique*, tese de doutoramento (3e cycle) em ciências da educação, dirigida por Michel Lobrot, Paris VIII-Vincennes, 1975, p. 406; e *Expression corporelle, langage du silence*, Paris, ESF, 1974.
80. Georges Lapassade, *Socianalyse et potentiel humain*, Paris, Gauthier-Villars, Recherches institutionnelles, tomo 4, 1975, pp. 160-163.
81. Edgar Morin, *Le paradigme perdu: la nature humaine*, Paris, Seuil, 1973. A problemática da *hipercomplexidade* e da *multirracionalidade* na inteligibilidade dos fatos sociais contemporâneos é bem desenvolvida por Jacques Ardoino em seus diversos livros e publicações. Cf. "Du psycho-sociologue, Essai sur les ambigüités et les significations d'une pratique", *Connexions*, Epi-ARIP, 13: 55-76, 1975. "Prendre corps: incarnation ou réification", *Pour*, 41: 111-130 (137 références), 1975. E principalmente J. Ardoino, *Education et Politique* (*Propos actuels sur l'éducation II*), Paris, Gauthier-Villars, Col. Hommes et organisations, 1977, obra de referência fundamental para o assunto aqui estudado.

No mesmo espírito de *multirreferencialidade* pela abordagem *pluridisciplinar* dos comportamentos humanos, cada disciplina (psicologia/sociologia) guardando a sua relativa autonomia até o limite em que a explicação dos fatos por uma ou outra disciplina se torne absurda, pode-se citar a obra de G. Devereux, em especial, *Ethnopsychanalyse complémentariste*, Paris, Flammarion, Col. Nouvelle bibliothèque scientifique, 1972, principalmente nos dois primeiros capítulos: "Argument" e "Un schéma conceptuel de la société" (pp. 9-49).

07 21000 85